Franz E. Weinert (Hrsg.)

Entwicklung im Kindesalter

Franz E. Weinert (Hrsg.)

Entwicklung im Kindesalter

BELTZ
PsychologieVerlagsUnion

Anschrift des Herausgebers:
Prof. Dr. Franz E. Weinert
Max-Planck-Institut für psychologische Forschung
Leopoldstr. 24
80802 München

Lektorat: Gerhard Tinger

Umschlaggestaltung: Dieter Vollendorf, München
Druck und Bindung: Druck Partner Rübelmann GmbH, Hemsbach

ISBN 3-621-27402-2

Vorwort

Wer vierjährige Kinder auf dem Spielplatz beobachtet und sie 10 Jahre später wiedersieht, wird sich unwillkürlich fragen: Sind das die gleichen Kinder? Die Antwort auf diese Frage lautet »Ja« und »Nein« zugleich. Vieles hat sich in der Zwischenzeit verändert. Man denke nur an das körperliche Erscheinungsbild, aber auch an die Entwicklung des Denkens, des Lernens, der sozialen Geschicklichkeit, an die erworbenen sprachlichen, mathematischen, naturwissenschaftlichen und historischen Kenntnisse. Aber ist nicht auch manches gleich geblieben? Sind nicht die intelligenteren Kinder auch nach zehn Jahren noch immer intelligenter als andere? Und wie steht es mit persönlichen Eigenarten wie Ehrgeiz, Ängstlichkeit, Selbstbewußtsein, Schüchternheit oder Aggressivität?

Um wissenschaftliche Antworten auf solche alltägliche Fragen geben zu können, braucht man aufwendige Längsschnittstudien. Dabei wird die gleiche Gruppe von Kindern über längere Zeit hinweg immer wieder psychologisch beobachtet, getestet und befragt. Allein mit Hilfe einer solchen Methodik ist es möglich, nicht nur alterstypische Veränderungen während der Kindheit zu beobachten, sondern auch die Stabilität und Veränderung der psychischen Unterschiede zwischen den Kindern zu erfassen. Das vorliegende Buch enthält den Bericht über eine solche Längsschnittstudie[1], an der etwa 200 Kinder zwischen ihrem 4. und 13. Lebensjahr teilgenommen haben. Jedes Kind wurde jährlich dreimal psychologisch untersucht, und jeweils die Hälfte dieser Kinder konnte darüber hinaus auch im Kindergarten und in ihren jeweiligen Grundschulklassen beobachtet werden.

In diesem Buch werden Ergebnisse dieser Studie zur differentiellen Entwicklung des Denkens, des Gedächtnisses, der mathematischen Kompetenzen, der Lern- und Leistungsmotivation, des moralischen Handelns und des sozialen Verhaltens berichtet.

Führt man eine umfangreiche empirische Untersuchung durch und wird anschließend ein Teil des dabei erzielten wissenschaftlichen Ertrags als Buch publiziert, so muß man vielen für vieles danken. Mein erster Dank gilt den mehr als 200 Kindern, die über neun Jahre hinweg bereitwillig mit uns zusammengearbeitet haben und zur Zeit – inzwischen 17jährige Jugendliche geworden – mit ebenso großem Engagement an einer Nachuntersuchung teilnehmen. Ebenso dankbar bin ich allen Eltern, Kindergärtnerinnen und Grundschullehrerinnen, die uns nach anfänglicher Skepsis bei der Arbeit sehr kooperativ und kompetent unterstützt haben. Lob und Anerkennung verdienen schließlich viele Mitarbeiterinnen und Mitarbeiter des Max-Planck-Instituts für psychologische Forschung, die an der LOGIK-Studie mitgewirkt und das vorliegende Buch mitgestaltet haben. Ich nenne wegen ihrer besonderen Verdienste Herrn Prof. Dr. Wolfgang Schneider, Frau Prof. Dr. Angelika Weber, Frau Dr. Andrea Enzinger, Frau Maria Zumbeel, Frau Inga Falckenberg, Frau Adelheid Pretzlik, Herrn Jan Stefanek und Frau Heidi Schulze, die das Manuskript des Buches bearbeitete.

---

[1] Abgekürzt wird die Untersuchung als LOGIK-Studie bezeichnet. Das bedeutet "<u>Lo</u>ngitudinalstudie zur <u>G</u>enese <u>i</u>ndividueller <u>K</u>ompetenzen".

Die Ergebnisse der LOGIK-Studie sind nicht nur in mehr als 100 Aufsätzen der wissenschaftlichen Öffentlichkeit zugänglich gemacht worden, sondern auch durch ein umfangreiches englischsprachiges Buch[2].

Das vorliegende Werk wendet sich in erster Linie an Psychologen, Pädagogen und Lehrer, aber auch an interessierte Eltern, die es gewohnt sind, gelegentlich in wissenschaftlichen Journalen zu blättern. Gemeinsam mit den Autoren hoffe ich sehr, daß alle Leserinnen und Leser die Faszination erleben, die in der Ähnlichkeit und Unterschiedlichkeit der psychischen Entwicklung von Kindern liegt.

München, Februar 1998 Franz E. Weinert

[2] "Individual development from 3 to 12: Findings from the Munich Longitudinal Study", herausgegeben von F.E. Weinert & W. Schneider. New York, NY: Cambridge University Press (in Druck).

Inhaltsverzeichnis

Kapitel I

Überblick über die psychische Entwicklung im Kindesalter: Was wir darüber wissen, was wir noch nicht wissen und was wir wissen sollten

Franz E. Weinert

Vorbemerkung: Dieses Buch enthält Berichte über ausgewählte Ergebnisse der LOGIK-Studie. Da sich die Darstellung nicht nur an professionelle Entwicklungspsychologen, sondern auch an Lehrer und Eltern wendet, dürfte es manchem Leser schwerfallen, eine theoretische Einordnung und praktische Bewertung unserer Befunde vorzunehmen. Um solche Schwierigkeiten zu verringern, gibt das erste Kapitel einen Überblick über den Stand der kinderpsychologischen Forschung. Es ist selbstverständlich, daß es sich dabei (trotz des Umfangs dieses Kapitels) um eine extrem kurze und deshalb an vielen Stellen auch sehr verkürzte Darstellung dieses Forschungsgebiets handelt.

Seit es und wo immer es Menschen gibt, gehört die Entwicklung von Kindern zu den selbstverständlichen Wundern des Lebens. Die Regelhaftigkeiten dieses Geschehens sind Teil unseres alltäglichen Erfahrungswissens. Jeder Erwachsene – auch wenn er keine eigenen Kinder hat – kann einen drei Wochen von einem neun Monate alten Säugling, ein 2jähriges von einem 5jährigen Kind, den Schulanfänger von einem 10jährigen und diesen wiederum von einem 15 Jahre alten Jugendlichen unterscheiden.

Solche Urteile über die kindliche Entwicklung stützen sich nicht nur auf das körperliche Erscheinungsbild, sondern beziehen sich auch auf den geistigen Wandel während der Kindheit. Umgangssprachlich reden wir zum Beispiel davon, daß ein Kind zurückgeblieben oder seinem Alter weit voraus ist, daß es altklug wirkt oder noch nicht einmal weiß, was Kinder schon Jahre früher wissen sollten; Ausdrücke wie "frühreif" oder "Spätentwickler" finden sich im Wortschatz der meisten Menschen. Voraussetzung für solche Beurteilungen sind plausible Vorstellungen darüber, was sich im Säuglings-, Kindes- und Jugendalter eigentlich entwickelt, und ein ungefährer Maßstab, um entscheiden zu können, welche Veränderungen "normal" (durchschnittlich, erwartungsgemäß) sind und welche als "Abweichungen" von der Norm gelten müssen.

Erfahrungswissen über die menschliche Entwicklung im Kindes- und Jugendalter finden wir in allen Kulturen, – unabhängig von ihrem zivilisatorisch-technologischen Entwicklungsstand. In alten Spruchweisheiten, in der Malerei wie in der Poesie gibt es dafür viele Zeugnisse (z.B. das Gleichnis von der auf- und absteigenden "Lebenstreppe"). Dabei spielt nicht selten die Magie von Zahlenperioden eine gewichtige Rolle. Seit mindestens 2500 Jahren dominieren vor allem Zehner-, Zwölfer- und besonders häufig Siebener-Rhythmen.

So heißt es z.B. 1707 bei Abraham de Sancta Clara in seiner deftig formulierten Schrift "Huy! und Pfuy! der Welt" über die Entwicklung des Kindes:

> "... da hat er den siebenden Tag geruhet, dahero der Mensch in lauter siebene bestehet: In der siebenden Wochen nach der Empfängnuss bekommt der Mensch im Mutter-Leib seine erste Gestalt; In dem siebenden Monat seine ganze Vollkommenheit; im siebenden Monat nach der Geburt gehen ihm die Zähne auf; im siebenden Jahr zeigt sich der Verstand; in zwei mal sieben, das ist im vierzehenden Jahr stupflet die erste Woll heraus in die Leffzen; im drei mal sieben, das ist im ein und zwanzigsten wächset der Bart ...".

Nun darf man sich durch die kulturübergreifenden Ähnlichkeiten bei der Periodisierung des menschlichen Lebenslaufs nicht täuschen lassen. Dahinter verbergen sich große kulturelle und epochale Unterschiede in den naiven Erklärungen, den praktischen Interpretationen und den gesellschaftlichen Definitionen des Entwicklungsgeschehens. Was in unserer Kultur und in der heutigen Zeit als selbstverständlich gilt, ist keineswegs selbstverständlich, wenn man es mit den kollektiven Selbstverständlichkeiten anderer Kulturen und anderer Zeitepochen vergleicht.

Nehmen wir als Beispiel die Lebensperiode der Kindheit. Für die meisten von uns ist es nicht nur eine alltägliche Erfahrung, sondern es erscheint uns auch als zwingende Notwendigkeit oder zumindest Vernünftigkeit, daß Kinder die ersten Jahre ihres Lebens bevorzugt mit Spielen verbringen, daß sie durch diese freien und spontanen spielerischen Aktivitäten sowohl körperliche Kräfte als auch geistig-seelische Funktionen in ihrer Entwicklung befördern und zugleich viele lebenspraktisch wichtige Fertigkeiten, Gewohnheiten und Einstellungen erwerben. Wir erwarten aber auch, daß etwa zwischen dem 5. und 7. Lebensjahr das spielerische Lernen, oft unterstützt von Eltern, Geschwistern, Nachbarkindern und Kindergärtnerinnen, durch Formen des systematischen Kenntniserwerbs in speziellen pädagogischen Einrichtungen (Schulen) mit besonders dafür ausgebildeten Lehrern ergänzt wird.

Kinder und Jugendliche verbringen viele Jahre ihres Lebens in der Schule, um die kulturellen Techniken des Lesens, Schreibens und der Mathematik, die grundlegenden Tatsachen, Begriffe und Prinzipien des allgemeinen Weltwissens (Physik, Chemie, Biologie, Technik, Geschichte, Geographie, Literatur usw.) sowie mutter- und fremdsprachliche, musische und sprachliche Kompetenzen zu erwerben. Zugleich werden ihnen in der schulischen "Gemeinschaft von Lernenden" zentrale kulturelle Wertorientierungen, soziale Verhaltensmuster und moralische Standards vermittelt.

Mit dem Übergang von der Kindheit zum Jugendalter differenzieren und spezialisieren sich in den industrialisierten Ländern die Bildungswege. Während ein Teil der Heranwachsenden noch Jahre in allgemein bildenden Schulen und Hochschulen verbleibt, beginnt für viele andere Jugendliche die direkte Vorbereitung auf einen späteren Beruf. Diese Zeit wird in unserer Gesellschaft als wichtige Übergangsperiode für die selbständige, verantwortliche Übernahme sozialer, familiärer und politischer Aufgaben, Rechte und Pflichten angesehen. Durch die damit verbundenen Anforderungen an die Jugendlichen kann sich allerdings die Adoleszenz als Entwicklungsperiode bis weit in das dritte Lebensjahrzehnt hinein ausdehnen.

Während uns diese gesellschaftlichen Festlegungen von Altersperioden und "Entwicklungsaufgaben" für Heranwachsende als natürlich und notwendig erscheinen, sind die Altersstufen in anderen Kulturen völlig anders definiert. Die Periode der Kindheit ist in manchen Gesellschaften extrem kurz, in anderen ist sie sehr lang; die Jugendzeit ist in einigen Kulturen – wie der unseren – eine eigenständige Entwicklungsphase mit vielfältigen Aufgaben; in vielen prähistorischen Kulturen dauerte die Adoleszenz nur wenige Monate und diente vorwiegend der rituellen Aufnahme in die Gruppe der Erwachsenen ("Initiationsriten"). Daß solche Unterschiede nicht nur zwischen archaischen und modernen Gesellschaften bestehen, sondern daß auch bei uns in den letzten Jahrhunderten ein gravierender kultureller Wandel zu beobachten war, belegen die Studien des französischen Historikers Philippe Ariès:

> "Im Mittelalter und am Anfang der Neuzeit - in den unteren Schichten auch noch viel länger - waren die Kinder mit den Erwachsenen vermischt, sobald man ihnen zutraute, daß sie ohne die Hilfe der Mutter oder der Amme auskommen konnten, daß heißt, wenige Jahre nach einer spät erfolgten Entwöhnung, also mit etwa sieben Jahren. In diesem Augenblick traten sie übergangslos in die große Gemeinschaft der Menschen ein, teilten ihre Freunde, die jungen wie die alten, die täglichen Arbeiten und Spiele mit ihnen. Die dem Gemeinschaftsleben eigene Dynamik zog alle Altersstufen und Stände in ihren Sog, ohne irgendjemandem Zeit zur Einsamkeit und zur Intimität zu lassen. Innerhalb dieser sehr intensiven, in hohem Maße kollektiven Lebensformen gab es keinen Raum für einen privaten Sektor. Die Familie erfüllte eine Funktion - sie sorgte für den Fortbestand des Lebens, der Besitztümer und der Namen -, für das Gefühls- und Geistesleben spielte sie jedoch keine große Rolle...
>
> Man kann sich ... die moderne Familie ohne Liebe vorstellen, nicht jedoch ohne die Sorge um das Kind und die Notwendigkeit seiner Anwesenheit, die tief in ihr verwurzelt sind. Die mittelalterliche Zivilisation ... wußte noch nichts von der Erziehung ...; dies ist das wesentliche Faktum: Sie hatte keine Vorstellung von Erziehung. Heute hängt unsere Gesellschaft vom Erfolg ihres Erziehungssystems ab und sie weiß das. Sie hat ein Erziehungssystem, eine bestimmte Vorstellung von Erziehung und ist sich ihrer Bedeutung bewußt. Neue Wissenschaften wie die Psychoanalyse, die Pädiatrie und die Psychologie widmen sich den Problemen der Kindheit, und ihre Anweisungen erreichen die Eltern auf dem Wege über eine umfassende populärwissenschaftliche Literatur. Unsere Welt ist von den physischen, moralischen und sexuellen Problemen der Kindheit geradezu besessen ..." (Ariès, 1975, S. 559f).

Was Philippe Ariès hier beschreibt, sind dramatische gesellschaftliche Veränderungen unter dem Einfluß neuer philosophischer, wissenschaftlicher und technischer Erkenntnisse sowie veränderter sozio-ökonomischer Verhältnisse. Folge davon war ein sich wandelndes psychologisches und pädagogisches Verständnis der Kindheit und die Entstehung eines institutionalisierten Bildungssystems mit all den Chancen und Problemen.

Eng verbunden mit dem kollektiven Bewußtwerden der Kindheit als einer psychologisch eigenständigen und pädagogisch zukunftsweisenden Lebensphase, wollte und will man das Entwicklungsgeschehen auch wissenschaftlich besser verstehen. Zu Beginn dieser historischen Periode, also zwischen dem 16. und 18. Jahrhundert, waren es vor allem aufklärerische Philosophen und pragmatische Pädagogen, die über das Wohl des Kindes und über die rechte Erziehungskunst spekulierten und publizierten. Das änderte sich erst im 19. Jahrhundert mit der erfolgreichen Etablierung der Entwicklungspsychologie als einer empirischen Wissenschaft.

Diese neue Wissenschaft von der lebenslangen Entwicklung des menschlichen Erkennens, Erlebens und Verhaltens hatte viele Wurzeln, von denen eine besonders wichtig war. Die geistige Situation im 19. Jahrhundert läßt sich nämlich nur begreifen, wenn man sich die Faszination bewußt macht, die der Entwicklungsbegriff und das geschichtliche Bewußtsein auf die Intellektuellen jener Zeit ausübten. Was heißt das? Gemeint ist damit die grundlegende Überzeugung, daß man biologische, psychologische und historische Ereignisse nicht aus sich heraus, also isoliert verstehen kann, sondern daß sie Sinn und Bedeutung allein durch ihre Stellung in einem langfristigen Entwicklungsgeschehen erhalten. Diese Idee ist allgemeiner als der Inhalt des epochalen Werkes von Charles Darwin "Über den Ursprung der Arten" (1859), das nichtsdestoweniger als "Bibel" der Evolutionstheorie auch größten Einfluß auf die sich als Wissenschaft formierende Entwicklungspsychologie ausübte und bis heute ausübt.

Insbesondere die Kinderpsychologie hat in den letzten hundert Jahren einen ungeheueren Aufschwung genommen. Die eben erschienenen vier Bände der 5. Auflage des "Handbook of Child Psychology" (Damon, 1998) enthalten auf mehr als 4500 Seiten eine kaum mehr überschaubare Fülle von wissenschaftlichen Erkenntnissen und praktischen Anwendungsmöglichkeiten.

Im Lichte einer solchen Forschungslage stellen sich zwei lapidare Fragen:

(a) Verfügen eigentlich Wissenschaftler bei diesem monumentalen Wissenshintergrund über mehr und bessere Einsichten als Eltern, die doch durch den jahrelangen täglichen Umgang mit ihren Kindern eigentlich entwicklungspsychologische Experten sein müßten? Die Antwort ist ohne jede akademische Anmaßung ein eindeutiges "Ja". Zwar erwerben Väter und Mütter ein umfangreiches Erfahrungswissen über die kindliche Entwicklung, doch ist dieses Wissen durch den Umgang mit einigen wenigen eigenen Kindern in der Aussagekraft notwendigerweise beschränkt und durch viele persönliche Wünsche, Hoffnungen oder Befürchtungen in der Regel auch subjektiv gefärbt und nicht selten ausgesprochen voreingenommen. Demgegenüber bemühen sich Entwicklungspsychologen weltweit, durch kontrollierte empirische Untersuchungen, durch die Beachtung strenger methodischer Standards und durch gründliche theoretische Reflexionen um möglichst objektive, repräsentative und aussagekräftige Erkenntnisse.

(b) Schließlich ist zweitens zu fragen, ob denn immer neue entwicklungspsychologische Studien erforderlich sind, wenn man schon so viel über die kindliche Entwicklung weiß. Bei der Beantwortung dieser Frage braucht man nicht bloß auf die triviale wissenschaftliche Erfahrung zurückzugreifen, daß mit zunehmendem Erkenntnisstand auch die Anzahl der offenen Probleme wächst, sondern man muß nur die Komplexität, Vielschichtigkeit und Variabilität der menschlichen Entwicklung betrachten, um zu begreifen, wie weit wir noch von einer befriedigenden Beschreibung, einer angemessenen Erklärung und einer zuverlässigen Vorhersage der kindlichen Entwicklung entfernt sind. Wir wissen zwar inzwischen viel über die Ontogenese des Menschen, aber immer noch viel zu wenig, um zum Beispiel einige wichtige praktische Entwicklungs- und Erziehungsprobleme im Kindesalter auf wissenschaftlicher Grundlage befriedigend lösen zu können.

Um diese pauschale Aussage zu spezifizieren, braucht man nur an zwei Alltagsbeobachtung zu denken, die gleichermaßen erklärungsbedürftig sind, ohne daß wir sie zum gegenwärtigen Zeitpunkt entwicklungspsychologisch in angemessener Weise erklären könnten.

(1) Kinder verändern sich in Abhängigkeit von ihrem Lebensalter.

Wie in der Einleitung bereits erwähnt, ist diese Tatsache Allgemeingut unseres Erfahrungswissens und deshalb auf den ersten Blick trivial. Doch stellen sich beim näheren

Hinsehen viele offene Fragen: Kinder beginnen am Ende des ersten oder zu Beginn des zweiten Lebensjahres mit dem Erwerb ihrer Muttersprache. Läßt sich dieser Zeitpunkt vorverlegen, wenn man besonders intensiv mit Säuglingen verbal kommuniziert? Wie ist es zu erklären, daß manche Vorschulkinder schon lesen können? Handelt es sich um den Ausdruck eines geistigen Entwicklungsvorsprungs oder um das Resultat vorausgegangener Lernvorgänge, die unter Umständen durch Eltern oder Geschwister angeregt wurden? Verfügen Neugeborene bereits in den ersten Lebensmonaten über ein angeborenes physikalisches Wissen? Gibt es einen Zeitpunkt, zu dem Kinder "moralische Wesen" werden, das heißt, daß sie beurteilen können, was richtig und falsch, was gut und böse ist, und daß sie das eigene Handeln an diesen Einsichten zu orientieren in der Lage sind? Ist das Gedächtnis jüngerer Kinder besser als das von älteren, - vielleicht sogar besser als das von Erwachsenen? Ändern sich mit Beginn des Jugendalters nicht nur körperliche Merkmale, sondern auch die Denkfähigkeiten? Fragen über Fragen, die nach seriösen wissenschaftlichen Antworten verlangen.

(2) Zwischen altersgleichen Kindern gibt es große individuelle Unterschiede.

Wer eine Gruppe von 3jährigen zu Beginn des Kindergartens, eine Klasse mit 20 Schulneulingen oder eine Freundesgruppe 14jähriger Jugendlicher beobachtet, wird einerseits von den typischen Unterschieden zwischen den drei Altergruppen beeindruckt sein; dürfte aber andererseits ebenso über die großen individuellen Differenzen innerhalb jeder dieser Altersgruppen staunen.

Betrachtet man zum Beispiel in einem Kindergarten 4jährige Kinder, wie sie sprechen, spielen, Fragen stellen und beantworten, kleine Probleme lösen, wie sie miteinander umgehen, sich an Fremde um eine Auskunft wenden und auf Zuwendung, Ablehnung, Erfolg oder Mißerfolg reagieren, - stets gibt es neben einigen alterstypischen Ähnlichkeiten im Verhalten auch viele charakteristische Unterschiede zwischen den Kindern. Worin bestehen diese individuellen Differenzen? Sind sie vererbt, durch Erziehung bewirkt, gelernt und deshalb auch wieder verlernbar?

Viele Eltern und Erzieher suchen nach Antworten auf solche Fragen, insbesondere wenn hinter ihren Fragen persönliche Probleme der Kinder stehen. Schließlich: Manche früh zu beobachtende Unterschiede zwischen Kindern erlauben zutreffende Prognosen über deren weitere Entwicklung, andere nicht. Bleiben überdurchschnittlich intelligente Kinder auch als Jugendliche überdurchschnittlich intelligent; Schüchterne für immer schüchtern, Ängstliche auf Dauer ängstlich, oder kann - wie der Volksmund zu sagen pflegt - der "Knoten" zwar spät, aber doch noch rechtzeitig platzen, so daß zum Beispiel aus schlechten Schülern erfolgreiche Studenten werden? Wie steht es also um die langfristige Stabilität von individuellen Fähigkeitsdifferenzen und Persönlichkeitsunterschieden?

Diese zwei kurz skizzierten, wissenschaftlich "frag-würdigen" Alltagsbeobachtungen bilden den Ausgangspunkt und die inhaltliche Gliederung für die folgende Darstellung des gegenwärtigen Standes der Forschung zur psychischen Entwicklung im Kindesalter.

Kinder verändern sich in regelhafter Weise als Funktion des Lebensalters

Wer das Heranwachsen eines Kindes im ersten Jahrzehnt seines Lebens bewußt beobachtet, muß von den alterstypischen Veränderungen des Verhaltens und Erlebens, der geistigen Kompetenzen und der motorischen Fertigkeiten notwendigerweise beeindruckt sein. Einige Beispiele sollen diese Entwicklungsdynamik im Kindesalter veranschaulichen:

Mit zunehmendem Alter werden Kinder mobiler, expansiver und geschickter

Schon das Neugeborene umklammert einen Finger, wenn man diesen leicht auf seine geöffnete Hand drückt ("Greifreflex"); es bewegt spontan seinen ganzen Körper, besonders die Arme und Beine; es hört und sieht besser als Mediziner und Psychologen lange Zeit glaubten; mehr noch: der neugeborene Säugling zeigt schon früh gewisse Anpassungsleistungen, wenn er zum Beispiel auf menschliche Gesichter und Stimmen mit einer besonderen, wenn auch nur flüchtigen Aufmerksamkeitszuwendung reagiert, oder wenn er seine Augen- und Saugbewegungen in Abhängigkeit von gewissen Reizquellen verändert. Und doch: Zwar ist beim Säugling eine umfangreiche Reflexausstattung vorhanden, sie ist aber relativ starr auf spezifische Auslösesituationen fixiert; auch die Sinnestüchtigkeit weist noch viele Schwächen auf und funktioniert lediglich im nahen Wahrnehmungsbereich; die spontanen Bewegungen wirken völlig ziellos (wenn auch nicht zweckfrei!), und von einer geordneten Hand-Augen-Koordination als Voraussetzung für das willkürliche Greifen kann noch keine Rede sein. Von seinen sensorischen und motorischen Fähigkeiten aus betrachtet ist also das Neugeborene zugleich kompetent und inkompetent, wobei im Vergleich zu älteren Kindern die Inkompetenzen deutlich überwiegen.

Dies ändert sich im Verlauf der ersten Lebensjahre, ja bereits nach wenigen Lebensmonaten: Alle gesunden Kinder werden nämlich zunehmend mobiler (beweglicher), expansiver (sie erweitern ihren physikalischen Lebensraum durch Kriechen, Krabbeln, Laufen und Treppensteigen) und in den willkürlichen Bewegungen geschickter. Ein anschauliches Beispiel dafür ist die Entwicklung des Greifens.

Spielen bei der Entwicklung des Säuglings genetisch vorprogrammierte Reifungsvorgänge die zentrale Rolle, so hängt der weitere Erwerb sensorisch-motorischer Fertigkeiten immer mehr von den individuellen Erfahrungsmöglichkeiten, von Lernvorgängen und Übungsgelegenheiten ab, – die glücklicherweise allen gesunden Kindern unter fast allen Milieubedingungen verfügbar sind.

Mit zunehmendem Alter können Kinder immer einsichtsvoller lernen, besser denken und intelligenter handeln

In der modernen Entwicklungspsychologie spricht man im Unterschied zu früheren Zeiten nicht mehr vom kleinen Kind als einem "Mängelwesen", sondern man redet bevorzugt vom "kompetenten Säugling". Grund für diese Änderung des wissenschaftlichen Sprachgebrauchs und des dahinterliegenden theoretischen Deutungsmusters ist die Beobachtung, daß der Mensch schon in seinen ersten Lebensjahren über erstaunliche Fähigkeiten und Kenntnisse verfügt, die ihm im Verlauf der weiteren kognitiven Entwicklung eine zunehmend wirkungsvollere Anpassung an seine Umgebung, ein wachsendes Verständnis für die physikalische und soziale Umwelt sowie immer intelligentere Lösungen für seine kleinen, alltäglichen Probleme ermöglichen.

Voraussetzung dafür ist ein System funktionstüchtiger *Lern- und Gedächtnisfähigkeiten.* Wir wissen heute, daß diese Kompetenzen bereits zum Zeitpunkt der Geburt gut entwickelt sind. Dazu einige Beispiele:

- Streichelt man Säuglinge unmittelbar vor dem Einträufeln einer Zuckerlösung über die Stirn; verlängert man bei anderen Säuglingen die Zeit zwischen dem Streicheln und dem Einträufeln des Zuckerwassers und verzichtet man bei einer dritten Gruppe ganz auf das Streicheln, so stellt man nach vielen Wiederholungen dieser Prozedur folgendes fest: Streichelt man nunmehr allen Säuglingen über die Stirn, ohne ihnen Zuckerwasser zu geben, so spitzen nur die Kinder der ersten Gruppe ihre Lippen und machen Saugbewegungen; die Säuglinge der zwei anderen Gruppen tun das nicht. Mit anderen Worten: Die Säuglinge der ersten Gruppe haben gelernt, das Streicheln über ihre Stirn als Signal für die nachfolgende Zuckerlösung zu nutzen, so daß sie unverzüglich mit dem Saugen beginnen. Diese Lernfähigkeit, die schon bei Neugeborenen beobachtbar ist, behält ihre Bedeutung während des gesamten menschlichen Lebens bei ("klassische Konditionierung").

- Manche Eltern nehmen sich nachts vor, auf lautes Schreien des Kindes nicht zu reagieren. Schreit der Säugling aber lange genug, so machen die meisten schließlich irgendwann doch das Licht an, nehmen das Kind aus dem Bett und bemühen sich um allerlei Abwechslung. Sie wundern sich vielleicht, daß das nächtliche Schreien ihres Sprößlings schnell zur regelmäßigen Gewohnheit wird. Das Kind hat nämlich "gelernt", daß es durch ein bestimmtes Verhalten (Schreien) einen unerwünschten Zustand (allein im Dunkeln liegen) verändern und einen erwünschten Zustand (Kontakt mit den Eltern) herbeiführen kann. Alle Menschen profitieren häufig unbewußt von dieser angeborenen Form der *"instrumentellen Konditionierung".*

- Schon Neugeborene sind vermutlich fähig, die bei anderen wahrgenommenen Gesichtsbewegungen (z.B. Herausstrecken der Zunge, Öffnen des Mundes, Bewegen des Kopfes) nachzuahmen. Obwohl die aktuellen wissenschaftlichen Ergebnisse zu dieser Lernform nicht unumstritten sind, kann inzwischen als gesichert gelten, daß Kinder schon sehr früh über die Fähigkeit zur Nachahmung und zum *Nachahmungslernen* verfügen, so daß sie viele komplexe Verhaltensmuster durch Beobachtung anderer in ökonomischer Weise erwerben können.

Um diese Lernleistungen zu erbringen, brauchen Säuglinge bereits ein *funktionstüchtiges Gedächtnis*, – denn sonst könnten sie Erfahrungen nicht verarbeiten, keine erfahrungsbedingten Gewohnheiten ausbilden und sich nicht an vergangene Ereignisse erinnern. Der wissenschaftliche Erkenntnisstand über die Gedächtnisfähigkeiten Neugeborener und über die frühe Gedächtnisentwicklung ist leider noch sehr lückenhaft. Mit guten Gründen kann man lediglich vermuten, daß die weitere Entwicklung der Lern-

und Gedächtnisleistungen im Verlauf der frühen Kindheit zu einem erheblichen Teil durch zunehmend intelligentere Formen des Aufnehmens, Verarbeitens, Speicherns und Nutzens von Information zustande kommt. Auch dafür hat "Mutter Natur" von Anfang an gesorgt:

- Säuglinge haben ein spontanes Bedürfnis nach neuen, relativ komplexen Informationen (z.B. bevorzugen sie Gesichter oder Schachmuster im Vergleich zu einfachen Linien); Gewohntes langweilt sie schnell und sie wenden ihre Aufmerksamkeit spontan allem Neuen zu.

- Säuglinge müssen über ein angeborenes oder sehr früh erworbenes "Wissen" verfügen, das sie zum Beispiel schon innerhalb der ersten Lebensmonate die wahrgenommene Verletzung grundlegender physikalischer Prinzipien (etwa des freien Falls) durch verlängerte Aufmerksamkeitszuwendung beantworten und das sie gleichermaßen früh auf verschiedene soziale Situationen (z.B. differierende Emotionen im mimischen Ausdrucksverhalten der Mutter) unterschiedlich reagieren läßt.

- Trotz oder vielleicht sogar wegen der noch sehr begrenzten Kapazität des Kurzzeitgedächtnisses (also der Informationsmenge, die innerhalb eines Moments aufgenommen, festgehalten und für das eigene Handeln und/oder Lernen genutzt werden kann), verarbeiten Säuglinge neue Informationen auf eine für sie sehr sinnvolle Weise: Sie nehmen nicht einzelne Reize oder isolierte Umweltmerkmale wahr, sondern verarbeiten bevorzugt schematisierte Muster (z.B. verdichten sie das menschliche Gesicht zu einem ovalen Rahmen mit zwei eingeschlossenen, waagrecht angeordneten Kreisen).

- Schon im ersten Lebensmonat erkennt man die Fähigkeiten des Säuglings, in die Mannigfaltigkeit der auf ihn einströmenden Sinnesreize gewisse Ordnungen zu stiften und zum Beispiel zwischen vertrauten und unvertrauten, zwischen belebten und unbelebten, zwischen menschlichen und tierischen oder zwischen ähnlichen und unähnlichen Objekten (und Ereignissen) zu unterscheiden und entsprechend differenziert zu reagieren. Das kleine Kind muß also bestimmte Gemeinsamkeiten bei ähnlichen Dingen "erfassen" und in seinem Handeln berücksichtigen können. Der Säugling demonstriert damit erste Ansätze des Kategorisierens und der vorsprachlichen Begriffsbildung.

In diesem Kapitel wurde bereits mehrfach vom "kompetenten Säugling" gesprochen. Dieses wissenschaftliche Schlagwort erscheint gerechtfertigt, wenn man es im Kontrast zu älteren theoretischen Auffassungen sieht, nach denen man den Säugling am besten durch das beschreibt, was er im Vergleich zu älteren Kindern noch nicht weiß, nicht versteht und nicht kann ("Defizitmodell"). Aber selbstverständlich ist es genauso problematisch, die Kompetenzen des Säuglings zu überschätzen, - eine Gefahr, die zur Zeit in der entwicklungspsychologischen Literatur erkennbar ist.

Das Kind muß in den ersten Jahren seiner Entwicklung noch viele wichtige Stadien durchlaufen, um jene geistigen Fähigkeiten, Funktionen und Fertigkeiten zu erwerben, die den Jugendlichen oder den erwachsenen Menschen kennzeichnen. Durch eine weltweite, intensive Forschung weiß man über diesen vielfältigen und komplizierten Entwicklungsverlauf inzwischen schon sehr viel: Neue, bisher verborgene Phänomene der Entwicklung wurden entdeckt, plausible alltägliche Eindrücke und ältere wissenschaftliche Überzeugungen mußten revidiert werden; eine unüberschaubare Anzahl von Einzelergebnissen füllt inzwischen die einschlägige Forschungsliteratur, - während im Vergleich dazu die theoretische Modellbildung in den letzten Jahren etwas stagniert. Wer sich über den wissenschaftlichen Fortschritt bei der Erforschung der kognitiven Entwicklung genauer informieren möchte, kann auf eine große Zahl einschlägiger Lehr- und Handbücher zurückgreifen (z.B. Mussen, Conger, Kagan & Huston, 1993; Oerter & Montada, 1995; Bjorklund, 1995; Kuhn & Siegler, 1998).

Was sind die "Meilensteine" der intellektuellen Entwicklung *nach* dem frühen Säuglingsalter?

(1) Man hat die *Sprachentwicklung* des Kindes gelegentlich als seine eigentliche Menschwerdung bezeichnet. Und in der Tat ist die Sprache nicht nur das wichtigste Medium der zwischenmenschlichen Kommunikation, sondern auch ein wirkungsvolles Werkzeug sowohl des Lernens als auch des Denkens und ein notwendiges Mittel der individuellen Selbstreflexion. Mit der Sprache als einem komplexen System von Wörtern, Sätzen und Texten, hinter denen sich vielfältige Bedeutungen, abstrakte grammatische Regeln und sozial-kommunikative Selbstverständlichkeiten verbergen, erreicht das kleine Kind innerhalb weniger Jahre eine bedeutsame Steigerung seiner kognitiven Kompetenzen, weil es jetzt andere besser verstehen und selbst in verständlicher Weise sprechen kann; weil es sich nunmehr "im Kopf" eine versprachlichte Welt aufbauen und damit so umgehen kann als würde es tatsächlich handeln.

Der Säugling wird in eine sprechende Welt hineingeboren und lernt früh, Laute zu unterscheiden, zu produzieren und ihnen zunehmend vorsprachliche Bedeutungen zu verleihen. Um das zwölfte Lebensmonat herum erwerben die meisten Kinder ihre ersten Wörter, die sie sowohl verstehen als auch sprechen können. Zu Beginn des zweiten Lebensjahres sind es erst wenige Wörter, die das Kind beherrscht; mit 18 Monaten sind es im Durchschnitt schon über 50, um das zweite Lebensjahr herum 200 und beim Schulneuling bereits mehrere tausend Wörter.

In enger Verbindung mit dem Aufbau des Wortschatzes wird die Grammatik erworben, - ein psychologisches Mysterium, wie man es zurecht genannt hat. Das kleine Kind lernt nämlich regelgerecht zu sprechen, ohne die dafür erforderlichen Regeln bewußt lernen und kennen zu müssen. Die Entwicklung vollzieht sich bei allen Kindern in ähnlicher Weise: Vom Einwortsatz zu Zwei- und Dreiwortäußerungen, über die sogenannte "telegrafische Sprache" und scheinbar ungeordneten Worthaufen langsam zu einer zwar noch fehleranfälligen, doch immer perfekter werdenden Verwendung grammatischer Regeln.

Im Verlauf der Entwicklung wird die kindliche Sprache nicht nur ständig variabler und korrekter, sondern auch zunehmend kommunikativer, weil sich schon das Vorschulkind darauf einzustellen beginnt, mit wem es spricht, was der Gesprächspartner von einem mitzuteilenden Inhalt bereits weiß und welches die Erwartungen eines anderen sind, die man bei den eigenen sprachlichen Äußerungen berücksichtigen sollte.

So gut man inzwischen die Regelhaftigkeiten der Sprachentwicklung kennt, so kontrovers sind immer noch die theoretischen Auffassungen über die zugrundeliegenden Mechanismen. Es spricht vieles dafür (auch bestimmte pathologische Symptome), daß der Spracherwerb weder eine Folge der intellektuellen Gesamtentwicklung noch das Ergebnis vieler kleiner Lernprozesse ist, sondern eine spezifische Eigengesetzlichkeit aufweist, die aber auch durch das Sprachangebot der jeweiligen Umwelt, durch vielerlei implizite Lernprozesse und durch die sich langsam entwickelnden kognitiven Möglichkeiten der Informationsverarbeitung beeinflußt wird.

(2) *Lernen und Gedächtnis* sind notwendige Voraussetzungen des Spracherwerbs, werden in ihrer Entwicklung aber auch umgekehrt durch die zunehmenden Sprachkompetenzen gefördert. Darüber hinaus gilt: Die wachsenden Lern- und Gedächtnisleistungen begünstigen nicht nur den Spracherwerb, sondern auch die kindliche Denkfähigkeit, während umgekehrt die intellektuelle Entwicklung immer bessere Lern- und Gedächtniskompetenzen bewirkt. Man kann von wechselseitigen Aufschaukelungseffekten zwischen verschiedenen Funktionsbereichen der kognitiven Entwicklung sprechen (Lernen/Gedächtnis - Intelligenz - Sprache - Urteilsvermögen).

So hat zum Beispiel ein berühmter amerikanischer Psychologe schon Ende des vergangenen Jahrhunderts behauptet, daß alle Verbesserungen des menschlichen Gedächtnisses während der Kindheit auf zunehmend besseres Denken zurückzuführen seien. Diese kühne theoretische Annahme wurde inzwischen durch viele empirische Arbeiten bestätigt. Zwar ist wissenschaftlich immer noch nicht völlig geklärt, ob es im Kindesalter auch eine erfahrungsunabhängige, durch neurologische Reifungsvorgänge bewirkte Zunahme der Kapazität des Kurzzeitgedächtnisses gibt (erfaßt zum Beispiel durch die Anzahl von Ziffern, Wörtern oder Buchstaben, die nach einmaliger Darbietung fehlerfrei wiederholt werden kann), oder ob für die Verbesserung auch dieser Gedächtnisleistung in erster Linie die Nutzung intelligenter Strategien verantwortlich ist.

Eine solche Vermutung läßt sich anhand des folgenden Beispiels demonstrieren. Es handelt sich dabei um eine Reihe von Ziffern, die man nach einmaligem Lesen/Hören fehlerfrei wiedergeben sollte:

2 - 4 - 1 - 2 - 9 - 8 - 3 - 1 - 0 - 9 - 7

Jeder, der sich darum bemüht, diese Ziffernfolge mechanisch einzuprägen, wird große Schwierigkeiten haben, weil die durchschnittliche Kapazität des Kurzzeitgedächtnisses nur bei etwa sieben Informationseinheiten (in diesem Fall: Ziffern) liegt. Wer aber beim Durchlesen der Ziffern erkennt, daß es sich dabei um den Weihnachtstag 98 und den Nationalfeiertag 97 handelt, wird mit der Bewältigung der Aufgabe keinerlei Mühe haben. Allgemeiner ausgedrückt: Je intelligenter, das heißt je aufgabengemäßer, wirksamer und flexibler Lern- und Gedächtnisstrategien sind, über die ein Individuum verfügt und die es bei passender Gelegenheit automatisch nutzen kann, um so besser sind auch die Leistungen beim Erwerb, der Speicherung, der Wiedergabe und der Anwendung neuer Informationen.

Kapitel IV enthält zahlreiche Befunde aus dem LOGIK-Projekt, die für die Bedeutung des strategischen Verhaltens bei der Lösung von Lern- und Gedächtnisaufgaben sprechen. Es ist deshalb nicht erstaunlich, daß sich Lern- und Gedächtnisleistungen im Verlauf der Kindheit vor allem dann verbessern,

- wenn Lernen und Einprägen bewußte Ziele und nicht unbeabsichtigte Nebeneffekte des kindlichen Handelns sind (zum Beispiel: sich den Inhalt einer Geschichte einprägen müssen, - im Vergleich zu den Erinnerungsleistungen nach dem Betrachten eines Fernsehfilms);
- wenn durch das Lernmaterial oder durch die Erinnerungsaufgabe ein strategiegeleitetes Verhalten nahegelegt oder ermöglicht wird;
- wenn man die gelernte Information nicht nur wiedererkennen, sondern frei reproduzieren muß.

Solche Befunde sprechen dafür, daß Lernen und Gedächtnis zu einem erheblichen Teil von der allgemeinen kognitiven Entwicklung beeinflußt werden, ohne mit dieser identisch zu sein.

(3) Grob gesprochen verbessern sich die intellektuellen Leistungen im Verlauf der Kindheit als eine Funktion des Lebensalters. Das gilt für alle Fähigkeitsbereiche, - also sowohl für sprachgebundene als auch für sprachfreie Denkleistungen. Aufgaben, die im Kindergartenalter noch unlösbar sind und in ihrer Fragestellung oft gar nicht verstanden werden, können im Grundschulalter mühsam bewältigt werden und stellen für 12- bis 14jährige überhaupt kein Problem mehr dar. (Das gilt z.B. für folgende Aufgabe: Erich ist größer als Kurt. Kurt ist größer als Hans. Wer ist der größte und wer ist der kleinste Junge?)

Ein zusätzliches Beispiel soll diese Entwicklungdynamik verdeutlichen. Wiederum geht es um Zahlenreihen, doch müssen sie dieses Mal nicht gelernt, sondern jeweils regelgerecht ergänzt werden:

(a)	1–2–3–4–5–6–..–..	(wird schon von 4- bis 6jährigen Kindern gelöst);
(b)	2–4–6–8–10–12–..–..	(wird von 7- bis 8jährigen Kindern gelöst);
(c)	2–3–5–8–12–17–..–..	(wird von 10jährigen Kindern gelöst);
(d)	1–4–9–16–25–36–..–..	(wird von 10- bis 12jährigen Kindern gelöst);
(e)	16–14–17–15–18–16–..– ..	(wird von vielen 12jährigen nicht gelöst).

Die Aufgabe "Fortsetzung von Zahlenreihen", die sich in vielen Intelligenztests findet, macht offenkundig, daß es von der Komplexität der zugrundeliegenden Regel abhängt, ob und ab welcher Altersstufe die richtige Lösung gefunden werden kann. Durch umfangreiche empirische Untersuchungen mit Kindern unterschiedlichen Alters ließen sich für die Lösung dieser Aufgabe (und für viele andere Denkprobleme) durchschnittliche Altersnormen finden, die als Hinweise auf den Stand der intellektuellen Entwicklung verwendet werden können.

Seit mehr als 100 Jahren nutzt man zur Konstruktion von Intelligenztestverfahren für Kinder die Erkenntnis, daß alle intellektuellen Fähigkeiten im Verlauf der Kindheit zunehmend leistungsfähiger werden. Wodurch sind diese Verbesserungen zu erklären? Die frühere Auffassung, daß die Denkentwicklung von artspezifisch vererbten, neurologischen Reifungsvorgängen gesteuert wird, kann in dieser allgemeinen Form nicht mehr aufrecht erhalten werden. Als alternative theoretische Deutung bleibt nur, die kognitive Entwicklung im Kindesalter als das Produkt genetischer Faktoren, vielfältiger Lernprozesse und aktiver Auseinandersetzungen mit der Umwelt zu deuten, wobei es als Erbe der Menschheitsgeschichte von vornherein bestimmte Beschränkungen und immer neue Möglichkeiten des Lernens zu geben scheint. Daß es sich bei diesen Lernvorgängen nicht einfach um eine unendliche Vielzahl von einzelnen, mechanisch wirkenden Umwelteinflüssen handelt, ist inzwischen in der Entwicklungspsychologie unstrittig.

(4) Folgt man dem großen Schweizer Entwicklungspsychologen Jean Piaget (1896-1989), so läßt sich die kognitive Entwicklung nur dann als Lernen im weitesten Sinne charakterisieren, wenn man darunter die aktive, konstruktive und sachlogisch aufeinander aufbauende Auseinandersetzung des Heranwachsenden mit der Wirklichkeit versteht. Auf diese Weise erfolgt eine zunehmend erfolgreichere geistige Anpassung an die Forderungen und Erwartungen der Umwelt, der Aufbau immer neuer, flexibler, komplexer und abstrakter Erkenntnismöglichkeiten sowie der Erwerb von intelligent nutzbaren Fakten, Begriffen, Regeln und Prinzipien.

Diese vom Individuum selbstgesteuerte, aber für alle Menschen gleichermaßen typische Entwicklung vollzieht sich nach Piagets Auffassung (1972) in vier großen Phasen: Während Säuglinge auf der *sensorisch-motorischen Stufe* (0 bis 2 Jahre) einfache, relativ starre Handlungskoordinationen (z.B. Greifen) und Vorläufer des symbolischen Denkens (Objektbegriff, sprachliche Benennungen) erwerben, verfügt das Kind auf der *präoperativen Stufe* (2 bis 7 Jahre) bereits über schematisierte Vorstellungen, die schrittweise zu einfachen geistigen Handlungen kombiniert werden. Das Denken bleibt aber weitgehend anschauungsgebunden, statisch und auf einen einzigen Aspekt des jeweiligen Objekts oder einer Situation beschränkt. Mit der *konkret-operativen Phase* (7 bis 12 Jahre) erreichen Kinder endlich die Fähigkeit, verschiedene anschauliche Merkmale und konkrete Aspekte einer Situation in ihrem Denken gleichzeitig zu berücksichtigen und miteinander zu kombinieren. Auf diese Weise erwerben sie zugleich den Zahlen-, Mengen- und Zeitbegriff. Erst auf der *formal-operativen Stufe* (also ab dem 12. Lebensjahr) sind viele, aber keineswegs alle Jugendlichen in der Lage, systematisch und abstrakt, hypothesenbildend und hypothesenprüfend zu denken.

Kleine Kinder und Jugendliche können sich natürlich mit den gleichen Aufgaben beschäftigen, – sie werden dies aber in Abhängigkeit vom jeweils erreichten kognitiven Entwicklungsstand auf eine sehr unterschiedliche Weise tun. Je älter Kinder sind, um so flexibler und systematischer ist ihr Denken, so daß sie immer besser auch mit unanschaulichen und widersprüchlichen Informationen effektiv umgehen können.

Die ebenso monumentale wie einflußreiche Theorie Piagets über die Gesetzmäßigkeiten der Denkentwicklung wird in der modernen Entwicklungspsychologie vor allem aus zwei Gründen kritisiert: Zum ersten unterschätzt sie den Einfluß der sozialen Umwelt auf die Genese der höheren geistigen Tätigkeiten (bewußtes, zielgerichtetes Denken; strategisches Lernen; reflexives Handeln). Der russische Entwicklungspsychologe Vygotsky (1896-1934) hat dieses Defizit in den Mittelpunkt seiner eigenen Theorie gerückt und die Bedeutung des sozialen Lernens für die kognitive Entwicklung besonders betont (1929).

Ein zweiter Einwand gegen die theoretische Position Piagets bezieht sich auf die postulierte Einheitlichkeit der individuellen Entwicklung. Hängt tatsächlich alles (also z.B. Begriffsbildung, Urteilsfähigkeit, sprachliche Kompetenz, Gedächtnisleistung, Wissenserwerb auf unterschiedlichen Inhaltsgebieten) vom allgemeinen Strukturniveau der Intelligenz ab? Die inzwischen verfügbaren empirischen Befunde sprechen gegen eine solche theoretische Annahme, denn die Unterschiede in der Fähigkeitsentwicklung sind beim gleichen Individuum wesentlich größer als es die Theorie Piagets zuläßt und vorhersagt. Man betrachte nur die erheblichen individuellen Differenzen bei der Lösung verschiedener Gedächtnisaufgaben oder unterschiedlicher Denkprobleme, um die bedeutsamen Einflüsse des relevanten inhaltlichen Wissens, der bereichsspezifischen Strategien und der speziellen kognitiven Kompetenzen zu erkennen. Es war gerade die Variantionsbreite empirischer Befunde, die dazu geführt hat, daß man neuerdings bereichsspezifische Modelle der Informationsverarbeitung und - parallel dazu - auch der kognitiven Entwicklung bevorzugt (vgl. dazu Kap. III, IV und V). Diese theoretische Grundposition steht auch im Einklang mit vielen aktuellen neurobiologischen und evolutionspsychologischen Annahmen über verschiedene, mehr oder minder unabhängige Entwicklungs- und vielleicht sogar Lernmechanismen (sogenannte "Module").

(5) Die Entwicklungspsychologie interessiert sich traditionellerweise stärker für die geistigen Funktionen (z.B. Wahrnehmung, Lernen, Gedächtnis, Sprache, Denken) als für die mentalen Inhalte (Wissen). Diese einseitige Forschungsperspektive hat sich erst in den letzten Jahrzehnten wenigstens etwas verändert. Ausschlaggebend für diesen Wandel waren experimentelle Studien, in denen gezeigt werden konnte, daß jüngere im Vergleich zu älteren Kindern immer dann bessere kognitive Leistungen erzielen, wenn sie über mehr und besseres einschlägiges Wissen verfügen. Bei anspruchsvollen inhaltlichen Aufgaben (z.B. Schach- oder Computerprobleme) haben allgemeine Intelligenzunterschiede stets einen geringeren Effekt auf die Leistungen als Differenzen im relevanten Vorwissen. Allerdings: Es hängt zu einem erheblichen Teil von der intellektuellen Ausstattung eines Menschen ab, auf wievielen Gebieten jemand innerhalb einer bestimmten Lebensperiode wieviel Wissen welcher Qualität erwerben kann.

Wenn hier von Wissen gesprochen wird, so müssen eigentlich zwei sehr verschiedene Formen unterschieden werden. Zum einen handelt es sich dabei um inhaltliches Wissen und Können (also um die Beherrschung von Fakten, Begriffen, Regeln und Handlungsroutinen auf einem bestimmten Gebiet); zum anderen gibt es aber auch ein Wissen über das eigene Wissen ("Metawissen": Wissen darüber, was man weiß und was man nicht weiß; wie man Wissen erwirbt; wie man es in unterschiedlichen Situationen nutzen kann; welche Stärken und Schwächen man sich selbst zuschreibt, usw.).

Kinder erwerben von Beginn ihres Lebens an ein enorm vielfältiges Wissen über ihre Umwelt und über sich selbst; vom 3. Lebensjahr an wird zugleich Wissen über das eigene Wissen aufgebaut. Entscheidende Impulse für den systematischen Erwerb von

Wissen und Können vermittelt natürlich die Schule (vgl. dazu Weinert & Helmke, 1997, mit einer Darstellung von Ergebnissen des SCHOLASTIK-Projekts, das in enger Verbindung mit der LOGIK-Studie durchgeführt wurde).

Mit zunehmendem Alter erwerben Kinder ein immer differenzierteres und genaueres Bild von sich und anderen

Es wurde bereits mehrfach betont, daß das Kind im Verlauf seiner Entwicklung nicht nur Kenntnisse und Kompetenzen im Umgang mit seiner physikalischen Umwelt erwirbt, sondern auch Wissen über sich selbst, über andere sowie über gesellschaftliche und moralische Normen. Man spricht in diesem Zusammenhang von der Entwicklung "sozialer Kognitionen" und meint damit nicht nur den Erwerb von Wissen über soziale Phänomene, sondern auch die Verbesserung sozial-kognitiver Einsichten und praktischer Handlungskompetenzen.

Jean Piaget hat die Entwicklung sozialer, personaler und moralischer Urteilsfähigkeiten als Teilaspekte der kognitiven Gesamtentwicklung aufgefaßt, doch werden soziale Kognitionen in der heutigen entwicklungspsychologischen Forschung auch sehr spezifisch betrachtet. Um diese wissenschaftliche Umorientierung zu begreifen, braucht man sich nur einige einfache alltagspsychologische Fragen zu stellen: Sind Kinder, die die allgemeine Gültigkeit moralischer Normen erkennen und anerkennen, auch zu entsprechenden Urteilen in persönlichen Konfliktsituationen fähig? Welche Rolle spielen bei der Bewertung moralischer Regelübertretungen eigene soziale Erfahrungen, persönliche Einstellungen und gesellschaftlich vermittelte Verhaltensrechtfertigungen? Schätzen aggressive im Vergleich zu nicht-aggressiven Kindern die Absichten und Handlungen anderer Menschen feindseliger ein? Wie wirken sich vorausgehende Mißerfolge auf die Beurteilung der eigenen Leistungstüchtigkeit aus? Welchen Einfluß hat die kognitive Urteilsfähigkeit in Verbindung mit subjektiver Ängstlichkeit, wenn es um die Bewertung bedrohlicher Situationen geht? Schon die Formulierung der Fragen legt gewisse Antworttendenzen nahe: Persönlichkeitsmerkmale, Charaktereigenschaften und Milieuerfahrungen beeinflussen zu einem gewissen Teil die Entwicklung der sozialen Kognitionen.

Man sollte allerdings diesen Zusammenhang auch nicht überschätzen: Heiratsschwindler und Seelsorger verfügen vermutlich über ein ähnlich gutes Einfühlungsvermögen in andere Menschen, setzen diese Fähigkeit aber im einen Fall für egoistische Zwecke und im anderen Fall für altruistische Werte ein. Mit anderen Worten: Soziale Motive und persönliches Handeln sind vom jeweils erreichten Stand der kognitiven Entwicklung nicht direkt ableitbar. Jeder weiß: Man sieht vieles als richtig und notwendig ein, ohne es zu tun!

(1) *Die sozial-kognitive Entwicklung* befähigt das Kind, sich mit zunehmendem Alter immer besser in die Rollen und Befindlichkeiten anderer Menschen, in deren Wahrnehmungsperspektiven, in deren Erwartungen und Absichten einzudenken. Man bezeichnet dieses Bündel von Kompetenzen als Fähigkeiten zur Rollenübernahme und zum Perspektivenwechsel. Solche Kompetenzen bilden sich vor allem zwischen dem 7. und 12. Lebensjahr aus, obwohl sich schon im Kleinkind- und Vorschulalter interessante Vorläufer dieser Entwicklung feststellen lassen.

Das zeigt sich zum Beispiel in einer Studie von Wimmer und Perner (1983). Sie benutzten eine Versuchsanordnung, die man schon nach kurzer Zeit als klassisch bezeichnen konnte. Den an der Untersuchung beteiligten Kindern wird die Geschichte von Maxi erzählt und es werden ihnen entsprechende Bilder dazu gezeigt. Maxi hat eine Tafel Schokolade versteckt, geht dann weg und glaubt nach seiner Rückkehr plausiblerweise, daß sie immer noch dort ist, wo er sie hingelegt hat. Die am Versuch beteiligten Kinder sehen und hören aber, daß die Mutter während der Abwesenheit von Maxi die Schokolade an einen anderen Platz gelegt hat. Die kritische Frage ist nun, ob die Kinder den Kenntnisstand von Maxi und ihr eigenes Wissen unterscheiden können und richtig oder falsch vorhersagen, wo Maxi die Schokolade suchen wird. Während 3- bis 4jährige Kinder die Aufgabe noch nicht korrekt lösen können, ist von den 4- bis 6jährigen etwa die Hälfte erfolgreich und von den 6- bis 9jährigen geben bereits 90% die richtige Antwort. Was hat sich in diesen wenigen Jahren verändert? Offenkundig die kognitive Fähigkeit, das eigene Wissen zu ignorieren, sich in die geistige Situation von Maxi zu versetzen und daraus die richtige Schlußfolgerung zu ziehen.

Inzwischen gibt es hunderte, vielleicht sogar tausende von empirischen Untersuchungen zur Entwicklung sozialer Kognitionen. Trotz großer Differenzen in den speziellen Forschungsfragen und in den verwendeten Versuchsanordnungen läßt sich ein übereinstimmender Ergebnistrend erkennen: Mit zunehmendem Alter "durchschauen" Kinder immer besser, was sich hinter den wahrnehmbaren psychologischen und sozialen Phänomenen an Absichten, Wünschen, Befürchtungen, an sozialen Konventionen, Normen und Konflikten verbirgt.

(2) Ein Satz, der bereits an anderer Stelle dieses Kapitels steht, kann auch zu Beginn dieses Abschnittes in abgewandelter Form wiederholt werden: Kinder werden in eine Welt *moralischer Normen, Ansprüchen und Sanktionen* hineingeboren. Die Übernahme allgemein gültiger und persönlich verbindlicher Normen ist von unterschiedlichen theoretischen Positionen aus vielfach untersucht worden, – mit recht unterschiedlichen Ergebnissen, die nicht durch Unterschiede in der Qualität der Studien zustandekommen, sondern verschiedene Aspekte der moralischen Entwicklung erkennen lassen.

Während sich die ständige Beobachtung von Eltern und Geschwistern, selbsterlebte soziale Kontrollmechanismen, Drohungen, Belohnungen und Bestrafungen auf die Entwicklung der moralischen Motivation und des moralischen Handelns auswirken, hängen die moralischen Urteile eng mit der geistigen Entwicklung zusammen.

Jean Piaget und in seiner theoretischen Spur der amerikanische Philosoph und Psychologe Lawrence Kohlberg (1927-1987) haben die Genese des moralischen Denkens im Kontext der allgemeinen kognitiven Entwicklung intensiv studiert. Piaget (1954) postulierte einen Wandel von der heteronomen Moral des Kindes (Regeln und Normen werden durch Autoritäten festgelegt und Übertretungen durch sie bestraft) zur autonomen Moral des Jugendlichen und Erwachsenen. Moralische Regeln beruhen danach auf sozialen Vereinbarungen und können deshalb auch Geltung beanspruchen.

Im Vergleich zu Piagets Forschungen beschäftigte sich Kohlberg (1969) weniger mit der Geltung und Einhaltung moralischer Normen beim heranwachsenden Kind, vielmehr konzentrierte er seine Arbeit auf die Entwicklung der Begründungen normativer Urteile, bei denen er verschiedene Stadien unterschied (I: Gehorsams- und Strafvermeidungsorientierung; II: bedürfnis- und interessensbezogene Moral; III: konventionell-konformistische Moral des "guten Kindes"; IV: Pflichten gegenüber sozialen Systemen und deren Aufrechterhaltung; V: allgemeine Menschenrechte, Verfahrensgerechtigkeit und moralische Normen als Grundlagen wie als Konsequenzen gesellschaftlicher Vereinbarungen; VI: universelle ethische Prinzipien, denen man sich persönlich verpflichtet fühlt). Vergleicht man diese Entwicklungssequenz des moralischen Urteils mit den Regelhaftigkeiten der moralischen Motivation, so findet man nur mäßige Zusammenhänge und zugleich große individuelle Unterschiede (vgl. Kap. VII). Das gilt im Gegensatz zu den theoretischen Erwartungen Kohlbergs auch für die letzten zwei (postkonventionellen) Stadien der moralischen Entwicklung.

(3) "Sei, der du bist!" oder "Werde, der du sein sollst!" Solche und ähnliche Imperative finden sich häufig in philosophischen und pädagogischen Texten. Die Entwicklung der *Ich-Identität* mit den Komponenten der Selbstwahrnehmung, des Selbstbildes und der Selbstbewertung ist deshalb nicht nur ein Vorgang des Erwerbs von handlungsleitendem Wissen über sich selbst, sondern auch eine Entwicklungsaufgabe, die Kindern und Jugendlichen in unserer Kultur gestellt ist. Die kognitive Entwicklung und der damit verbundene Kompetenzerwerb sind dafür notwendige, aber keineswegs hinreichende Voraussetzungen.

Schon im zweiten Lebensjahr finden sich erste Anzeichen von "Ich-Identität". Zeigt man zum Beispiel 18 Monate alten Kindern ihr Gesicht im Spiegel, so erkennen sie sich und deuten auf ihr Spiegelbild, wenn man ihren Namen nennt. Im Verlauf der Kindheit und ganz besonders im Jugendalter entwickelt sich dieses subjektive, zugleich aber quasi-objektive Bild von sich selbst. Heranwachsende lernen – so könnte man sagen – sich selbst kennen, vergleichen dieses Selbstbild mit der Vorstellung, wie sie gern wären und kommen auf diese Weise zu Selbstbewertungen, die von großer Bedeutung für das Handeln sind: "Wie leicht gewinne ich gleichaltrige Freunde?" "Wie attraktiv (begehrt) bin ich für andere Menschen?" "Wie tüchtig bin ich im Sport?" "Wie gut im Singen?" "Wie erfolgreich bin ich – auch und vor allem im Vergleich zu anderen – beim Erlernen des Lesens, in der Mathematik, beim Aufsatz schreiben, generell als Schüler?" Natürlich fallen die stillschweigenden Antworten auf solche unbewußt gestellten Fragen sehr verschieden aus, – mit gravierenden persönlichen Konsequenzen, wie wir wissen. Ein positives Selbstbild stiftet nämlich automatisch Selbstvertrauen, das eine günstige Voraussetzung für erfolgreiches Handeln ist (vgl. Kap. VI).

Aber: Kognitive Einsichten und selbstbezogene Illusionen vermischen sich häufig bei der Einschätzung der eigenen Person. Wenn 75% der jungen Mädchen sich für attraktiver als der Durchschnitt halten, so spricht das für einen sehr selbstwertdienlichen Mechanismus bei der subjektiven Deutung der sozialen Wirklichkeit. Im übrigen gibt es nicht nur ein ganzheitliches Selbstbild ("Was bin ich eigentlich für eine / für einer?"), sondern viele Facetten, die sich auf spezielle Entwicklungsbereiche beziehen. Das Selbstbild entwickelt sich also nur scheinbar als Funktion des Lebensalters, sondern eher als Folge der persönlichen Lebensgeschichte, wobei sich schon früh große und relativ stabile individuelle Unterschiede ("subjektive Voreingenommenheiten") erkennen lassen.

Geistige Entwicklung als Funktion des Lebensalters gibt es im strengen Sinne nicht; – denn das Lebensalter verweist lediglich auf Reifungs- und Lernvorgänge, die sich typischerweise bestimmten Zeitpunkten des Lebens zuordnen lassen

Im vorliegenden Kapitel ist das Lebensalter immer wieder als zeitliche Markierung für viele geistig-seelische Entwicklungsvorgänge verwendet worden. Diese verbreitete Sprachregelung verführt leicht dazu, dem Alter fälschlicherweise Erklärungswert für die kindliche Entwicklung zuzuschreiben. Danach müßten 5jährige deshalb mehr können und besseres leisten als 2jährige, weil sie drei Jahre älter geworden sind. Dahinter verbirgt sich jedoch ein Mißverständnis, denn das kalendarische Alter erklärt als solches überhaupt nichts! Es markiert lediglich Zeitpunkte und Zeitspannen des kindlichen Lebens, in denen sich bestimmte Reifungsvorgänge abspielen und typische Lernprozesse stattfinden.

Unter Reifung versteht man die genetisch gesteuerten, bei allen gesunden Menschen, selbst unter ungünstigen Lebensbedingungen, in einem bestimmten Altersabschnitt stattfindenden Veränderungen des Zentralnervensystems, des Muskel- und Skelettapparats sowie der Hormonproduktion, durch die biologische Strukturen und Funktionen als Voraussetzungen für neue Verhaltensmöglichkeiten aufgebaut werden. Da es in vielen Fällen zur Zeit noch keine biologischen Nachweise spezifischer Reifungsprozesse gibt, wird in der Entwicklungspsychologie oft hypothetisch auf Reifungsvorgänge geschlossen, wenn sich als Ursachen für beobachtbare Verhaltensänderungen bei allen Kindern keine allgemeinen Erfahrungs- oder speziellen Lernvorgänge identifizieren lassen.

Beispielhaft dafür ist das Greifen und die dafür erforderlichen Hand-Augen-Koordinationen (zwischen 3. und 6. Lebensmonat), das Laufen (im 10. bis 12. Monat), der Spracherwerb (vom 2. bis zum 5. Lebensjahr), usw. Wenn in diesem Zusammenhang in der Alltagssprache vom Laufen lernen, Sprechen lernen oder Denken lernen geredet wird, so ist das nur auf den ersten Blick ein Widerspruch zu den angenommenen biologischen Reifungsvorgängen. In den erwähnten Beispielen sind nämlich Reifungsprozesse (als Voraussetzung für Verhaltensmöglichkeiten) und Lernvorgänge (als Realisierung von Verhaltensmöglichkeiten) eng aufeinander bezogen und miteinander verbunden.

Die zeitliche Markierungsfunktion des Lebensalters für die geistig-seelische Entwicklung im Kindesalter verweist aber nicht nur auf altersspezifische Reifungsprozesse. Auch Lernen braucht Zeit! Da alle Kinder in den ersten Lebensjahren einige grundlegende Erfahrungen zu machen haben, sich notwendiges Wissen aneignen und wichtige Kompetenzen erwerben müssen, ist es nicht erstaunlich, daß es auch dabei zeitliche Ähnlichkeiten gibt. Diese Parallelitäten bei der Entwicklung verschiedener Individuen werden durch gesellschaftliche Konventionen und Regelungen verstärkt: Der Zugang zu Massenkommunikationsmitteln, das Eintrittsalter in den Kindergarten und die Lehrpläne der Schulen bieten viele standardisierte Lernangebote. Hinzu kommt, daß das, was die meisten Erwachsenen eines bestimmten Kulturkreises für die nachwachsende Generation als "geheimen Lehrplan" (Erwartungen an das sich entwickelnde Kind) im Kopf haben, von den Heranwachsenden als Aufeinanderfolge alterstypischer Entwicklungsaufgaben erlebt wird. Mit anderen Worten: Es gibt verschiedene Mechanismen und Bedingungen, die konvergierend dazu führen, daß sich das Lebensalter als ein zwar grober, aber brauchbarer Maßstab für viele

Veränderungen im Kindesalter eignet, obwohl es keinerlei psychologischen Erklärungswert besitzt.

Je genauer man allerdings die Entwicklung einzelner Kinder studiert, je mehr man dabei Individuen aus verschiedenen Kulturen, aus unterschiedlichen Generationen, aus differierenden Milieus und mit differierenden Begabungen berücksichtigt, desto deutlicher werden die Grenzen einer universellen Betrachtungsweise, bei der es ausschließlich um die Gesetzmäßigkeiten der psychischen Entwicklung *aller* gesunden Menschen geht. Komplementär dazu gewinnen die individuellen Unterschiede in der Entwicklung an phänomenaler Eindringlichkeit und damit auch an theoretischer wie praktischer Bedeutung.

Zwischen altersgleichen Kindern gibt es große individuelle Unterschiede

Im ersten Teil dieses Kapitels wurden die großen Unterschiede zwischen Kindern verschiedenen Alters hervorgehoben. Mit dieser Fragestellung beschäftigt sich der größe Teil aller entwicklungspsychologischen Studien. Das sind weltweit jährlich mehrere Tausend veröffentlichte Untersuchungen. Die offenkundige Attraktivität der universellen Perspektive hat - wie wir gesehen haben - zwei Gründe:

Zum einen weiß man, daß sich jeder Mensch in gewisser Hinsicht wie alle Menschen entwickelt, so daß man als Ergebnis der Forschung allgemeine Aussagen über die menschliche Entwicklung machen kann, - eine Möglichkeit, die dem modernen Wissenschaftsverständnis ganz und gar entspricht.

Der zweite Grund für die Attraktivität der universellen Forschungsperspektive hängt eng mit dem ersten zusammen: Wenn man Entwicklungsphänomene studiert, die für alle Menschen charakteristisch sind, so kann man aus den Unterschieden zwischen verschiedenen Altersgruppen direkt auf die zu erwartenden Veränderungen der Heranwachsenden schließen. Es wird nämlich angenommen, daß sich zum Beispiel die jetzt 5jährigen in den folgenden drei Jahren genauso entwickeln, wie sich die heute 8jährigen in den vergangenen drei Jahren entwickelt haben. Diese Möglichkeit bietet enorme methodische Vorteile, denn es genügt, bei hinreichend großen Gruppen von Kindern unterschiedlichen Alters das jeweils interessierende Entwicklungsmerkmal zu untersuchen (sogenannte "Querschnittstudien"). Forschungen dieser Art lassen sich kurzfristig durchführen, sind relativ kostengünstig und erlauben schnelle wissenschaftliche Erträge.

Ganz anders verhält es sich mit der differentiellen Fragestellung. In diesem Fall geht es um die Unterschiede zwischen gleichaltrigen Kindern und natürlich auch um die Beantwortung der Frage, ob solche individuellen Differenzen im Verlauf der Entwicklung stabil bleiben, ob sie abnehmen oder ob sie sich verstärken. Man weiß zwar ganz allgemein, daß sich jeder Mensch in gewisser Hinsicht wie alle Menschen (universelle Perspektive), in gewisser Hinsicht wie einige andere Menschen (differentielle Perspektive) und in gewisser Hinsicht wie kein anderer Mensch (individuelle Perspektive) entwickelt, doch ist der momentane wissenschaftliche Erkenntnisstand zur differentiellen und individuellen Perspektive schlechter als die Forschungen zur universellen Perspektive.

Verantwortlich dafür sind spiegelbildlich die bereits erwähnten zwei Gründe. Zum ersten gelten differentielle Aussagen, die stets nur für Gruppen von Menschen Gültigkeit besitzen (z.B. für Kinder verschiedenen Geschlechts, aus unterschiedlichen Kulturen und Subkulturen, Heranwachsende mit unterschiedlichen Begabungen und Temperamentseigenschaften etc.), im Vergleich zu universell gültigen Aussagen als wissenschaftlich weniger attraktiv (was man allerdings nur als ein gepflegtes Vorurteil bezeichnen kann). Dabei ist zu bedenken, daß die individuelle Entwicklung nur als Grenzfall für die nach Gesetzmäßigkeiten suchende Wissenschaft gelten kann, so daß in erster Linie die differentielle Perspektive zu beachten ist.

Die dafür notwendigen Untersuchungen erfordern einen besonders großen methodischen Aufwand. Es müssen nämlich die gleichen Personen über längere Lebensperioden hinweg regelmäßig untersucht werden ("Längsschnittstudien"), um Aussagen über die Stabilität oder Variabilität der individuellen Unterschiede im Verlauf der Entwicklung machen zu können. Benötigt man zusätzlich auch Daten über kulturelle und/oder über epochale Entwicklungsunterschiede, so müssen parallele Längsschnittstudien in verschiedenen Kulturen und mit Menschen verschiedener Generationszugehörigkeit durchgeführt werden. Das alles ist extrem zeitaufwendig, überaus kostspielig und erlaubt nur sehr verzögerte Berichte über die erzielten Forschungsergebnisse. Nichtsdestoweniger ist der Bedarf an Längsschnittstudien groß, weil nur dadurch jene Informationen gewonnen werden können, die man braucht, um wichtige pädagogische, berufliche, forensische und klinische Entscheidungen wissenschaftlich fundieren zu können.

Wie begabungsabhängig ist die kognitive Entwicklung?

Betrachtet man die Phänomene und Regelhaftigkeiten der geistigen Entwicklung, wie sie im ersten Teil dieses Kapitels dargestellt sind, so muß man den Eindruck gewinnen, daß es keine gravierenden Unterschiede zwischen verschiedenen gleichaltrigen Kindern gibt. Die Mobilität der Kinder nimmt generell zu, ihre Intelligenz wächst, die Kapazität des Kurzzeitgedächtnisses steigt, die Stadien der Denkentwicklung finden sich bei allen Individuen, der Erwerb der Sprache ist ein universelles Phänomen und fast alle Leistungen verbessern sich mit zunehmendem Lebensalter.

Und doch: Beobachtet man 2jährige in einer Krabbelstube, eine Gruppe von 5jährigen im Kindergarten oder 10jährige Kinder am Ende der Grundschulzeit in ihrem Klassenzimmer, so imponiert nicht nur die Verschiedenheit zwischen den drei Altersgruppen, sondern auch die individuellen Unterschiede der altersgleichen Kinder. Das beginnt bei der Körpergröße, dem Gewicht und dem äußeren Erscheinungbild, betrifft aber auch den gesamten Bereich kognitiver Fähigkeiten und Leistungen. Als Beispiel wird im folgenden kurz über die Intelligenzentwicklung und deren individuelle Variabilität berichtet.

Wie wir bereits gesehen haben, bezeichnet man im alltäglichen wie im wissenschaftlichen Sprachgebrauch jene Menschen als intelligent, die im Vergleich zu ihren Mitmenschen neue Informationen schnell und gut verarbeiten, schwierige Probleme erfolgreich lösen, rational denken, zweckmäßig handeln und sich wirkungsvoll mit ihrer Umwelt auseinandersetzen können. Daß es bei diesem umfangreichen Bündel von Fähigkeiten und Leistungen große individuelle Unterschiede gibt, ist offenkundig und braucht wissenschaftlich nicht eigens bewiesen zu werden. Daß sich solche Unterschiede auch schon bei kleinen Kindern finden, ist gleichfalls eine Alltagsbeobachtung. Wie aber äußern und entwickeln sich diese Differenzen, wodurch werden sie bewirkt, wie lassen sie sich beeinflussen und verändern? Viele Fragen, auf die es noch keine wissenschaftlich befriedigenden Antworten gibt. Was man gegenwärtig darüber weiß, wird im folgenden kurz zusammengefaßt:

(1) Kinder mit besseren kognitiven Voraussetzungen entwickeln sich schneller und brauchen zum Aufbau bestimmter Kompetenzen weniger Zeit als unbegabte Kinder.

Als die französischen Psychologen Binet und Simon zu Beginn des 20. Jahrhunderts vom Pariser Erziehungsministerium den Auftrag erhielten, ein möglichst objektives Verfahren zu erarbeiten, um jene lernschwachen Kinder zu identifizieren, die zu ihrer intellektuellen Förderung einer besonderen Schule bedurften, konstruierten sie den weltweit ersten Intelligenztest ("Binetarium"). Dabei nutzten sie einige schon damals verfügbare entwicklungspsychologische Erkenntnisse:

Je geringer die intellektuellen Fähigkeiten eines Kindes im Vergleich zu besser begabten Kindern sind, um so länger braucht es zur Verarbeitung neuer Informationen und um so verzögerter verläuft seine kognitive Entwicklung. Da in den ersten Lebensjahren alle Kinder die gleichen grundlegenden Kenntnisse und Fertigkeiten erwerben müssen, zeigen sich Begabungsdifferenzen auch in einem unterschiedlichen Entwicklungstempo. Mit anderen Worten: In Abhängigkeit von den inviduellen Fähigkeiten verläuft die kognitive Entwicklung bei vielen Kindern mit einer durchschnittlichen Geschwindigkeit, bei einigen beschleunigt ("akzeleriert"), bei einigen anderen verlangsamt ("retardiert").

Binet und Simon haben diese Beobachtung aufgegriffen und mit Hilfe spezieller empirischer Untersuchungen Altersnormen der intellektuellen Entwicklung aufgestellt. Was denkt, weiß und kann zum Beispiel ein durchschnittlich entwickelter 8jähriger im Vergleich zu einem 4jährigen oder einem 12jährigen Kind? Aufgrund der für die jeweilige Altersstufe typischerweise gelösten Intelligenzaufgaben führten sie parallel zum Lebensalter den Begriff des "Intelligenzalters" ein. Damit ließ sich für jedes Kind feststellen, welchen Entwicklungsstand es im Vergleich zu altersgleichen, jüngeren und älteren Kindern erreicht hatte.

Da sich die Entwicklungsunterschiede der einzelnen Kinder über die Zeit hinweg als relativ stabil erwiesen, ersetzte man später das Intelligenzalter durch den Intelligenzquotienten (IQ) als einem individuellen Maß für die intellektuellen Fähigkeitsdifferenzen und die davon abhängigen Entwicklungsunterschiede. Ähnlich wie Körpergröße und Gewicht verteilt sich auch die Intelligenz in der Gesamtbevölkerung normal (also im Sinne der sogenannten Gaußschen Glockenkurve). Abbildung I.1 zeigt die inzwischen normierte Häufigkeitsverteilung der Testintelligenz, ausgedrückt in IQ-Werten.

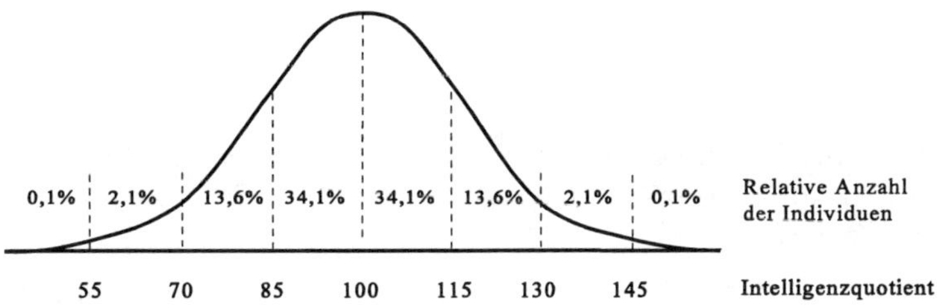

Abbildung I.1: Normalverteilung der Testintelligenz.

Wenn vom Intelligenzquotienten als einem individuellen Maß gesprochen wird, so stellt sich natürlich die Frage, wie groß die Übereinstimmung der IQ-Rangreihen bei den gleichen Personen zu verschiedenen Zeitpunkten im Verlauf der Entwicklung ist. Sind nach zwei, vier oder sechs Jahren diejenigen Kinder, die mit fünf Jahren die besten Intelligenzleistungen erzielten, immer noch an der Spitze, die mit durchschnittlichen Testresultaten auch weiterhin im Mittelbereich und jene mit den schlechtesten Testwerten auch Jahre später immer noch im untersten Teil der Rangreihe?

Man beantwortet solche Fragen im allgemeinen mit Hilfe der Korrelationsrechnung, bei der - sehr vereinfacht ausgedrückt - die relativen Positionen jedes Individuums zu zwei Meßzeitpunkten berücksichtigt werden. Stimmen die zwei Rangreihen perfekt überein - ist also die Person, die bei der ersten Messung die beste Leistung erzielte auch beim zweiten Meßzeitpunkt die beste und behalten auch alle anderen Individuen bei der zweiten Messung ihre ursprüngliche Rangposition -, so ergibt sich ein Korrelationskoeffizient von +1.00. Würde sich die Rangfolge in den IQ-Werten zwischen den zwei Meßzeitpunkten völlig umkehren (d.h. die leistungsstärkste Person der ersten Messung käme bei der zweiten Messung auf den letzten Rangplatz, das zweitbeste Individuum auf die vorletzte Stelle usw.), so ergäbe sich ein Korrelationskoeffizient von −1.00. Zeigen sich zwischen der ersten und zweiten Testuntersuchung völlig zufällige Veränderungen in den Rangplätzen, so müßte man einen Wert von 0 erwarten. Je höher ein positiver Korrelationskoeffizient zwischen zwei Testuntersuchungen ist, um so größer ist die Stabilität des gemessenen Merkmals, - in unserem Fall also der Intelligenztestleistungen.

In der Tat ergeben sich bei Längsschnittuntersuchungen schon zwischen dem 5. und 7. Lebensjahr Koeffizienten von .5. Dieser Wert steigt zwischen dem 8. und 12. Lebensjahr auf .80 bis .90 an. Bedenkt man, daß es bei jeder Testuntersuchung Fehlerquellen (sogenannte "Meßfehler") gibt (z.B. durch Ermüdung, Unaufmerksamkeit, schlechtes Befinden), so sind die interindividuellen Intelligenzunterschiede schon vom Grundschulalter an sehr stabil.

Nun möchte man natürlich wissen, ob die für alle Individuen geltende durchschnittliche Stabilität bei einzelnen Kindern Abweichungen erkennen läßt (bedeutsame Zunahmen oder Abnahmen der Testintelligenz im Verlauf der Kindheit), ob sich bei allen geistigen Fähigkeiten und Fertigkeiten gleichermaßen stabile Entwicklungsunterschiede zeigen und wie es sich mit der Stabilität der Schulleistung verhält, die ja auf vergleichsweise einheitlichen Lernangeboten beruht. Solchen Fragen wurden sowohl in der LOGIK- als auch in der SCHOLASTIK-Studie nachgegangen.

(2) Begabte Kinder brauchen im Vergleich zu unbegabten Kindern nicht nur weniger Zeit zur Verarbeitung neuer Information, sondern erwerben zugleich ein "intelligenteres Wissen".

Die von begabten Kindern erworbenen Kenntnisse und Fertigkeiten sind in den unterschiedlichsten Situationen leicht zugänglich, flexibel nutzbar, miteinander vernetzt und auf verschiedene Weise gespeichert (konkret-anschaulich, abstrakt, sprachlich, prozedural und metakognitiv). Demgegenüber erweist sich das Wissen von unintelligenten Kindern häufig als rigide, starr, träge und kann deshalb in unvertrauten Situationen nur begrenzt verwendet werden.

(3) Begabte Kinder entwickeln sich im Vergleich zu weniger begabten Kindern nicht nur schneller, sondern erreichen auch als Ergebnis der kognitiven Entwicklung im frühen Erwachsenenalter ein höheres Intelligenzniveau.

Kinder, die sich schon in jungen Jahren intellektuell schneller als andere entwickeln, erreichen im späteren Jugend- und frühen Erwachsenenalter meist auch ein höheres Niveau kognitiver Fähigkeiten, insbesondere beim formal-abstrakten Denken. Abbildung I.2 zeigt am Beispiel von drei Entwicklungskurven den Zusammenhang zwischen frühem intellektuellen Entwicklungstempo und dem später erreichten Intelligenzniveau.

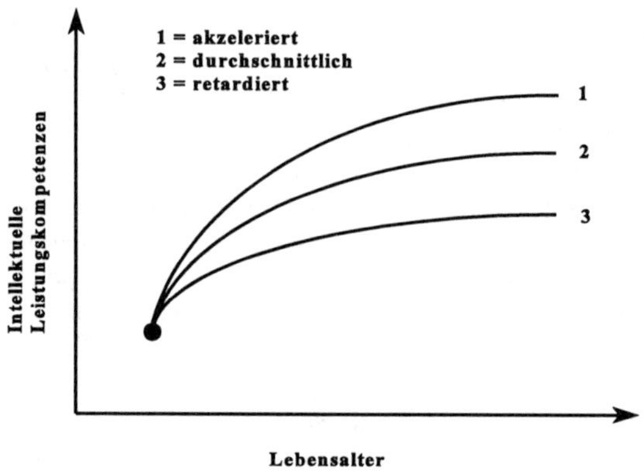

Abbildung I.2: Interindividuelle Unterschiede in der Schnelligkeit und im erreichbaren Niveau der intellektuellen Entwicklung.

Die in Abbildung I.2 dargestellten Entwicklungskurven veranschaulichen, daß die individuellen Unterschiede in der Intelligenzentwicklung über die Zeit hinweg erhalten bleiben und mit dem individuell erreichten oder erreichbaren intellektuellen Leistungsniveau zusammenhängen. Damit aber ist die prinzipielle Möglichkeit gegeben, schon im mittleren Kindesalter brauchbare, wenn auch nicht perfekte Vorhersagen auf die weitere Intelligenzentwicklung und auf das Intelligenzniveau im Erwachsenenalter zu machen. Das ist allerdings nur die halbe Wahrheit.

Betrachtet man nämlich die drei Kurven, so muß der Eindruck entstehen, die gesamte kognitive Entwicklung sei mit dem frühen Erwachsenenalter abgeschlossen. Das gilt jedoch nur für jene formalen Denkfähigkeiten, die notwendig sind, um mit einem Minimum an inhaltlichem Wissen zum Beispiel Regelhaftigkeiten komplexer Figuren zu erkennen (vgl. Abb. I.3), verschachtelte Sachverhalte zu durchschauen und formal-logische Probleme zu lösen. Abbildung I.3 zeigt Aufgaben zur Prüfung dieser Fähigkeiten.

Verlangt die Bewältigung einer Denkaufgabe inhaltliches Wissen, geht es um das Verfassen sprachlicher Texte oder um ein differenziertes Weltverständnis, so können die dafür notwendigen kognitiven Leistungsfähigkeiten bis ins höhere Erwachsenenalter zunehmen, – natürlich in Abhängigkeit von den individuellen Erfahrungs-, Lern- und Bildungsgelegenheiten.

Zur Zeit gibt es keine Hinweise darauf, daß die Veränderungen dieser intellektuellen Leistungskompetenzen im Erwachsenenalter mit dem kognitiven Entwicklungstempo in der Kindheit direkt zusammenhängen. Ohne Antwort ist allerdings die Frage, inwieweit das erreichte Niveau der formalen Denkfähigkeiten die Qualität der inhaltlichen Lernvorgänge im Erwachsenenalter beeinflußt. Bei diesem Problem gibt es zur Zeit zwei konträre theoretische Positionen: Glauben die einen, daß der Erwerb inhaltsspezifischer Expertise fast

Aufgabe (a)

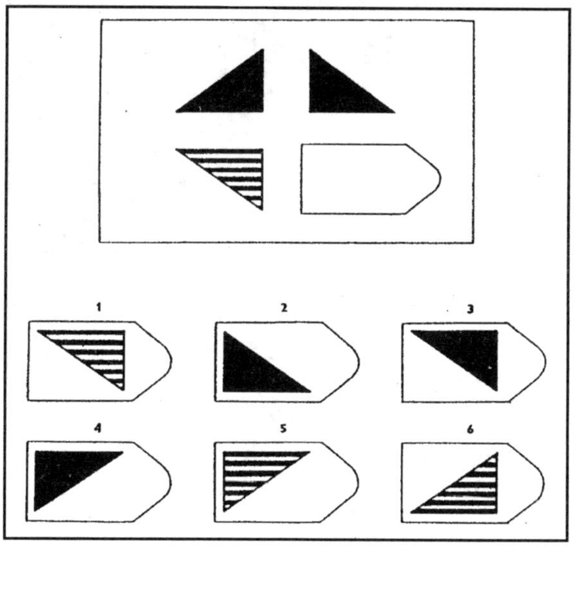

Aufgabe (b)

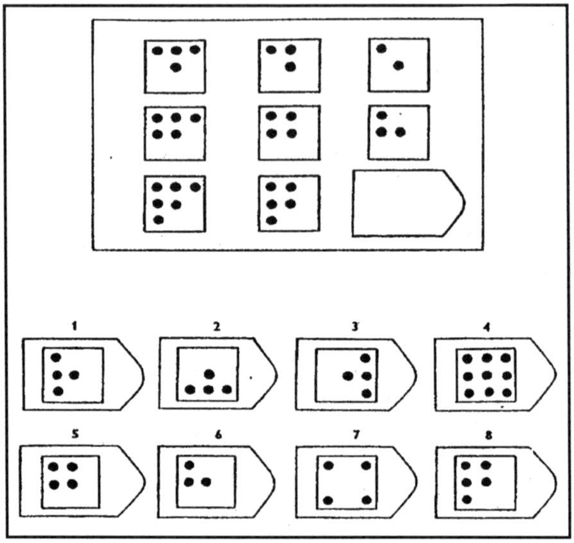

Aufgabe (c)

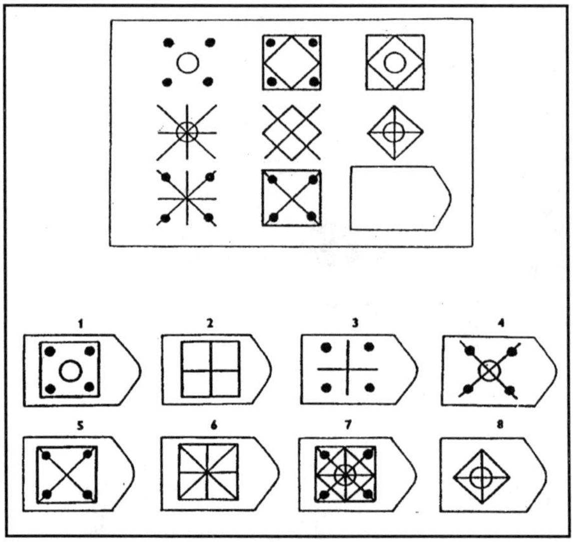

Abbildung I.3: Beispiele zur Prüfung des formal-abstrakten Denkens bei der Lösung sprachfreier Aufgaben (die richtigen Lösungen finden sich am Ende des Kapitels).

ausschließlich von der Intensität und Dauer des Lernens abhängt, so betonen die anderen, daß die Schwierigkeit des zu erlernenden Wissens darüber entscheidet, ob und inwieweit der Expertiseerwerb vom individuellen Intelligenzniveau beeinflußt wird.

(4) Der Einfluß von Erbfaktoren und Umweltbedingungen auf die Entwicklung individueller Intelligenzunterschiede.

Radikale Erb- und Umweltideologen standen einander jahrhundertelang kontrovers, verständnislos und oft feindselig gegenüber. Auch in der wissenschaftlichen Psychologie gab es seit dem späten 19. Jahrhundert ein ähnliches Szenarium: Mit einseitig ausgewählten theoretischen Argumenten und empirischen Belegen wurde die inzwischen schon berüchtigt gewordene Anlage-Umwelt-Kontroverse geführt. Das änderte sich – wenigstens tendenziell – erst in den letzten Jahren. Ernstzunehmende puristische Anlage- oder Umwelttheoretiker gibt es in der Humanpsychologie praktisch nicht mehr. Die Frage ist nicht, ob es Erb- und Umwelteinflüsse gibt, sondern es geht vor allem um die Wirkungsmächtigkeit, die Variabilität und die Mechanismen dieser Determinanten der kognitiven Entwicklung.

Da es noch keine wissenschaftlich befriedigenden Erkenntnisse der molekularen Genetik zur Erklärung von Intelligenzunterschieden beim Menschen gibt, müssen immer noch die Ergebnisse von Zwillings- und Adoptionsstudien zur Beantwortung der zentralen theoretischen Fragen genutzt werden.

Bei der Zwillingsforschung macht man sich die Tatsache zunutze, daß eineiige Zwillinge erbgleich (also mit vollständiger Genübereinstimmung) und zweieiige Zwillinge genetisch lediglich verwandt sind. Die vielen wissenschaftlichen Debatten über die Brauchbarkeit der Resultate von Zwillingsstudien hängen zum großen Teil damit zusammen, daß man sich die erkennbaren Möglichkeiten, aber auch die engen Grenzen dieses Forschungsansatzes zu wenig bewußt macht: (1) Alle statistischen Berechnungen zur Abschätzung der relativen Erb- und Umwelteinflüsse auf die intellektuelle Entwicklung beschränken sich auf durchschnittliche Unterschiede in den Intelligenzleistungen großer Gruppen von Individuen, die in einer bestimmten sozio-historischen Situation leben. Sie gelten also weder für einzelne Personen noch für alle Menschen unter beliebigen Umweltbedingungen. (2) Anlage und Umwelt sind nicht unabhängig voneinander, denn die biologischen Eltern sind in der Regel zugleich die Gestalter der kindlichen Umweltverhältnisse. (3) Die relativen Einflußgewichte von genetischen Faktoren und Umweltbedingungen verändern sich im Verlauf des Lebens, so daß es sich bei den Effekten von Anlage- und Umweltfaktoren um ein sehr komplexes dynamisches Bedingungs-Wirkungsmuster handelt, zumal auch eineiige Zwillinge, die in der gleichen Familie aufwachsen, zum Teil sehr unterschiedliche Umwelten erleben (verschiedene Zuwendungs- und Erziehungsstile der Eltern, ungleiche Freunde, variierende Einflüsse der kindlichen Umgebung, etc.). Darüber hinaus muß immer wieder die Frage gestellt werden, ob die Entwicklung von Zwillingen mit dem Heranwachsen einzeln geborener Kinder völlig vergleichbar ist, so daß die Befunde der Zwillingsforschung auf die Entwicklung aller Kinder verallgemeinert werden dürfen.

Ähnlich kompliziert und schwierig sind die theoretischen Interpretationen der empirischen Resultate von Adoptionsstudien. Werden Säuglinge möglichst bald nach der Geburt adoptiert, so unterscheiden sich biologische und soziale Eltern. Geprüft wird dann, ob die Kinder in ihren intellektuellen Fähigkeiten und Persönlichkeitseigenschaften eher den leiblichen oder stärker den Adoptiveltern ähneln.

Faßt man die verfügbaren Ergebnisse der Zwillings- und Adoptionsforschung zusammen, so lassen sich einige übereinstimmende Aussagen zum Anlage-Umwelt-Problem machen:

- Etwa 50% der interindividuellen Intelligenzunterschiede sind auf Erbfaktoren, die anderen 50% auf Umwelteinflüsse zurückzuführen. Erb- und Umweltbedingungen wirken natürlich nicht unmittelbar auf die Entwicklung intellektueller Leistungsunterschiede, sondern auf jene Lernprozesse, die für den Aufbau der leistungsrelevanten Kompetenzen und damit auch der Kompetenzunterschiede erforderlich sind. Günstige Erbvoraussetzungen erleichtern das Lernen und begünstigen auf diese Weise die kognitive Entwicklung. Bei intelligenzabhängigen Leistungen (z.B. bei vielen Schulleistungen, wie etwa dem Lesen), bei denen mangelnde intellektuelle Fähigkeiten durch vermehrte Lernanstrengungen kompensiert werden können, sind die Erbeinflüsse schwächer als bei der Lösung abstrakter Denkprobleme.

- In der kognitiven Entwicklung läßt sich häufig die Wirkung des sogenannten Matthäus-Prinzips (wer hat, dem wird gegeben) nachweisen. Günstige Erbbedingungen finden sich überzufällig häufig bei Kindern, die auch in einer entwicklungsförderlichen Umwelt aufwachsen. Dies führt zu einem frühen Aufbau kognitiver Kompetenzen, welche die Verarbeitung neuer Informationen verbessern, wobei sich allerdings die relevanten Vorkenntnisse im Vergleich zur allgemeinen Intelligenz als wichtigere Bedingung für den Erwerb darauf aufbauender Kenntnisse erwiesen haben. Gegenüber der unterstellten Wirksamkeit des Matthäus-Prinzips - die sich in empirischen Untersuchungen im allgemeinen bestätigt - finden sich aber auch zahlreiche Ausnahmen, die zum Beispiel zeigen, daß hochbegabte Kinder trotz ungünstiger Milieubedingungen herausragende intellektuelle Leistungen erzielen können.

Die berichteten Ergebnistrends weisen eine erhebliche Schwankungsbreite auf, was einerseits auf notorische methodische Probleme von Zwillings- und Adoptionsstudien zurückzuführen ist, und andererseits mit den gravierenden Erkenntnislücken bei der Beschreibung und Analyse individueller Unterschiede der kognitiven Entwicklung zusammenhängt.

Wie entwicklungsabhängig sind interindividuelle Persönlichkeitsunterschiede?

Von manchen Menschen sagt man, sie seien besonders aktiv, stimmungslabil, anpassungsfähig, sensibel gegenüber Belastungen, verschlossen, gehemmt, schüchtern oder aggressiv; von anderen behauptet man das Gegenteil. Solche Charakterisierungen verweisen auf Persönlichkeitsmerkmale und Temperamentseigenschaften, bei denen man große und stabile Unterschiede zwischen verschiedenen Individuen erwartet. Was aber entwickelt sich im Kindes-, Jugend- und Erwachsenenalter, wenn es sich nicht um kognitive Fähigkeiten, sondern um persönliche Eigenarten handelt? Werden Kinder älter und bleiben persönlich doch die alten? Auf solche und ähnliche Fragen gibt es zur Zeit keine befriedigenden wissenschaftlichen Antworten. Dafür lassen sich verschiedene Gründe identifizieren, deren Auflistung sich gut mit einem Überblick über die aktuelle Forschungslage verbinden läßt.

(1) Persönlichkeitsmerkmale können wissenschaftlich nicht eindeutig definiert und gemessen werden.

Wann und in welcher Hinsicht sollte man von Persönlichkeitszügen (Merkmalen, Eigenschaften) eines Menschen sprechen? Geht es darum, wie sich jemand selbst sieht und beurteilt; ist entscheidend, wie er oder sie von anderen wahrgenommen und eingeschätzt wird; sollte man in erster Linie darauf achten, wie sich persönliche Eigentümlichkeiten im alltäglichen Verhalten ausdrücken; oder kann man Persönlichkeitsmerkmale als das auffassen, was als gemeinsame Ursache sowohl der Selbst- wie Fremdwahrnehmung als auch dem Verhalten zugrundeliegt. Konkret und beispielhaft gesprochen: Ist jemand ängstlich, weil er oder sie sich selbst als ängstlich erlebt, weil er oder sie von anderen als ängstlich wahrgenommen wird, weil sich im individuellen Verhalten oft Anzeichen von Ängstlichkeit erkennen lassen, oder weil jemandem bei Berücksichtigung aller dieser Symptome die persönliche Eigenschaft "hohe Ängstlichkeit" zugeschrieben wird?

Kein Zweifel, daß alle erwähnten Definitionskriterien von Bedeutung sind, denn - um im Beispiel zu bleiben - die subjektiv erlebte Ängstlichkeit (durch Fragebogen oder über Interviews erfaßt) dürfte für das individuelle Handeln ebenso wichtig sein wie die "objektiv" gemessene Angst (z.B. mit Hilfe physiologischer Verfahren). Problematisch ist, daß die verschiedenen Maße der Ängstlichkeit nicht immer konvergieren, so daß es eine erhebliche methodenabhängige Variationsbreite von Untersuchungsergebnissen zu vergleichbaren Fragestellungen gibt.

Diese Schwierigkeit vergrößert sich noch, wenn man berücksichtigt, daß sich viele persönliche Eigenarten in verschiedenen Situationen unterschiedlich stark oder überhaupt nicht im Verhalten niederschlagen. Schüchternheit beobachtet man zum Beispiel vor allem dann, wenn jemand glaubt, von anderen kritisch beobachtet und bewertet zu werden, - nicht aber in einer vertrauten Umgebung oder wenn jemand allein ist. Mangelnde wie starke Geselligkeit zeigt sich selbstverständlich nur in sozialen Situationen. Aggressives Verhalten wird bevorzugt durch Ärger ausgelöst, so daß man die individuelle Aggressionstendenz auch durch die Anzahl und Art ärger- und damit aggressionsauslösender Situationen bestimmen kann. Aussagen über die Entwicklung von Persönlichkeitsmerkmalen müssen deshalb spezifizieren, um welchen Merkmalsaspekt es sich im einzelnen handelt und wie dieser gemessen wurde. Allgemeine Kennzeichnungen sind fast immer eine Quelle unzulässiger Verallgemeinerungen und deshalb von höchst zweifelhaftem wissenschaftlichen Wert.

(2) Eine universelle, bei allen Menschen ähnliche Entwicklung von Persönlichkeitsmerkmalen gibt es nicht.

Im Unterschied zu den intellektuellen Fähigkeiten lassen sich bei Persönlichkeitsmerkmalen keine generellen alterstypischen Veränderungen feststellen. Nur dann, wenn personenspezifische Verhaltensweisen bewußt, absichtlich oder gar zielgerichtet kontrolliert und damit subjektiv beeinflußt werden können, spielt der erreichte kognitive Entwicklungsstand eine wichtige Rolle (z.B. die Unterdrückung von Angst oder Aggressionstendenzen in Prüfungssituationen; die Überwindung von Schüchternheit und Irritierbarkeit während eines Vorstellungsgesprächs; die Vermeidung von Stimmungsschwankungen bei einem attraktiven Rendezvous).

Sieht man von solchen kognitiven Einflüssen ab, so kann man bei Persönlichkeitsmerkmalen von den Entwicklungsunterschieden zwischen Kindern verschiedenen Alters nicht auf zu erwartende Entwicklungsveränderungen der jüngeren Kinder schließen. Die in der Entwicklungspsychologie besonders geschätzten Querschnittstudien sind also nur von begrenztem wissenschaftlichen Wert. Das Fehlen geeigneter Längsschnittuntersuchungen zur Entwicklung persönlicher Merkmale im Verlauf der Kindheit führt unter diesen Umständen zu erheblichen theoretischen Defiziten.

(3) Bei Persönlichkeitsmerkmalen gibt es nicht nur große Unterschiede zwischen verschiedenen Individuen, sondern jedes einzelne Merkmal ist auch von unterschiedlicher Bedeutung für das Persönlichkeitsprofil eines Individuums.

Wenn man von einem Menschen sagt, er sei sehr gesellig oder ungewöhnlich ängstlich, so meint man das in der Regel nicht nur im Vergleich zu anderen Individuen seines Alters (*inter*individueller Bezug), sondern auch im Vergleich zur Ausprägung anderer Persönlichkeitszüge bei der gleichen Person (*intra*individueller Bezug). Die menschliche Persönlichkeit ist mehr als ein Konglomerat von Merkmalen, sondern stellt ein integriertes Ganzes dar, bei dem bestimmte Züge stärker dominieren als andere. Auch zu den damit verbundenen wissenschaftlichen Fragestellungen gibt es leider nur wenige brauchbare Längsschnittstudien.

Befunde der LOGIK-Studie, über die in diesem Band nicht ausdrücklich berichtet wird, sprechen jedenfalls dafür, daß sich das Persönlichkeitsbild im Verlauf der Kindheit tendenziell den Erwartungen erwachsener Bezugspersonen angleicht (van Aken & Asendorpf, in Druck). Zusätzlich gilt: Je größer die Übereinstimmungen zwischen den schematisierten Erwartungen gegenüber einem "idealen" und dem Verhalten des "realen Kindes" sind, um so stabiler erweist sich das individuelle Gefüge seiner Eigenschaften, d.h. um so weniger verändert sich im Verlauf der Zeit das Persönlichkeitsprofil des Kindes.

(4) Persönlichkeitsunterschiede werden im Verlauf der Kindheit weniger durch alterstypische Entwicklungen als durch milieuspezifische Sozialisationsprozesse verändert.

Sozialisation bedeutet im heutigen wissenschaftlichen Verständnis nicht mehr die frühere Vorstellung von der frühkindlich erfahrenen, nicht selten erlittenen Prägung der Persönlichkeit durch die soziale Umwelt, sondern wird inzwischen als ein komplexes Geschehen aufgefaßt, in dem genetische Faktoren, aktives individuelles Handeln, kognitive Kompetenzen auf der einen und soziale Faktoren auf der anderen Seite eine sich wechselseitig beeinflussende Rolle spielen (Bandura, 1997).

Auf diese Weise werden bei vielen Kindern viele Persönlichkeitsmerkmale in kulturspezifischer und milieuabhängiger Weise beeinflußt, ohne daß dadurch das individuelle Persönlichkeitsprofil und die interindividuellen personalen Unterschiede nivelliert werden. Allerdings muß mit nachdrücklicher Redlichkeit konstatiert werden, daß die wissenschaftlichen Erkenntnisse über die Bedingungen und Mechanismen des Sozialisationsgeschehens ausgesprochen defizitär sind. So werden zum Beispiel empirisch gefundene Zusammenhänge zwischen der sozio-ökonomischen Situation von Familien, dem Erziehungsstil der Eltern oder den Verhaltensnormen sozialer Bezugsgruppen auf der einen und der kindlichen Persönlichkeitsentwicklung auf der anderen Seite durchwegs milieutheoretisch interpretiert, obwohl in den meisten Untersuchungen Erb- und Umwelteinflüsse untrennbar vermischt sind (was – wie erwähnt – nur bei gut geplanten Zwillings- und Adoptionsuntersuchungen nicht der Fall ist).

(5) Es gibt eine begrenzte, mit dem Lebensalter zunehmende Stabilität interindividueller Persönlichkeitsunterschiede, doch sind die verfügbaren empirischen Befunde zu widersprüchlich, um allgemeingültige theoretische Aussagen zuzulassen.

Da es bei vielen grundlegenden Persönlichkeits- und Temperamentsunterschieden starke genetische Verankerungen und zugleich prägende frühkindliche Sozialisationseinflüsse gibt, wären eigentlich von der frühen Kindheit an relativ stabile individuelle Unterschiede zu erwarten. Dieser Annahme widersprechen aber viele empirische Befunde. Die Ergebnisse verschiedener Untersuchungen sind zwar uneinheitlich, lassen aber eine Tendenz zu niedrigen Stabilitäten während der Kindheit und zu höheren Stabilitäten im Erwachsenenalter erkennen. Sowohl für die Uneinheitlichkeit der Untersuchungsergebnisse als auch für die im Kindesalter nur mäßigen Stabilitäten von Persönlichkeitsunterschieden gibt es viele Gründe, die sich nicht auf einen gemeinsamen Nenner bringen lassen. Dazu gehören zum Beispiel die Stabilität oder Instabilität der Umwelt des Kindes, der soziale Druck auf die Veränderung von Persönlichkeitsmerkmalen (z.B. Ablehnung aggressiver Kinder in der Gruppe der Gleichaltrigen), kritische Lebensereignisse (z.B. traumatisch erlebte Scheidung der Eltern oder Tod eines nahen Angehörigen), die zunehmende Selbstkontrolle des persönlichen Verhaltens in Abhängigkeit von Idealvorstellungen über die eigene Person (vor allem im frühen Jugendalter) und – sieht man von extremen Ausprägungen ab – die erhebliche situative Variabilität des persönlichen Verhaltens und der dem Verhalten zugrundeliegenden Persönlichkeitsmerkmale.

(6) Wie veränderbar sind persönliche Vorlieben, Einstellungen und Interessen von Kindern?

Wer Kinder beliebigen Alters beobachtet, stellt eine Vielzahl und Vielfalt unterschiedlicher Einstellungen fest. Sie reichen von subjektiven Überzeugungen (z.B. "Man muß zuerst seine Arbeit erledigen, bevor Spielen Spaß macht"), über persönliche Vorlieben (z.B. "Nur in einem schön chaotischen Zimmer fühle ich mich wirklich wohl"; "Ich würde sterben, wenn ich die Lieder von X nicht mehr hören dürfte") und Interessen (z.B. "Ich mag lieber Sport treiben als Lesen"; "Am liebsten würde ich jeden Tag viele Stunden Musik hören") bis zu kurzfristigen Präferenzen (z.B. "Heute mag ich lieber Apfelkuchen statt Kirschtorte"; "Obwohl ich gern das Fußballspiel sehen möchte, ziehe ich am Samstag

Skifahren vor"). In allen diesen Fällen geht es um kurzzeitige oder längerfristige Bevorzugungen bestimmter inhaltlicher Wünsche, Erlebnisse und Handlungen im Vergleich zu anderen möglichen Wünschen, Erlebnissen und Handlungen.

Ebenso offenkundig ist, daß es sich dabei um sehr verschiedene psychische Phänomene handelt, deren Entwicklung gar nicht einheitlich sein kann. Im einzelnen:

- Inhaltliche Vorlieben werden in der Regel durch Nachahmung, Erfahrung, Gewöhnung, spezifische Lernvorgänge und gezielte Beeinflussungen oft schon im frühen Kindesalter erworben. Entwicklung im Sinne alterstypischer Veränderungen gibt es nicht. Oft sind individuelle Präferenzen und deren interindividuelle Unterschiede über lange Zeit hinweg sehr stabil; sie verändern sich vorwiegend dann, wenn die sozialen Bezugsgruppen und die bedeutsamen Bezugspersonen wechseln. Das ist häufig im Jugendalter der Fall.

- Manche Einstellungen sind den zentralen Motivsystemen eines Individuums aufgepfropft. Zu diesen Motivsystemen gehören zum Beispiel das *Leistungsmotiv*, also das individuell unterschiedlich starke Bedürfnis, sich mit einem Gütemaßstab auseinanderzusetzen und sich mit anderen zu messen; als befriedigend zu erleben, wenn man die Ansprüche an die eigenen Leistungen übertrifft; oder das *Anschlußmotiv*, also das Bedürfnis, mit anderen in einvernehmlicher Harmonie zu leben; oder das *Machtstreben*, bei dem die individuelle Tendenz vorherrscht, das Handeln anderer durch den eigenen Willen zu bestimmen.

  Die motivabhängigen individuellen Einstellungen sind einerseits sehr stabil, erweisen sich aber andererseits in ihrer Handlungswirksamkeit als entwicklungsabhängig: Es hängt zum Beispiel bei leistungsbezogenen Einstellungen (Vorlieben für Spiele mit Wettbewerbscharakter, für soziale Vergleichssituationen und für erfolgsabhängige Belohnungswünsche) vom kognitiven Entwicklungsstand ab, welche Ziele sich ein Kind setzt, welche Maßstäbe es zur Beurteilung seiner Leistungen verwendet und auf welche Ursachen es Erfolge wie Mißerfolge zurückführt.

- Bei extremen Einstellungen spielen oft stabile Persönlichkeitsmerkmale – wie Intoleranz gegen Widersprüchlichkeit, Rigidität oder leichte Irritierbarkeit – eine Rolle. Hierbei sind entwicklungsabhängige Veränderungen nicht zu erwarten.

Die Skizzierung der drei Einstellungssysteme macht deutlich, daß die persönlichen Vorlieben unter bestimmten Bedingungen sehr stabil sind, unter anderen Bedingungen aber auch stark entwicklungsabhängig sein können, in der Mehrzahl der Fälle jedoch durch spezifische Lernprozesse erworben, aufrechterhalten und verändert werden.

Fazit

Der kurze Überblick über den aktuellen Stand der kinderpsychologischen Forschung sollte zweierlei deutlich machen: Zum einen kann man das verfügbare wissenschaftliche Wissen über die psychische Entwicklung im Kindesalter zugleich als reichhaltig und als defizitär bewerten. Zum zweiten ist unverkennbar, daß völlig Unterschiedliches gemeint ist, wenn von Entwicklung gesprochen wird. Daraus lassen sich mehrere Schlußfolgerungen ziehen, die zugleich Ausgangspunkte für die Planung der LOGIK-Studie waren.

(1) Viele Phänomene der motorischen Entwicklung, des Spracherwerbs und der Veränderungen des kindlichen Denkens gelten für alle Menschen. Sie lassen sich unter sehr verschiedenen sozialen Pflege-, Anregungs- und Förderbedingungen beobachten und wirken so, als lägen ihre Wurzeln im heranwachsenen Kind selbst und nicht in seiner Umwelt. Man unterstellt bei diesem Typus der psychischen Entwicklung deshalb einen quasi-biologischen Vorgang, der fast unvermeidbar, bedeutsam, auf das Ziel des Erwachsenwerdens gerichtet, unumkehrbar und relativ einheitlich ist. Diese strikte Regelhaftigkeit läßt sich nur bei der Entwicklung sensorisch-motorischer und kognitiver *Fähigkeiten* feststellen; schon motorische und kognitive *Fertigkeiten* variieren in ihrer Entwicklung stark in Abhängigkeit von den jeweiligen Erfahrungsmöglichkeiten und von speziellen Lernprozessen.

Das gilt natürlich noch stärker für den Wissenserwerb. Sind intellektuelle Fähigkeiten notwendige oder erleichternde Voraussetzungen für den Aufbau kognitiver, persönlicher und sozialer Kompetenzen, so findet man alterstypische Entwicklungsverläufe, – allerdings mit einer relativ großen individuellen Variationsbreite. Man weiß zur Zeit schon viel über diese universellen Entwicklungsprozesse. Viele wissenschaftlich interessante und praktisch wichtige Fragen sind jedoch ungeklärt:

- Gibt es individuelle Abweichungen von der generellen Entwicklungslogik (z.B. bei hochbegabten oder bei gering begabten Kindern)?

- Handelt es sich bei der kognitiven Entwicklung um einen einheitlichen Vorgang oder entwickeln sich verschiedene kognitive Funktionen nach unterschiedlichen Regelhaftigkeiten (z.B. die Sprach- im Vergleich zur Denkentwicklung)?

- Welche Rolle spielen dabei unterschiedliche Umweltbedingungen; gibt es sensible Phasen, in denen bestimmte Umwelteinflüsse wirksam werden und die Entwicklung beeinflussen, während sie außerhalb dieser Zeiten unwirksam bleiben?

- Wie stark werden die inhaltsspezifischen Wissens- und Fertigkeitsbereiche durch die allgemeine(n) kognitive(n) Entwicklung(en) beeinflußt (z.B. wie stark ist der Erwerb mathematischer, naturwissenschaftlicher, persönlicher oder sozialer Kompetenzen von der intellektuellen Entwicklung abhängig)?

(2) Viele Entwicklungsphänomene, die sich während der Kindheit als Veränderungen persönlicher Merkmale, motivationaler Tendenzen und individueller Präferenzen kennzeichnen lassen, sind die Folge spezifischer Lernprozesse. Dabei gibt es eine große Nachhaltigkeit früher Erfahrungen. Eine wichtige Rolle spielen auch die aufeinander aufbauenden und voneinander abhängigen ("kumulativen") Lernvorgänge. Es besteht aber zugleich ein erhebliches Veränderungspotential bei einem gravierenden Wechsel der sozialen Lebensbedingungen. Lange Zeit hat man diese Veränderungen persön-

licher Merkmale im Kindesalter überhaupt nicht als Entwicklung bezeichnet; inzwischen bevorzugen viele Psychologen jedoch einen liberalen Entwicklungsbegriff, der solche Vorgänge einschließt und auch die Veränderungen im Erwachsenenalter einbezieht. Im gesamten Bereich personaler Entwicklungsphänomene gibt es aber noch großen Forschungsbedarf, weil der aktuelle Erkenntnisstand lückenhaft ist:

- Wie können verschiedene Entwicklungs- und Lernphänomene besser unterschieden werden, um die Regelhaftigkeiten der Veränderungen persönlicher Merkmale im Kindesalter angemessener zu studieren?

- Welche Zusammenhänge bestehen zwischen kognitiven Entwicklungsprozessen und den Veränderungen "nicht-kognitiver" Merkmale?

- Unter welchen Bedingungen wird die Entwicklung persönlicher Merkmale durch frühkindliche Sozialisationseinflüsse vorgeprägt?

(3) Neben den Gesetzmäßigkeiten der individuellen Entwicklung werden die Fragen nach der Stabilität oder Variabilität interindividueller Fähigkeits- und Persönlichkeitsunterschiede immer wichtiger:

- Worin unterscheiden sich psychische Phänomene, bei denen eher stabile oder variable Entwicklungsverläufe vorherrschen?

- Gibt es Individuen, die sich im Vergleich zu anderen im Verlauf der Kindheit stärker als andere verändern?

- Wovon hängt es ab, wie stabil die Fähigkeits- und Persönlichkeitsunterschiede im Verlauf der Kindheit sind? Welche Rolle spielen dabei genetische Faktoren, frühe Erfahrungen, elterliche Erziehungsstile, schulische Einflüsse und die Selbstwirksamkeit des sich entwickelnden Individuums?

- Lassen sich interindividuelle Fähigkeits- und Persönlichkeitsunterschiede durch gezielte pädagogische Maßnahmen in erwünschter Weise beeinflussen?

(4) Natürlich brauchen und verdienen alle Entwicklungsphänomene weitere wissenschaftliche Untersuchungen, um unseren Erkenntnisstand über die tatsächlichen und möglichen Veränderungen des Verhaltens und Erlebens während der Kindheit zu verbessern. Man kann jedoch guten Gewissens behaupten, daß einige der gestellten Fragen besonders dringend der wissenschaftlichen Klärung bedürfen, weil sie nicht nur für ein vertieftes Verständnis der kindlichen Entwicklung wichtig sind, sondern auch eine wesentliche Grundlage für die Lösung praktischer Probleme darstellen. Dazu gehören:

- Das Studium von Ähnlichkeiten und Unterschieden in der psychischen Entwicklung. Erforderlich sind dafür Langzeitstudien, um zu überprüfen, ob und inwieweit man aus Entwicklungsunterschieden zwischen jüngeren und älteren Kindern auf den Entwicklungsverlauf bei den jüngeren schließen kann. Darüber hinaus ist die individuelle Variabilität von Entwicklungsprozessen klärungsbedürftig.

- Das Studium der Entwicklung verschiedener geistiger Funktionen und persönlicher Charakteristika, um herauszufinden, was sich eigentlich im Verlauf der Kindheit verändert. Welche Zusammenhänge lassen sich erkennen? Gibt es einen dominierenden "biologischen Motor" des geistigen Entwicklungsgeschehens? Sind einige Entwicklungsbereiche durch ihre besondere ("modulare") Eigendynamik ausgezeichnet? Auch dafür sind Längsschnittuntersuchungen erforderlich, bei denen verschiedene kognitive und persönliche Merkmalsbereiche berücksichtigt werden müssen.

- Wie verändern sich die psychischen Unterschiede zwischen Individuen im Verlauf der Entwicklung? Werden zum Beispiel die Intelligenzdifferenzen zunehmend größer, kleiner oder bleiben sie gleich? Um Anworten auf solche Fragen zu finden, muß man die gleichen Kinder über lange Zeit immer wieder psychologisch untersuchen.

- Wodurch wird die individuelle Entwicklung beeinflußt? Welche Rolle spielen genetische Faktoren, die familiäre Umwelt, die persönlichen Lebenserfahrungen, die Gruppe der Gleichaltrigen, die Schule und später der Beruf, die eigene Familie und kritische Lebensereignisse? Das Studium solcher Entwicklungsbedingungen ist besonders schwierig, weil die einzelnen Ursachenbündel nicht unabhängig voneinander sind. Fehlt es an der Möglichkeit, Zwillings- oder Adoptionsuntersuchungen durchzuführen, so muß man sich intensiv auf einzelne Entwicklungsbedingungen konzentrieren und methodisch sicherstellen, daß andere Einflüsse die Ergebnisse nicht verfälschen.

Bündelt man die aufgelisteten wissenschaftlichen Fragestellungen, so wird die Notwendigkeit von Längsschnittstudien offenkundig. Auch mit solchen umfangreichen, aufwendigen und langfristigen Untersuchungen kann man aber keineswegs alle interessanten Themen bearbeiten. In den folgenden Kapiteln wird ein Projekt beschrieben, das Antworten auf einige der gestellten Fragen geben soll. Es handelt sich dabei um eine Longitudinalstudie zur Genese individueller Kompetenzen (LOGIK), die am Max-Planck-Institut für psychologische Forschung in München durchgeführt wurde.

Lösung der Aufgaben aus Abbildung I.3:

Aufgabe (a):	Lösung Nr. 5
Aufgabe (b):	Lösung Nr. 1
Aufgabe (c):	Lösung Nr. 2

Kapitel II

Überblick über die Längsschnittstudie LOGIK

Angelika Weber und Jan Stefanek

Die Beschreibung, wie die Entwicklung von der Kindheit bis zum hohen Alter typischerweise verläuft und die Erklärung, weshalb sie so verläuft, sind zentrale Aufgaben der Entwicklungspsychologie. Wie kommt die Entwicklungspsychologie zu ihren Erkenntnissen? Eltern sind zwar in der Regel jene Menschen, die die Entwicklung ihrer Kinder am intensivsten verfolgen können. Aus wissenschaftlicher Sicht ist die elterliche "Datenquelle" (also die Befragung der Eltern) jedoch mit Nachteilen verbunden. Sie gründen ihre Erfahrungen und Urteile auf den Umgang mit nur einigen wenigen Kindern, und der Vergleich mit anderen Kindern ist ihnen nur begrenzt möglich. Beobachtungen werden in der Regel nicht in systematischer Weise durchgeführt, sondern meist spontan und intuitiv. Zudem beeinflussen oftmals Erwartungen, Wünsche und Befürchtungen die Sichtweisen, Einschätzungen und Urteile von Müttern und Vätern (Subjektivität der Beobachtungen). Allgemeingültige Aussagen über den Entwicklungsverlauf einer bestimmten Fähigkeit (wie z.B. der Intelligenz) können deshalb auf der Grundlage elterlicher Erfahrungen allein nicht getroffen werden.

Wissenschaftliches Vorgehen hat deshalb zum Ziel, diese Fehlerquellen zu vermeiden und in objektiver, systematischer Weise die Entwicklung von Kindern zu untersuchen. Die Entwicklungspsychologie bedient sich dabei unterschiedlicher Methoden. Mit Hilfe kontrollierter Beobachtungen, Befragungen, Tests und Experimenten versucht sie, möglichst genau und umfassend die Facetten kindlicher Entwicklung zu studieren und den Verlauf der Entwicklung zu beschreiben und zu erklären. Dies geschieht in den meisten Fällen durch Studien, in denen unterschiedliche Altersgruppen untersucht und miteinander verglichen werden (sogenannte Querschnittstudien). Will man dagegen die Veränderungen von psychischen Merkmalen im Laufe der Zeit direkt erforschen, so ist es notwendig, dieselben Personen über mehrere Jahre hinweg zu beobachten. Dies wird durch sogenannte Längsschnittstudien realisiert.

Was sind und wozu braucht man Längsschnittstudien?

Eine Längsschnittstudie ist im allgemeinen dadurch gekennzeichnet, daß ein und dieselbe Gruppe von Personen über einen längeren Zeitraum hinweg (meist mehrere Jahre oder sogar Jahrzehnte) beobachtet und untersucht wird. Zu verschiedenen Zeitpunkten (*Meßzeitpunkten*) werden die Teilnehmer an der Untersuchung zur Erfassung bestimmter psychologischer Merkmale beobachtet, getestet und befragt. Eine Längsschnittstudie zur kindlichen Entwicklung, wie sie auch die LOGIK-Studie darstellt, beginnt beispielsweise mit einer Gruppe 4jähriger Kinder und verfolgt deren Entwicklung in unterschiedlichen Bereichen (z.B. Intelligenz, Gedächtnis, Motivation, Moral, soziales Geschick) bis zur Pubertät. Obwohl sich Längsschnittstudien schwerpunktmäßig mit der kindlichen Entwicklung befassen, werden in neuerer Zeit auch längsschnittliche Studien zur Entwicklung im höheren Erwachsenenalter durchgeführt.

Bei Längsschnittstudien handelt es sich um sehr zeit- und kostenaufwendige Verfahren. Deshalb werden in der entwicklungspsychologischen Forschung überwiegend Querschnittstudien durchgeführt (weit über 90% der entwicklungspsychologischen Studien). Im Unterschied zu Längsschnittstudien werden dabei Kinder unterschiedlicher Altersgruppen (z.B. jeweils eine Gruppe 4jähriger, 6jähriger, 9jähriger und 12jähriger Kinder) zu einem einzigen Zeitpunkt untersucht und hinsichtlich bestimmter Merkmale miteinander verglichen. Aus den gefundenen durchschnittlichen Unterschieden zwischen den einzelnen Altersgruppen wird dann auf den Entwicklungsverlauf eines Merkmals geschlossen – ohne aber die Entwicklung einzelner Kinder über einen längeren Zeitraum hinweg tatsächlich erfaßt zu haben. Querschnittuntersuchungen liefern daher streng genommen nur Informationen darüber, wie sich Kinder unterschiedlichen Alters voneinander unterscheiden. Die aus solchen Gruppendaten gewonnenen Durchschnittswerte erlauben keine Aussagen über individuelle Entwicklungsverläufe und die Beständigkeit von Unterschieden zwischen einzelnen Kindern. Dies ist nur durch wiederholte Beobachtung der gleichen Person über einen längeren Zeitraum, eben durch eine Längsschnittstudie, möglich. Aus wissenschaftlicher Sicht rechtfertigt der Wert einer Längsschnittstudie den Zeit- und Kostenaufwand ihrer Durchführung.

Ein Beispiel aus der Intelligenzforschung macht dies deutlich: Vergleicht man unterschiedliche Altersgruppen zu einem Zeitpunkt (Querschnittstudie), dann zeigt sich, daß die intellektuelle Leistungsfähigkeit mit steigendem Lebensalter stetig abnimmt. Verfolgt man jedoch die Entwicklung *einer* Altersgruppe kontinuierlich über den gleichen Altersbereich (Längsschnittstudie), dann ergibt sich, daß diese allgemeine Leistungseinbuße für bestimmte intellektuelle Merkmale nicht zutrifft, d.h., das Leistungsniveau bleibt in einzelnen Teilbereichen bis ins hohe Alter hinein erhalten (z.B. im sprachgebundenen, wissensabhängigen Denken). Wie kommt es zu diesen widersprüchlichen Ergebnissen? Der Vergleich unterschiedlicher Altersgruppen schließt immer auch den Vergleich verschiedener Generationen ein, die jedoch ungleichen Lernerfahrungen ausgesetzt waren (z.B. durchschnittliche Dauer des Schulbesuches). Dies drückt sich in den schwächeren Testleistungen der älteren Altersgruppen aus. Wie Längsschnittergebnisse zeigen, ist es aber falsch, aus den querschnittlichen Befunden auf eine Gesetzmäßigkeit zu schließen, wonach in allen intellektuellen Merkmalen mit fortschreitendem Alter eine fortschreitende Leistungsminderung eintritt.

Neben dem erheblichen finanziellen und untersuchungstechnischen Aufwand stellen sich bei einer Längsschnittstudie aber auch spezifische methodische Probleme. Um Aussagen über die Veränderung eines psychologischen Merkmals (z.B. der Intelligenz) machen zu können, sollte dieses zu allen Untersuchungszeitpunkten idealerweise mit demselben Test oder demselben Beobachtungs- oder Interviewverfahren gemessen werden. Gerade bei Untersuchungen mit Kindern läßt sich dies aber nicht immer verwirklichen, da ein Test oder ein Interview immer den sich neu entwickelnden oder den neu erworbenen Fähigkeiten angepaßt werden muß. So würde beispielsweise ein 10jähriges Kind von den Aufgaben, die einem vierjährigen Kind vorgelegt werden, völlig unterfordert sein. Werden aber neue, jeweils dem Alter angemessene Aufgaben eingesetzt, so muß sichergestellt sein, daß sie das gleiche messen wie die Aufgaben für die jüngere Altersstufe.

Ein weiteres Problem entsteht durch sogenannte Übungseffekte. Wenn Kinder im Laufe einer Längsschnittstudie wiederholt die gleichen Aufgaben bearbeiten, dann bekommen sie möglicherweise Übung darin (sie werden sozusagen zu "*Testexperten*"); eine Verbesserung der Leistung wäre dann auf diese Übung und nicht auf einen Entwicklungsfortschritt zurückzuführen. Wenn solche Übungseffekte auftreten, können die Ergebnisse außerdem nicht mehr verallgemeinert werden und Aussagen über die typische Entwicklung in einer bestimmten Altersstufe sind nicht möglich. In jeder Längsschnittstudie muß deshalb beständig kontrolliert werden, ob sich bei den Untersuchungsteilnehmern Übungseffekte zeigen und wenn ja, in welchem Ausmaß dies der Fall ist (vgl. Kap. III).

Schließlich stellt die Teilnahme an einer solchen Untersuchung für die Kinder und deren Eltern eine Herausforderung besonderer Art dar. Das Mitwirken an einer Längsschnittstudie (insbesondere wenn sie auf mehrere Jahre angelegt ist) erfordert von den Kindern ein hohes Ausmaß an Bereitschaft (*Motivation*) zur Mitarbeit. Nur sehr selten gelingt es, *alle* Untersuchungsteilnehmer bis zur Beendigung der Studie (oft über viele Jahre hinweg) zur kontinuierlichen Mitarbeit zu motivieren. Internationale Längsschnittstudien, die über einen vergleichbar langen Zeitraum wie die LOGIK-Studie durchgeführt wurden, berichten von einem "Teilnehmerschwund" bis zu 70%. In der LOGIK-Studie dagegen ist es demgegenüber gelungen, die Kinder und ihre Eltern über insgesamt 9 Jahre hinweg zur Teilnahme zu motivieren. Lediglich rund 9% beendeten ihre Mitarbeit vorzeitig, und dies überwiegend aufgrund von berufsbedingten Umzügen der Eltern! Diese Tatsache kann als außergewöhnlich bezeichnet werden und ist sicherlich dem guten Kontakt zwischen den Mitarbeitern des Instituts und den Kindern sowie deren Eltern zu verdanken.

Ziele und allgemeine Fragestellungen von LOGIK

Bisher wurden umfangreiche Längsschnittuntersuchungen zur Entwicklung im Kindesalter überwiegend in den USA durchgeführt. Ein übergeordnetes Ziel der LOGIK-Studie war es deshalb, eine vergleichbare Untersuchung auch im europäischen Raum zu realisieren. Um die Ergebnisse mit den amerikanischen Studien vergleichen und die Entwicklung im Kindesalter möglichst umfassend untersuchen zu können, wurde ein breites Spektrum psychologischer Merkmale ausgewählt und deren Entwicklung über einen langen Zeitraum hinweg verfolgt. Darüber hinaus ist das Konzept der LOGIK-Studie durch drei übergeordnete Fragestellungen gekennzeichnet:

(1) Verläuft die Entwicklung verschiedener psychischer Merkmale im Kindesalter in ähnlicher Weise oder unterscheiden sich die einzelnen Merkmale in ihren Entwicklungsmustern?

Verändern sich Kinder in auffälliger Weise, wenn sie älter werden? Wie unterscheiden sich z. B. Erleben und Verhalten eines Kindes (z.B. im Umgang mit anderen Kindern) im Kindergartenalter vom typischen Erleben und Verhalten eines 12jährigen Jugendlichen? Wir wissen natürlich, daß Kinder mit 12 Jahren im Vergleich zu 4jährigen schwierigere Denkprobleme erfolgreich lösen, im Umgang mit anderen Menschen ihr Verhalten besser an die Eigenarten eines Sozialpartners (z.B. der Schulkameraden) anpassen und ihre eigenen Stärken und Schwächen realistischer einschätzen können. Aber: Erfolgen diese Entwicklungen gleichzeitig (synchron) und nach den gleichen Regelhaftigkeiten?

Betrachtet man die Entwicklungsverläufe in unterschiedlichen psychologischen Bereichen, dann läßt sich nämlich die Frage stellen, ob den Veränderungen ein gemeinsamer "Nenner" zugrundeliegt oder ob sich die einzelnen Bereiche in mehr oder weniger großer Unabhängigkeit voneinander entwickeln. Wenn alterstypische Veränderungen von etwas "Gemeinsamen" abhängen, dann würde der jeweilige Entwicklungsstand in den einzelnen Bereichen immer dieses "Gemeinsame" oder, wie die Entwicklungspsychologie es bezeichnet, ein "allgemeines geistiges Strukturprinzip" widerspiegeln, - so wie es Jean Piaget (1896-1980) gelehrt hat.

Ein Hauptziel der LOGIK-Studie war es deshalb zu überprüfen, ob die Entwicklung in der Kindheit auf ein allgemeines Strukturprinzip zurückgeführt werden kann, oder ob die Entwicklung in einzelnen Bereichen unabhängig von der Entwicklung in anderen Bereichen verläuft. Zur Klärung dieser Fragestellung wurde in der LOGIK-Studie die Entwicklung in vielen verschiedenen Persönlichkeitsbereichen untersucht: In der allgemeinen geistigen Leistungsfähigkeit (Intelligenz), im Gedächtnis, in den mathematischen Fähigkeiten, in den Lese- und Rechtschreibkenntnissen, im naturwissenschaftlichen Verständnis, in der Leistungsmotivation und -ängstlichkeit, in den sozialen Fähigkeiten, in der Einschätzung der eigenen Person sowie in moralischen Urteilen, Einstellungen und Verhaltensweisen.

(2) Bleiben die zu einem bestimmten Zeitpunkt beobachteten Unterschiede zwischen Kindern über die Zeit hinweg bestehen?

Das zweite Hauptziel der LOGIK-Studie war die Klärung der Frage, wie sich die Unterschiede zwischen verschiedenen Kindern im Verlauf der Entwicklung verändern oder ob sie gleich bleiben. Alle Eltern bemerken schon früh im Leben ihres Kindes Unterschiede zu anderen Kindern, - sei es zu den Geschwistern, als diese im gleichen Alter waren, oder zu gleichaltrigen Kindern von Verwandten und Bekannten. Nicht selten sind solche Beobachtungen Anlaß zu der Frage, ob solche Unterschiede bestehen bleiben oder sich im Laufe der Jahre ausgleichen. Das eigene Kind fängt beispielsweise später zu krabbeln und zu laufen an als die meisten Gleichaltrigen und beginnt auch später zu sprechen. Im Schulalter bemerken die Eltern, daß ihr Kind immer noch nicht zu den körperlich geschicktesten seines Alters gehört, aber hinsichtlich seiner sprachlichen Fähigkeiten nun seinen Altersgenossen überlegen ist. Der Unterschied in einem Bereich (motorische Entwicklung) ist also über die Zeit hinweg stabil geblieben, in einem anderen Bereich (sprachliche Entwicklung) haben sich die Unterschiede zu anderen Kindern vielleicht deutlich verändert.

Im Rahmen der LOGIK-Studie wurde versucht, für verschiedene intellektuelle, motivationale und soziale Bereiche die Stabilität der Entwicklung zu bestimmen. Wie geht man dabei vor? Vergleicht man zum Beispiel die Leistungen mehrerer 4jähriger Kinder hinsichtlich einer bestimmten Fähigkeit, dann können die Ausprägungen dieser Fähigkeit in eine Rangreihe gebracht werden. Das im Alter von vier Jahren sprachlich am besten entwickelte Kind würde mit seinen Leistungen an der Spitze dieser Rangreihe stehen, das Kind mit den geringsten Sprachfertigkeiten an deren Ende. Untersucht man die Sprachfähigkeit derselben Kinder ein Jahr oder mehrere Jahre später, wird man feststellen, daß praktisch alle Kinder große Fortschritte gemacht haben und jetzt viel besser sprechen können als bei der vorangegangenen Untersuchung. Bringt man aber ihre Leistungen erneut in eine Rangreihe, an deren Spitze wiederum das sprachlich beste Kind und an deren Ende das sprachlich schwächste Kind steht, so könnten sich die Unterschiede zwischen den Kindern verändert haben oder gleichgeblieben sein. Werden anschließend die zu zwei Zeitpunkten gebildeten Rangreihen miteinander verglichen, dann läßt sich feststellen, ob ein Kind leistungsmäßig seinen Platz in der Rangreihe behalten hat oder nicht.

Im vorher erwähnten Beispiel begann das Kind später als Gleichaltrige zu krabbeln und zu laufen und war auch zu einem späteren Zeitpunkt motorisch ungeschickter als die meisten Altersgenossen. Es nahm also beim Vergleich mit Gleichaltrigen hinsichtlich seiner motorischen Entwicklung beide Male einen niedrigen Platz in der Rangreihe ein. In der Entwicklungspsychologie spricht man in diesem Fall von stabilen Entwicklungsunterschieden. In seinen sprachlichen Fähigkeiten hingegen wechselte dieses Kind im Laufe der Zeit seinen Rangplatz: Befand es sich mit seinen sprachlichen Leistungen anfangs noch im unteren Bereich, so erreichte es im Schulalter eine höhere Rangposition und war nun den meisten seiner Altersgenossen sprachlich überlegen. Das Wechseln von Rangpositionen bezeichnet man in der Entwicklungspsychologie als instabile Entwicklung. Wie für dieses Kind, so kann auch für alle anderen untersuchten Kinder bestimmt werden, ob sie sich stabil oder instabil entwickeln (siehe Abb. II.1).

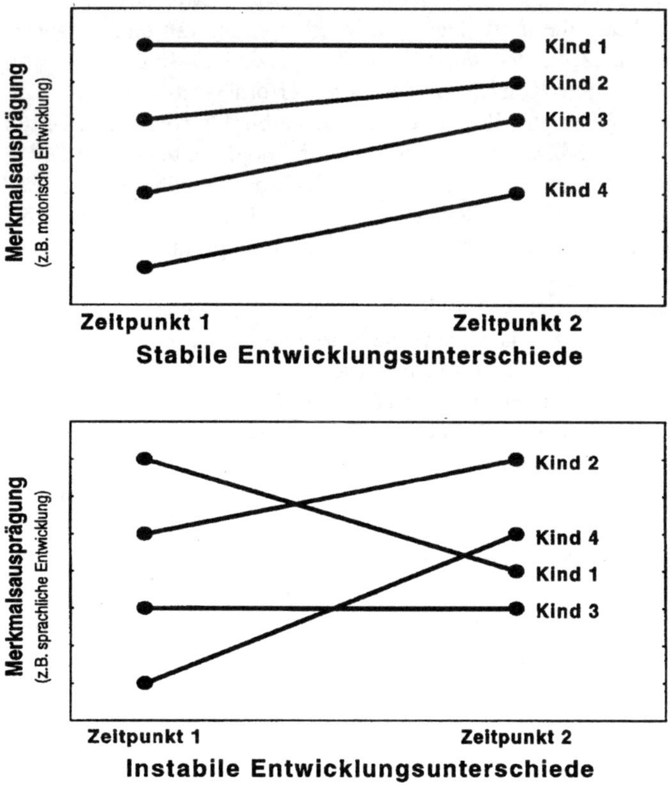

Abbildung II.1: Stabilität von Entwicklungsunterschieden.

Aus den Stabilitätswerten einzelner Kinder läßt sich sodann ein Durchschnittswert berechnen, der angibt, wie stabil (oder instabil) die Entwicklung einer bestimmten Fähigkeit in der Regel ist. Eine hohe durchschnittliche Stabilität bedeutet, daß sich die Entwicklung eines psychologischen Merkmals relativ gut vorhersagen läßt. Bei einer niedrigen durchschnittlichen Stabilität ist hingegen eine Prognose für die weitere Entwicklung weniger gut möglich. Die Stabilität der Entwicklung einer bestimmten Fähigkeit oder eines persönlichen Merkmals kann aber nur dann bestimmt werden, wenn dieselben Kinder über einen längeren Zeitraum hinweg mehrmals untersucht werden. Eine Längsschnittuntersuchung, wie sie die LOGIK-Studie darstellt, bietet also die einzige Gelegenheit, die Frage zu studieren, wie stabil oder instabil sich einzelne Bereiche im Laufe der Kindheit entwickeln.

(3) *Welche Bedeutung hat der schulische Unterricht für Entwicklungsunterschiede zwischen Kindern?*

Neben den Eltern und dem engeren sozialen Umfeld des Kindes sind es vor allem die Erfahrungen in der Schule, die allgemein die Entwicklung im Alter zwischen 6 und 12 Jahren nachhaltig beeinflussen. Auf die Berücksichtigung von familiären und schulischen Einflüssen wurde im Rahmen der LOGIK-Studie zunächst bewußt verzichtet. Der Einfluß der familiären Umwelt auf die individuelle Entwicklung kann nur dann angemessen beurteilt werden, wenn gleichzeitig der genetische und der soziale Einfluß berücksichtigt wird. Dies hätte eine völlig andere Konzeption der Studie erfordert (in Form einer Zwillings- oder Adoptionsuntersuchung; vgl. Kap. I). Durch die Verbindung der LOGIK-Studie mit der sogenannten SCHOLASTIK-Studie[3] wurde es aber möglich, bei einem Teil der Kinder die Entwicklung schulleistungsbezogener Eigenschaften und Fähigkeiten mit einzubeziehen. Mehr als die Hälfte der LOGIK-Kinder hat gleichzeitig an der SCHOLASTIK-Studie teilgenommen, die an den Grundschulen der Kinder durchgeführt wurde.

Die Ergebnisse der SCHOLASTIK-Studie bieten die Möglichkeit, näheren Aufschluß über den Einfluß der Schule auf die allgemeine Entwicklung der Kinder zu gewinnen. So kann man beispielsweise untersuchen, welche Bedeutung das durchschnittliche Leistungsniveau der Schulklasse für die Entwicklung und die Stabilität von Unterschieden in der Lern- und Leistungsmotivation zwischen Kindern hat. Ist es beispielsweise so, daß Unterschiede zwischen Kindern in der allgemeinen geistigen Leistungsfähigkeit durch ein hohes Leistungsniveau der Klasse und/oder guten Unterricht verringert werden können? Oder verhält es sich gerade umgekehrt? Auf der anderen Seite können die Ergebnisse der LOGIK-Untersuchung dazu verwendet werden, schulische Leistungen und Leistungsunterschiede besser zu verstehen. Lassen sich beispielsweise aufgrund der Fähigkeits- und Leistungsunterschiede in der Kindergartenzeit die späteren schulischen Leistungen vorhersagen? Fragestellungen wie diese stellen den dritten Forschungsschwerpunkt der LOGIK- (und SCHOLASTIK-)Studie dar.

[3] Schulorganisierte Lernangebote und Sozialisation von Talenten, Interessen und Kompetenzen.

Die untersuchte Gruppe von Kindern und der Untersuchungsplan der kombinierten LOGIK-SCHOLASTIK-Studie

Um Aussagen über die Entwicklung machen zu können, die für alle Kinder einer bestimmten Altersgruppe gelten, müßten theoretisch auch alle Kinder dieser Altersgruppe untersucht werden. Da dies selbstverständlich nicht möglich ist, bedient sich die psychologische Forschung einer anderen Vorgehensweise: Es wird eine Gruppe von Kindern ausgewählt, die in ihren Merkmalen den Kindern einer bestimmten Altersgruppe in der Gesamtbevölkerung entspricht. Um eine solche *repräsentative Stichprobe* zu gewinnen, werden je nach Fragestellung bestimmte Kriterien festgelegt, nach denen sich die zu untersuchende Gruppe zusammensetzen sollte. Für die LOGIK-Studie war es das Ziel, etwa gleich viele Mädchen wie Jungen, sowohl aus dem Stadtgebiet als auch aus ländlichen Gegenden zur Teilnahme zu gewinnen. Außerdem sollten die sozialen und materiellen Verhältnisse der Eltern ähnlich wie in der Gesamtbevölkerung verteilt sein. Die folgende Tabelle gibt eine Übersicht über die LOGIK-Stichprobe zu Beginn und zum Ende der Studie.

Tabelle II.1
Übersicht über die wichtigsten Kennwerte der LOGIK-Stichprobe

	Beginn der Studie 1984			**Vorläufiges Ende der Studie 1993**		
	Mädchen	**Jungen**	**Summe**	**Mädchen**	**Jungen**	**Summe**
Anzahl Stadtgebiet	55	60	115	44	54	98
Anzahl Landkreis	46	44	90	43	45	88
Summe	101	104	205	87	99	186
Durchschnittliches Alter	3 Jahre 8 Monate	3 Jahre 8 Monate	3 Jahre 8 Monate	12 Jahre 4 Monate	12 Jahre 4 Monate	12 Jahre 4 Monate

Um Kinder für die Teilnahme an der Studie zu gewinnen, wurden 1984 auf der Basis einer bevölkerungsstatistischen Analyse 20 Kindergärten im Stadtgebiet München und im Raum Fürstenfeldbruck (bei München) angesprochen. Aufgrund von Informationsveranstaltungen in den einzelnen Einrichtungen waren schließlich insgesamt rund 200 Eltern und deren Kinder bereit, mitzuwirken. Das jüngste Kind war zu Beginn der Studie im Herbst 1984 drei Jahre und vier Monate, das älteste Kind vier Jahre und drei Monate alt. Die Kinder wurden in jedem Untersuchungsjahr ("*Welle*") dreimal beobachtet, befragt und getestet (*Meßzeitpunkte*). Die LOGIK-Studie erstreckte sich bisher über einen Zeitraum von neun Jahren. Eine Nachfolgeuntersuchung (LOGIK II) wird derzeit durchgeführt.

Mit dem Eintritt in die Grundschule, überwiegend im Herbst 1987, wurden 135 Kinder der LOGIK-Studie zusammen mit ihren Mitschülerinnen und Mitschülern in 54 Klassen während der ersten vier Schuljahre zusätzlich intensiv in ihrer schulischen Umgebung untersucht. Dies geschah im Rahmen der SCHOLASTIK-Studie. Die folgende Abbildung gibt einen zusammenfassenden Überblick über den zeitlichen Verlauf der LOGIK-Studie sowie über die Verbindung mit der SCHOLASTIK-Untersuchung.

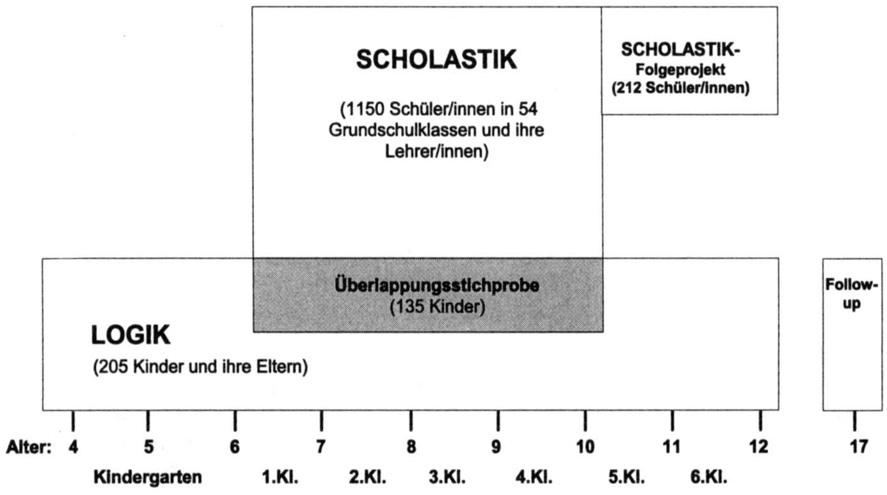

Abbildung II.2: Verzahnung der beiden Projekte LOGIK und SCHOLASTIK (nach F.E. Weinert & A. Helmke, 1997, S. 4).

Die Teilnehmer der SCHOLASTIK-Studie setzten sich aus den 135 LOGIK-Kindern und ihren Klassenkameradinnen und Klassenkameraden zusammen. Da sich die LOGIK-Kinder auf 54 verschiedene Grundschulklassen verteilten, wurden insgesamt rund 1200 Kinder in die SCHOLASTIK-Studie einbezogen. Die LOGIK-Kinder, die an beiden Projekten teilgenommen haben, werden auch als *Überlappungsstichprobe* (135 Kinder) bezeichnet. Zu Beginn der SCHOLASTIK-Studie waren die Kinder zwischen sechs und sieben Jahre alt, wobei etwa gleich viele Mädchen und Jungen an der Studie teilnahmen. Durch die Kombination ergibt sich die Möglichkeit, auf die Daten aus beiden Studien zurückzugreifen und auf diese Weise neue, interessante Fragestellungen zu bearbeiten.

Spezielle Forschungsthemen der LOGIK-Studie

Vor dem Hintergrund der übergeordneten Zielsetzungen der LOGIK-Studie wurden in den einzelnen Teilbereichen viele, teilweise sehr spezielle Fragestellungen verfolgt. Die Darstellung aller in der LOGIK-Studie untersuchten Fragen würde weit über den Rahmen des vorliegenden Buches hinausgehen. Die Auswahl der in diesem Buch behandelten Themen orientiert sich an den wichtigsten Fragestellungen in den einzelnen Teilbereichen. Der folgende Abschnitt gibt eine Vorausschau über die Kapitel und damit zugleich einen Überblick über die zentralen Forschungsthemen der LOGIK-Studie.

Kapitel III
Die Entwicklung des Denkens und der Intelligenzunterschiede zwischen Kindern
(W. *Schneider, M. Bullock & B. Sodian)*

Eines der in der Öffentlichkeit bekanntesten und umstrittensten Forschungsgebiete der Psychologie ist die Entwicklung des Denkens und der Intelligenzunterschiede. Die Darstellung der Untersuchungen im Rahmen des LOGIK-Projekts geht zunächst darauf ein, was die wissenschaftliche Psychologie unter dem Begriff *Intelligenz* versteht, ob, wie und ab wann Intelligenz gemessen werden kann und wie sich die Stabilität der Intelligenz entwickelt. Die Ausprägung der Intelligenz bei einer Person, die oft mit Hilfe des Intelligenzquotienten (*IQ*) ausgedrückt wird, zeigt jedoch lediglich, an welcher Position einer aus Gleichaltrigen zusammengesetzten Rangreihe ein Kind steht, ob es also zum Beispiel weniger intelligent als der Durchschnitt ist oder zu den oberen 10% der Rangreihe gehört. Mindestens genauso interessant ist aber die Frage, auf welche Weise mehr oder weniger intelligente Problemlösungen zustande kommen, oder - kurz gesagt - wie eine Person *denkt*. Der zweite Teil des Kapitels beschäftigt sich daher mit der Entwicklung des Denkens im Kindesalter und führt in die Theorie des Schweizer Psychologen Jean Piaget ein, dessen Stadienkonzeption der einflußreichste Beitrag zum wissenschaftlichen Verständnis der Entwicklung des Denkens in diesem Jahrhundert ist.

Während sich die meisten der traditionellen Längsschnittstudien auf Intelligenzmessungen beschränkt haben, wurden in der LOGIK-Studie neben klassischen Intelligenztests auch Denkaufgaben eingesetzt, die in der Tradition Piagets stehen. Diese Aufgaben beziehen sich auf einen spezifischen Bereich: das wissenschaftliche Denken. Das mag überraschend klingen: Kinder als Wissenschaftler? Wie jedoch in diesem Kapitel deutlich werden wird, erscheint es durchaus sinnvoll, Parallelen zwischen dem kindlichen Denken und der wissenschaftlichen Vorgehensweise zu ziehen.

Ein zusätzlicher Forschungsschwerpunkt der LOGIK-Studie in diesem Bereich war deshalb die Klärung der wechselseitigen Bezüge von Intelligenz und Denken während des untersuchten Entwicklungszeitraumes: Welche Zusammenhänge bestehen zwischen Intelligenz, Denken und schulischen Leistungen? Verändern sich diese Zusammenhänge zwischen der Vorschulzeit und dem Beginn der Sekundarstufe?

Kapitel IV
Die Entwicklung des kindlichen Denkens und die Verbesserung der Lern- und Gedächtniskompetenzen *(M. Knopf & W. Schneider)*

Ein Bereich der kognitiven Entwicklung, der sich in der Kindheit auffällig verändert, ist das Gedächtnis. Zum einen beobachten wir, daß sich Kinder mit zunehmendem Alter immer mehr einprägen können und immer geschickter in der Aneignung von Lernstoff werden. Zum anderen ist man als Erwachsener manchmal über die Merkfähigkeit kleiner Kindern verblüfft: Wer beispielsweise mit jüngeren Kindern gelegentlich "Memory" spielt, gewinnt leicht den Verdacht, daß sie sich die Bilder besser merken können als Erwachsene. Was treibt die Entwicklung des Gedächtnisses voran? Ist es so, daß der Umfang der Speicherfähigkeit (Gedächtniskapazität) mit dem Alter zunimmt und deshalb mehr Information im Gedächtnis behalten werden kann? Oder entwickeln die Kinder zunehmend bessere Lernstrategien, die ihnen das Einprägen und Behalten erleichtern? Und inwieweit spielt die Nutzung des zunehmenden Wissens eine Rolle für die Verbesserung der Gedächtnisleistungen? Obwohl die Entwicklung des Gedächtnisses bei Kindern wissenschaftlich vergleichsweise gut untersucht ist, mangelt es an Studien, die Entwicklungsveränderungen bei den gleichen Kindern über einen längeren Zeitraum hinweg beobachten. Die Untersuchung der Gedächtnisentwicklung war deshalb ein wichtiger Bestandteil der LOGIK-Studie, wobei unterschiedliche Gedächtnisfähigkeiten berücksichtigt wurden: Die Entwicklung der unmittelbaren Gedächtnisspanne, die Fähigkeit zum Ordnen nach Oberbegriffen und das Merken von Geschichten. Die Analyse dieser Lern- und Gedächtnisfähigkeiten ist nicht nur interessant, um den Aufbau und die Entwicklung des Gedächtnisses im Kindesalter zu studieren, sondern auch deswegen, weil diese Fähigkeiten für das schulische wie für das außerschulische Lernen eine grundlegende Bedeutung haben. Vergleiche der Entwicklungsverläufe in diesen drei Bereichen erlauben außerdem Aussagen darüber, ob wir von einer einheitlichen Gedächtnisfähigkeit ausgehen können oder ob es unterschiedliche "Gedächtnisse" gibt. Die Befunde liefern zudem einen wichtigen Beitrag zur Klärung der Frage, wie stabil Unterschiede in der Gedächtnisleistung zwischen einzelnen Kindern über die Zeit hinweg sind.

Kapitel V
Die Entwicklung schulbezogener Kompetenzen: Mathematik *(E. Stern)*

Der Erwerb mathematischer Kompetenzen nimmt einen zentralen Stellenwert ein, wenn es um die Entwicklung kognitiver Fähigkeiten in der Kindheit geht. In der LOGIK-Studie bot sich die Gelegenheit, die Entwicklung verschiedener mathematischer Kompetenzen von der Vorschulzeit bis zum Ende der sechsten Klasse zu untersuchen. Im Alter von vier bis sechs Jahren können Kinder bereits kleinere Mengen korrekt zählen und einfache mathematische Aufgaben lösen. Welche Bedeutung hat diese einfache Rechenfähigkeit für die Vorhersage einer späteren erfolgreichen Aneignung mathematischen Wissens? Die Ergebnisse aus der LOGIK-Studie geben Hinweise zur Beantwortung dieser Frage.

Der Unterricht in der Grundschule vermittelt Kindern neue und über die einfache Rechenfähigkeit hinausgehende mathematische Kompetenzen. So erwerben sie beispielsweise mathematisches Strategiewissen, lernen Textaufgaben zu lösen und üben proportionales Denken. Eine interessante Frage ist, ob die Kinder dabei lediglich die Ausführung komplexer Rechenprozeduren lernen müssen, oder ob (und wie) sich für eine erfolgreiche Bewältigung dieser Aufgaben auch ihr Verständnis mathematischer Operationen verändern muß.

Auch wenn bei allen schulischen Fächern Leistungsunterschiede zwischen Kindern zu beobachten sind, so scheinen sie hinsichtlich mathematischer Kompetenzen besonders deutlich hervorzutreten. Zumindest wird diesen Unterschieden von seiten der Eltern und Lehrer oft besondere Aufmerksamkeit geschenkt. Worauf sind unterschiedliche Mathematikleistungen von gleichaltrigen Kindern zurückzuführen? Als Erklärung hört man häufig, daß manche Kinder "eine besondere Begabung für Mathematik" haben, während andere sich generell schwer damit tun. Die Untersuchungen aus der LOGIK-Studie gehen unter anderem dieser Vermutung nach und prüfen, ob sich bereits in der Kindheit eine stabile mathematische Begabung abzeichnet, d.h. ob ein guter Erstkläßler auch ein guter Sechstkläßler ist. Im Zusammenhang mit Mathematik wird zudem immer wieder die Frage aufgeworfen, ob sich Unterschiede in diesen Leistungsbereichen mit dem Niveau der allgemeinen Intelligenz erklären lassen oder eher unterschiedliche Lernerfahrungen und Unterrichtsqualitäten eine Rolle spielen. In der LOGIK-Studie wurde mit verschiedenen Aufgaben versucht, solche Zusammenhänge aufzudecken. Ein brisantes Thema ist schließlich die Frage nach unterschiedlichen Mathematikleistungen von Jungen und Mädchen. Auch hierzu gibt es aus den Untersuchungen der LOGIK-Studie interessante Erkenntnisse und Schlußfolgerungen für die Praxis, die eine Diskussion über einen "mädchengerechten Mathematikunterricht" anregen könnten.

Kapitel VI
Vom Optimisten zum Realisten? Zur Entwicklung des Fähigkeitsselbstkonzeptes vom Kindergarten bis zur 6. Klassenstufe *(A. Helmke)*

Mit dem Eintritt in die Schule wird das Leben der Kinder (und meist auch ihrer Eltern) zu einem wesentlichen Teil durch die Erfahrungen mit Lernleistungen bestimmt. Die Mehrheit der Schulanfänger beginnt diesen Lebensabschnitt mit viel Freude und Begeisterung und das ist auch gut so. Für einen erfolgreichen Start in der Schule wie auch für die gesamte weitere Schullaufbahn sind nämlich nicht nur die kognitiven Voraussetzungen entscheidend, sondern es spielen auch Lernmotivation, Selbstvertrauen und Einschätzung der eigenen Fähigkeiten (*Fähigkeitsselbstkonzept*) eine wichtige Rolle.

Entwicklungspsychologische Untersuchungen haben ergeben, daß die Selbsteinschätzung der eigenen Leistungen und Fähigkeiten zu Beginn der Schule häufig sehr hoch ist, d.h. Schulanfänger überschätzen sich in der Regel. Nach diesen Studien verändert sich die Selbstüberschätzung mit zunehmender schulischer Erfahrung hin zu einer stärker realistischen Beurteilung der eigenen Fähigkeiten und Leistungen. Im Rahmen der LOGIK-Studie wurde untersucht, ob sich dieser Entwicklungsverlauf vom "Optimisten" zum "Realisten" tatsächlich beobachten läßt. Zu diesem Zweck wurde das Fähigkeitsselbstkonzept in unterschiedlichen Bereichen (z.B. Mathematik, Deutsch, usw.) vom Ende der Kindergartenzeit bis zur sechsten Klasse erfaßt. Die Ergebnisse erlauben es nicht nur, die Veränderungen des Fähigkeitsselbstkonzeptes während dieser Zeitspanne aufzuzeichnen, sondern geben auch Hinweise auf mögliche Einflußgrößen, wie beispielsweise einen Lehrerwechsel oder Schulnoten. Außerdem tragen die Befunde dazu bei, eine Reihe anderer interessanter Fragen zu beantworten: Unterscheidet sich der Entwicklungsverlauf des Fähigkeitsselbstkonzeptes für verschiedene Bereiche (z.B. Mathematik, Deutsch) oder zwischen Schülern unterschiedlicher Schultypen? Stimmt es, daß Jungen sich generell günstiger einschätzen als Mädchen und dies im Laufe der Schulzeit zunehmend deutlicher in Erscheinung tritt? Wie genau sind überhaupt die Fähigkeitsselbsteinschätzungen der Kinder?

Das Selbstkonzept eigener Fähigkeiten hängt verständlicherweise eng mit den Schulleistungen zusammen. Bisher ist jedoch nicht ausreichend geklärt, wie sich die Wechselwirkung zwischen Fähigkeitsselbstkonzept und Schulleistung im Verlauf der Schulzeit vollzieht. Wie wirken sich Schulleistungen auf das Fähigkeitsselbstkonzept aus und wie wirkt das Fähigkeitsselbstkonzept auf die Schulleistungen? Auch hierzu liefert die LOGIK-Studie wichtige Ergebnisse. Außerdem wird die pädagogisch relevante Frage diskutiert, was für eine erfolgreiche Entwicklung günstiger ist: wenn Kinder ihre Leistungen unterschätzen, wenn sie sich realistisch einschätzen oder wenn sie sich überschätzen.

Kapitel VII
Zum Verständnis von Moral – Entwicklungen in der Kindheit *(G. Nunner-Winkler)*

Das Zusammenleben in einer Gemeinschaft erfordert das Verständnis und die Befolgung bestimmter moralischer Grundregeln (*Normen*), die mehr oder weniger verbindlich sind (z.B. "Du sollst nicht töten", "Du sollst ehrlich sein"). Kinder erwerben im Laufe ihrer Entwicklung ein spezielles Wissen über diese Normen und lernen, ihr Verhalten danach auszurichten. Den Eltern und allen am Erziehungsprozeß Beteiligten kommt dabei eine wichtige Funktion zu.

In welchem Umfang kennen bereits Vorschulkinder moralische Regeln, die für ihren Alltag relevant sind (z.B. "Du sollst nicht stehlen", "Du sollst mit anderen teilen", "Du sollst anderen helfen"), und wie begründen sie diese Regeln (*moralisches Wissen*)? Desweiteren ist die Frage bedeutsam, ob ein solches Wissen ausreicht, damit die Befolgung dieser Normen auch ein persönlich wichtiges Anliegen ist und umgesetzt wird (*moralische Motivation*)? Stehen also Wissen und Handeln im Einklang? In der entwicklungspsychologischen Literatur werden hierzu unterschiedliche Ergebnisse berichtet. Einerseits gibt es Befunde, wonach jüngere Kinder grundlegende moralische Regeln zwar kennen, ihre Befolgung aber vor allem mit Strafvermeidung begründen ("Warum soll man nicht stehlen?", "Weil man sonst ins Gefängnis kommt"). Andererseits zeigen Beobachtungsstudien, daß bereits sehr junge Kinder spontan zu Mitgefühl und selbstloser Hilfsbereitschaft fähig sind, wenn sie dazu motiviert werden. Und wer im Alltag mit Kindern umgeht weiß, daß Kinder manchmal rührend um andere bemüht sind, während sie bei anderer Gelegenheit ganz egoistisch nur ihre eigenen Interessen durchsetzen. Ein Ziel der LOGIK-Studie war es, solche Widersprüche aufzuklären. Die Frage lautete: Entwickeln sich das moralische Wissen und die moralische Motivation in gleicher Weise oder handelt es sich um zwei Vorgänge, die einen unterschiedlichen Entwicklungsverlauf nehmen. Dies wurde mit einer Serie von Aufgaben untersucht. Anhand von Geschichten über moralische Regelübertretungen wurden die Kinder über moralische Normen und deren Begründung befragt (Themen: stehlen, teilen, helfen, gerecht sein). Zur Erfassung der moralischen Motivation sollten sie zudem angeben, wie sich die Helden von fiktiven Geschichten ("Übeltäter") wohl gefühlt haben (z.B. "Wie fühlt sich der, der geklaut hat?"). Die Befunde aus der LOGIK-Studie liefern interessante Erkenntnisse zur moralischen Entwicklung zwischen 4 und 12 Jahren und bieten zudem wichtige Hinweise, welche Aspekte für die moralische Entwicklung von Bedeutung sind. Daraus abgeleitet werden Überlegungen angestellt, wie sich die pädagogische Praxis darum bemühen kann, moralisches Wissen und Handeln bei Kindern in Einklang zu bringen.

Kapitel VIII
Die Entwicklung sozialer Kompetenzen, Motive und Verhaltensweisen
(J. B. Asendorpf)

Kinder mit aggressiven, provozierenden Verhaltensweisen erhalten von ihrer Umwelt in der Regel viel Aufmerksamkeit. Sie stören andere oft mit ihrem Verhalten oder mißachten soziale Regeln. Schüchterne Kinder dagegen erfahren kaum Beachtung. Sie sind im Kindergarten und in der Schule die ruhigen, "pflegeleichten" Kinder. Lediglich Eltern sind manchmal besorgt, wie sich ihr schüchternes Kind später in der "Ellenbogen-Gesellschaft" behaupten wird.

Schüchternheit als Problem von Kindern wurde bisher in der Psychologie eher vernachlässigt. Dies war mit ein Grund, im Rahmen der LOGIK-Studie kindliche Schüchternheit intensiv zu untersuchen. Auf vielfältige Weise wurden Untersuchungssituationen geschaffen, in denen sich kindliche Schüchternheit systematisch beobachten ließ. Diese Beobachtungen wurden dann mit den Urteilen von Eltern und Erziehern verglichen, was eine differenzierte Sichtweise kindlicher Schüchternheit ermöglichte.

Wie äußert sich überhaupt Schüchternheit im kindlichen Verhalten? Manche Kinder reagieren "schüchtern", wenn sie mit fremden Personen oder Situationen konfrontiert sind (z.B. zu Beginn des Kindergartens). Wird die Umgebung mit der Zeit vertrauter, läßt diese Form der Schüchternheit nach und die schüchternen Kinder unterscheiden sich nicht mehr von Kindern, die keine solchen Probleme haben. Nicht nur die Angst vor Unbekanntem, sondern auch die Sorge von anderen bewertet und abgelehnt zu werden, kann eine Ursache für schüchternes Verhalten sein. Die Untersuchungen in der LOGIK-Studie ermöglichten es, beide Formen von Schüchternheit zu studieren und in ihrer Entwicklung zu verfolgen.

Im Zusammenhang mit Schüchternheit stellen sich für die pädagogische Praxis wichtige Fragen: Ist Schüchternheit eine stabile Persönlichkeitseigenschaft? Was sind die langfristigen Konsequenzen kindlicher Schüchternheit? Was können Eltern tun, wenn ihr Kind schüchtern ist? Was sollten Erzieher und Lehrer tun? Die Ergebnisse aus der LOGIK-Studie bieten hierzu eine Fülle neuer Einsichten.

Die Zukunft der LOGIK-Studie

Die Themen in diesem Buch sind ein Ausschnitt der Fragestellungen, die in der LOGIK-Studie bearbeitet wurden. Sie geben einen Überblick über wichtige Ergebnisse und Erkenntnisse zur Entwicklung von Kindern im Alter zwischen vier und zwölf Jahren.

Da für fast alle Teilnehmerinnen und Teilnehmer über die gesamten neun Jahre (1984-1993) alle Informationen vollständig vorliegen, stellt die LOGIK-Studie einen außerordentlich wertvollen Datenbestand dar, der natürlich um so wertvoller wird, je länger die Entwicklung dieser Kinder weiterverfolgt werden kann. Aus diesem Grund wurde vier Jahre nach Abschluß der LOGIK-Studie eine Nachfolgeuntersuchung (LOGIK II) geplant und im Herbst 1997 begonnen (Ende: Sommer 1998), wobei von den 186 Teilnehmern des letzten Untersuchungsjahres über 90% ihre erneute Mitarbeit zugesagt haben. Das Durchschnittsalter zu Beginn der Nachfolgeuntersuchung beträgt 16 Jahre, 8 Monate. Hauptziel dieser zweiten Studie ist es, Veränderungen in den einzelnen psychologischen Merkmalen und deren Stabilität nach der Pubertät zu studieren. Schwerpunkte sind dabei erneut die Entwicklung im kognitiven (Gedächtnis, Mathematik, abstraktes Denken), motivationalen (Leistungs- und Lernmotivation), sozialen (Kontaktverhalten, soziale Gehemmtheit) und moralischen (moralische Motivation) Bereich.

Kapitel III

Die Entwicklung des Denkens und der Intelligenzunterschiede zwischen Kindern

Wolfgang Schneider, Merry Bullock und Beate Sodian

Entwicklung des Denkens und der Intelligenz in der Kindheit: zwei Forschungstraditionen

Es ist allgemein bekannt und anerkannt, daß sich Menschen in der Fähigkeit unterscheiden, komplexe Probleme zu verstehen, logisch zu denken und neue Ideen zu entwickeln und zu verwirklichen. Es wird auch vielfach unterstellt, daß die intellektuelle Leistungsfähigkeit einer Person nicht über alle möglichen Situationen hinweg gleich ausfällt, sondern sich in Abhängigkeit von der konkreten Aufgabenstellung unterscheidet. Wenn man im Alltag und in der Wissenschaft demnach durchaus übereinstimmende Sichtweisen im Hinblick auf das Konzept der intellektuellen Fähigkeit, der sogenannten Intelligenz, feststellen kann, lassen sich dennoch eine Menge unterschiedlicher Auffassungen erkennen, sobald man die Problematik im Detail untersucht. Die wissenschaftliche Diskussion zu dieser Frage dauert inzwischen schon mehr als hundert Jahre an und hat eine Reihe von Kontroversen erzeugt, die es dem Außenstehenden sehr schwer machen, die Forschungslage angemessen einzuschätzen. Wir werden im folgenden versuchen, den Diskussionsstand zu unterschiedlichen Konzepten der Intelligenz zusammenzufassen, bevor dann ein Überblick über unsere eigenen Arbeiten zu diesem Thema im Rahmen der LOGIK-Studie gegeben wird. Die entwicklungspsychologischen Erkenntnisse zum Phänomen der Intelligenz speisen sich dabei aus zwei unterschiedlichen Quellen, der psychometrischen Tradition (auf der die Intelligenztests aufbauen) und den Arbeiten von Jean Piaget zur Denk- bzw. Intelligenzentwicklung von Kindern. Da in der LOGIK-Studie Aufgaben und Instrumente aus beiden Traditionen Verwendung fanden, scheint es sinnvoll, diese Ansätze zunächst etwas genauer darzustellen.

Alfred Binet und die Intelligenzmessung

Die ersten Intelligenztests wurden gegen Ende des vorigen Jahrhunderts von Binet und Simon im Auftrag des französischen Erziehungsministeriums konzipiert. Die Aufgabe von Binet und Simon bestand darin, Testverfahren zu entwickeln, mit deren Hilfe sich lernschwache Schüler zuverlässig identifizieren und als sonderschulbedürftig erkennen lassen sollten. Die von den französischen Wissenschaftlern entwickelten Verfahren wurden in der Folge weiter verbessert und stellen nach wie vor die Basis für viele moderne Testinstrumente dar. Es wird in diesem Zusammenhang deshalb von einem "psychometrischen" Ansatz gesprochen, weil hier der Versuch gemacht wird, die intellektuelle Kapazität von Menschen mit genormten Verfahren zu messen. Die in diesen Tests erzielten Punktwerte werden in eine Meßskala mit dem Mittelwert 100 und einer Standardabweichung (Streuung) von 15 transformiert. Damit lassen sich die Werte unterschiedlicher Tests leicht vergleichen. Als normal gelten Intelligenzwerte, die bis zu einer Standardabweichung über oder unter dem Mittelwert von 100 liegen, also den Skalenbereich 85 bis 115 IQ-Punkten umfassen. Für etwa 95% aller Menschen gilt, daß die IQ-Werte im Bereich von zwei Standardabweichungen über oder unter dem Mittelwert liegen, daß also die Probanden IQ-Werte zwischen 70 und 130 aufweisen.

Intelligenzmodelle

Die Bandbreite verfügbarer Intelligenztests ist etwa so groß wie die Variation unterschiedlicher Intelligenzmodelle. Zu den prominentesten klassischen Ansätzen gehören "Generalfaktor"-Modelle, die unterstellen, daß Intelligenz eine einheitliche Größe bzw. ein allgemeiner Faktor ist, der unsere intellektuellen Leistungen in unterschiedlichen Situationen wesentlich bestimmt. Demgegenüber gehen Konzepte "multipler" Intelligenzen davon aus, daß relativ unabhängige Dimensionen der Intelligenz zu unterscheiden sind, über die ein-und-dieselbe Person in unterschiedlichem Ausmaß verfügt. Zu diesen Dimensionen werden z.B. das visuell-räumliche Vorstellungsvermögen, die visuelle Wahrnehmungsfähigkeit, das Gedächtnis, das Operieren mit Zahlen, der Wortschatz oder die "Wortflüssigkeit" einer Person gezählt. Neuere Konzeptionen gehen zunehmend von einer Trennung zwischen der "kristallinen" und der "fluiden" Intelligenz aus. Während die "kristalline" Komponente im wesentlichen das Intelligenzpotential bezeichnet, daß wir durch unsere gesellschaftlichen und kulturellen Erfahrungen erwerben (also z.B. den Wortschatz, das Sprachverständnis), geht es bei der "fluiden" Komponente um Denkfähigkeiten wie etwa das logische Schließen oder das Erkennen von Analogien, die im wesentlichen genetisch bestimmt zu sein scheinen und durch Umwelterfahrungen relativ wenig verändert werden können.

Verschiedene jüngere Varianten des Konzepts der "multiplen" Intelligenzen gehen davon aus, daß sich nur ein Teil unseres Intelligenzpotentials mit den üblichen Testverfahren erfassen läßt. Der amerikanische Psychologe Sternberg (1985) unterscheidet in diesem Zusammenhang grundsätzlich zwischen der analytischen Intelligenz (also der Fähigkeit, die typischerweise in Intelligenztests gemessen wird) sowie der kreativen und der praktischen Intelligenz, zu deren Erfassung man andere Verfahren braucht. Zur Erfassung der praktischen Intelligenz haben Sternberg und Mitarbeiter beispielsweise Verfahren entwickelt, die den Einfluß des "unbewußten" (tacit) Wissens auf Problemlösevorgänge im Wirtschaftsmanagement relativ gut vorhersagen konnten, obwohl sie vergleichsweise wenig mit der psychometrischen Intelligenz gemein haben. Ein noch komplexeres Modell wurde von Gardner (1983) entwickelt, der in seiner "Theorie der multiplen Intelligenzen" annimmt, daß neben den in psychometrischen Tests erfaßten Fähigkeiten (sprachliche, visuell-räumliche, logisch-mathematische Kompetenzen) auch etwa die musikalische oder die motorisch-kinästhetische (bewegungsbezogene) Intelligenz berücksichtigt werden sollte. Obwohl diese Ansätze große Attraktivität genießen, wird von Kritikern vermerkt, daß umfassende Tests zu ihrer Erfassung bislang noch ausstehen. Demgegenüber ist die Zuverlässigkeit und Gültigkeit der psychometrischen Testverfahren in der Regel gut belegt, so daß sie in der empirischen Forschung und in der praktisch-psychologischen Arbeit immer noch eindeutig bevorzugt werden.

Entwicklung der (psychometrischen) Intelligenz

Unsere Erkenntnisse zur Entwicklung der über Tests erfaßten Intelligenz und ihrer Stabilität über die Zeit gehen zum großen Teil auf ältere amerikanische Langzeituntersuchungen zurück, die in der ersten Hälfte dieses Jahrhunderts durchgeführt wurden. Diesen Studien war gemeinsam, daß sie die Intelligenz einer ausgewählten Stichprobe von Kindern schon im Kleinkindalter erstmals erfaßten und dann in höchstens jährlichen Zeitabständen erneut überprüften. Die Studien erstreckten sich in der Regel über viele Jahre (manchmal mehrere

Jahrzehnte) und konzentrierten sich mehrheitlich auf die Klärung der Frage, ob wir von stabilen Intelligenzunterschieden ausgehen müssen, und – wenn ja – ab wann solche Stabilitäten zu beobachten sind. Was die erste Frage angeht, so ließ sie sich relativ eindeutig mit "ja" beantworten: die beobachteten Korrelationen zwischen zeitlich benachbarten Meßzeitpunkten fielen durchschnittlich sehr hoch aus, insbesondere dann, wenn die spätere Kindheit und das Jugendalter betrachtet wurden. Ab dem Kindergartenalter zeigten sich jedoch auch beträchtliche Langzeitstabilitäten über Zeiträume von 10 Jahren und mehr, was den Schluß zuließ, daß (bei den gleichen Kindern) Intelligenzunterschiede im Alter von 18 Jahren durch deren Intelligenzunterschiede im Alter von 5 Jahren schon gut vorhergesagt werden können. Neuere Befunde deuten außerdem darauf hin, daß das Aktivitätsniveau und Neugierverhalten von Säuglingen deren spätere intellektuelle Entwicklung im Vorschulalter erstaunlich gut prognostiziert. Dennoch läßt sich aus den Studien zur Intelligenzentwicklung in der sehr frühen Kindheit schließen, daß die Stabilität der Fähigkeitsunterschiede hier geringer ausfällt als zu späteren Zeitpunkten.

Kann aus diesen Befunden gefolgert werden, daß der IQ eines Kindes spätestens ab dem Vorschulalter über die Lebenszeit hinweg konstant bleibt? Die Antwort auf diese Frage fällt eher negativ aus. Schon in den alten Längsschnittstudien wurden bei den gleichen Kindern beträchtliche IQ-Schwankungen zwischen benachbarten Meßzeitpunkten festgestellt. So variierte der IQ einer ganzen Reihe von Kindern auch noch im Grundschulalter (und danach) um mehr als 20 Punkte, wobei sich selten ein systematischer Verlauf feststellen ließ. Während für einige Kinder stetige Abnahmen oder Zuwächse beobachtet wurden, wechselten sich bei anderen Kindern Phasen des Zuwachses und der Einbußen miteinander ab. Die insgesamt größten Schwankungen wurden allerdings für das Vorschulalter gefunden. Dies mag einmal damit zusammenhängen, daß in dieser Phase die Entwicklung am dynamischsten ist, sich also das Tempo des intellektuellen Zugewinns von Kind zu Kind noch sehr stark unterscheidet. Es könnte aber auch damit zusammenhängen, daß bei dieser Altersstufe situative Umstände (also etwa die Lust, bei solchen Aufgaben mitzumachen) eine größere Rolle spielen als zu späteren Zeitpunkten. Neuere Studien haben weiterhin gezeigt, daß größere IQ-Schwankungen nur bei einem kleineren Prozentsatz der untersuchten Kinder zu verzeichnen waren, während die IQ-Werte bei der Mehrzahl der Probanden relativ konstant ausfiel. Nach wie vor fällt es jedoch schwer, vorherzusagen, bei welchen Kindern sich aufgrund welcher Umstände später größere Schwankungen ergeben werden.

Piaget und die Erforschung der Entwicklung des Denkens

Aus den Ergebnissen eines Intelligenztests kann man erschließen, welche Position ein Kind im Vergleich zu seiner Altersgruppe einnimmt und wo seine Stärken und Schwächen in unterschiedlichen Bereichen der intellektuellen Leistungsfähigkeit liegen (ob es z.B. eher sprachlich begabt ist oder ein gutes räumliches Vorstellungsvermögen besitzt). Jedoch erfährt man stets nur, ob eine Testaufgabe richtig oder falsch gelöst wurde, nicht, welche Denkprozesse zur Lösung führten, bzw. *wie* es zu falschen Lösungen kam.

Im Jahre 1919 arbeitete ein junger Schweizer Biologe, der an erkenntnistheoretischen Fragen interessiert war, in Binets Laboratorium. Er war fasziniert von den *Denkfehlern* der Kinder, da ihm diese einen Einblick in die Eigenart des kindlichen Denkens und speziell in die *Unterschiede* zwischen dem Denken des Kindes und dem des Erwachsenen vermittelten. Sein Interesse am Denken des Kindes war motiviert durch alte philosophische Fragen: Wie ist menschliche Erkenntnis möglich? Wie kommen wir zu unserem Wissen über die Welt? Gibt es "angeborene Ideen"? Welche Veränderungen in unseren Erkenntnismöglichkeiten vollziehen sich im Laufe der kindlichen Entwicklung? Welche Rolle spielt die Auseinandersetzung mit der Umwelt beim Aufbau der Erkenntnis?

Dieser Schweizer Biologe und Erkenntnistheoretiker war Jean Piaget (1896-1980), der zum Begründer und einflußreichsten Theoretiker der Psychologie der Denkentwicklung wurde. Sein Werk umfaßt über 50 Bücher und zahlreiche Aufsätze (zur Einführung: Piaget, 1972). Aus seinem anfänglichen Interesse an den Denkfehlern der Kinder in den Binet-Aufgaben wurde die systematische empirische Erforschung der unterschiedlichsten Bereiche des kindlichen Verständnisses der Wirklichkeit: Er untersuchte das Verständnis der physikalischen Objektwelt ebenso wie das sich entwickelnde soziale Verstehen, das moralische Denken, den Zahlbegriff, das Kausalverständnis, das Verständnis von Raum und Zeit, um nur einige Beispiele zu nennen. Piagets Ansicht war, daß das Kind sein Verständnis der Wirklichkeit in der *aktiven* Auseinandersetzung mit der Umwelt selbst aufbaut. Durch diesen Konstruktionsprozeß nähert sich das Kind schrittweise und über einen Zeitraum von vielen Jahren hinweg unserem Realitätsverständnis an.

Wie fundamental sich Piaget die aktive Konstruktion der Wirklichkeit durch das Kind vorgestellt hat, läßt sich am Beispiel der Anfänge der kindlichen Intelligenzentwicklung verdeutlichen: Piaget nahm an, daß sich die Intelligenz des Säuglings grundlegend von unserer unterscheidet. Säuglinge verfügen über eine praktisch-handlungsgebundene Intelligenz, die es ihnen erlaubt, im Hier und Jetzt zu operieren, nicht aber über unser symbolisch-repräsentationales Denken. Das heißt, Säuglinge müssen symbolisches Wissen erst konstruieren, d.h., Wissen über die Welt, das sie unabhängig von konkreten Handlungskontexten nutzen können. Piagets Auffassung war, daß Kinder erst im Alter von etwa 2 Jahren diese symbolisch-repräsentationale Intelligenz erwerben, und daher auch erst dann fähig werden, Sprache zu benutzen und zu verstehen, symbolisch zu spielen (d.h., fiktionale "Spielwelten" zu schaffen), bzw. vergangene Ereignisse zu imitieren Denn all diese Leistungen erfordern, daß das Kind ein Objekt oder Ereignis geistig repräsentiert, ohne unmittelbar auf dieses Objekt oder Ereignis bezogen zu handeln. Obwohl neuere Forschungsergebnisse darauf hindeuten, daß Säuglinge über manche der Denkfähigkeiten (in rudimentärer Form) verfügen, die Piaget ihnen absprach, ist seine Theorie nach wie vor gut geeignet zur Interpretation der beeindruckenden Veränderungen, die wir in der Kindheit – vor allem in der frühen Kindheit – beobachten. Piaget nahm fundamentale Unterschiede zwischen dem Denken des Kindes und dem des Erwachsenen an und entwarf ein kühnes Bild von der geistigen Entwicklung des Kindes, das sich in der handelnden Auseinandersetzung mit der Umwelt allmählich unserem Denken annähert.

Piagets Theorie ist eine klassische *Stadientheorie* der Denkentwicklung: Er nahm vier globale Entwicklungsstadien an, das sensumotorische Stadium (0-2 Jahre), das präoperatorische (ca. 3-7 Jahre), das konkret operatorische (ca. 7-12 Jahre) und das formal operatorische (ab 12 Jahren). Für die LOGIK-Studie sind das präoperatorische und das konkret operatorische Stadium von Bedeutung, die ungefähr das Vor- und das Grundschulalter umfassen. Jedes Stadium ist nach Piaget gekennzeichnet durch eine Reihe von Kompetenzen und von bestimmten Beschränkungen geistiger Fähigkeiten. Die stadientypischen Kompetenzen wie die Defizite werden als Ausdruck einer zugrundeliegenden Gesamtstruktur des Denkens interpretiert.

So gilt z.B. für das Vorschulkind, daß es Symbole gebrauchen und verstehen kann, was sich vor allem im Gebrauch und Verständnis der Sprache ausdrückt, daß es zwischen Vergangenheit, Gegenwart und Zukunft unterscheiden, phantasievolle fiktionale Spielwelten bilden und so mit Gleichaltrigen wie mit Erwachsenen schon sehr kompetent interagieren kann. Jedoch zeigte Piaget eine Reihe von stadientypischen Beschränkungen, die er als Ausdruck mangelnder Beweglichkeit des Denkens, als Unfähigkeit, zwei Aspekte einer Situation gleichzeitig zu beachten, und als Unfähigkeit, äußerlich beobachtbare Handlungen "im Geiste" rückgängig zu machen, interpretierte.

Vorschulkinder glauben z.B., daß sich die Quantität einer Flüssigkeit verändert, wenn sie von einem breiten in ein hohes Glas umgegossen wird, und daß sich das Gewicht einer Plastilinkugel verändert, wenn sie zu einem Pfannkuchen ausgewalzt wird. Diese für uns erstaunlichen Antworten interpretierte Piaget als ein Zeichen der Unfähigkeit, zwei Objektdimensionen (z.B. Höhe und Breite) gleichzeitig zu beachten; Kinder "zentrieren", so Piaget, auf die für den Augenschein hervorstechende Dimension und vernachlässigen die andere Dimension. Dies zeigt sich in vielen Bereichen des Denkens, z.B. auch im Bereich des moralischen Denkens, wenn Vorschulkinder urteilen, ein Kind, das unabsichtlich zehn Tassen zerbrochen hat, sei "schlimmer" als ein Kind, das etwas Verbotenes getan hat (z.B. genascht hat) und dabei eine Tasse zerbrochen hat: die Kinder beachten hier, so Piagets Interpretation, nur die Dimension der Schadenshöhe, nicht die der Absicht. Diese Beispiele machen deutlich, daß Piaget versuchte, Eigentümlichkeiten des kindlichen Denkens über die verschiedensten Inhalte auf wenige sehr allgemeine zugrundeliegende Merkmale zurückzuführen. Ein solches Merkmal ist die Unfähigkeit, zwei Dimensionen gleichzeitig zu berücksichtigen. Diese Beschränkung des kindlichen Denkens führt Piaget wiederum zurück auf die Unfähigkeit, einen beobachteten Vorgang "in Gedanken" rückgängig zu machen, also z.B. zu überlegen, was denn passieren würde, wenn man den Plastilinpfannkuchen wieder zur Plastilinkugel rückumwandeln würde; würde das Kind diese "Rückumwandlung" durchdenken, dann müßte es zu dem Ergebnis gelangen, daß nichts hinzugefügt und nichts weggenommen wurde, folglich also das Gewicht gleich geblieben sein muß. Diese Unfähigkeit, "mental" (und nicht nur äußerlich) zu operieren, betrachtete Piaget als die wesentliche Einschränkung des kindlichen Denkens im Vorschulalter (daher auch "prä-operationales" oder "prä-operatorisches" Denken), die den vielen Denkfehlern von Kindern in diesem Altersbereich zugrundeliegt.

Im Grundschulalter, so Piaget, überwindet das Kind allmählich diese Einschränkungen des Vorschulalters und erwirbt so die Voraussetzungen, um die Grundkonzepte unseres Denkens – die Begriffe des Raums, der Zeit, der Kausalität, der Perspektive u.a.m. zu erwerben. Wie ist es möglich, daß so einschneidende Veränderungen im Denken des Kindes scheinbar "von selbst" stattfinden, jedenfalls ohne daß irgend jemand Kinder darin unterrichtet hätte, kausale Folgerungen zu ziehen, oder zwischen Zeit, Weg und Geschwindigkeit zu unterscheiden? Piagets Antwort auf diese Frage liegt in der Metapher vom "Kind als Wissenschaftler": Kinder, wie Wissenschaftler, sind getrieben von intrinsischer Neugier und Entdeckergeist. Sie explorieren aktiv ihre Umwelt und passen ihr "Weltbild" neuen

Erkenntnissen an. Auch Wissenschaftler gehen häufig von grundlegend falschen Theorien aus und revidieren diese in der Auseinandersetzung mit empirischer Evidenz.

Kritiker Piagets haben eingewendet, daß die Veränderung wissenschaftlicher Weltbilder in der Wissenschaftsgeschichte nicht fundamentale Denkfähigkeiten betrifft, wie die von Piaget für die kognitive Entwicklung des Kindes angenommenen: Auch wenn die Erklärungen der Antike für die Bewegungen der Himmelskörper nach unseren heutigen Erkenntnissen falsch waren, so waren sie doch *Erklärungen*. Im Laufe der Wissenschaftsgeschichte hat sich die *Art* der Erklärungen und die Art der verwendeten Erklärungsbegriffe verändert, nicht jedoch die Fähigkeit, kausale Erklärungen für Phänomene der Natur zu geben, selbst. Piaget jedoch nimmt an, daß in der kindlichen Entwicklung Veränderungen auf der Ebene fundamentaler Denkfähigkeiten, wie der Fähigkeit zum kausalen Denken, stattfinden. In der neueren Forschung ist gezeigt worden, daß Piaget in vieler Hinsicht die Denkfähigkeiten jüngerer Kinder unterschätzt hat, so z.B. auch das kausale Denken: Wählt man einfache Aufgaben aus vertrauten Inhaltsbereichen, so können schon 3jährige kausale Schlüsse nach den gleichen Prinzipien ziehen wie wir; bittet man sie jedoch, die Funktionsweise einer unbekannten Maschine zu erklären, so sind sie, was nicht überrascht, überfordert und bieten nur Pseudo-Erklärungen an.

In der heutigen Entwicklungspsychologie geht man daher davon aus, daß die Veränderungen im kindlichen Denken weit mehr auf der Ebene des *inhaltlichen* Verständnisses wichtiger Bereiche als der *formalen* Aspekte des Denkens anzusiedeln sind. Unter dieser Annahme ist die Metapher vom "Kind als Wissenschaftler" neu formuliert und präzisiert worden: Kinder, wie Wissenschaftler, bilden "Theorien" über wichtige Phänomenbereiche, z.B. über Lebewesen oder über unbelebte Objekte. Im Gegensatz zu wissenschaftlichen Theorien sind die Theorien der Kinder allerdings nicht explizit formulierbar, sodaß über einzelne Hypothesen und Methoden zu ihrer empirischen Prüfung nachgedacht werden könnte, sondern sie sind, so die Annahme, intuitiv und leiten das Denken des Kindes, ohne daß es sich dessen bewußt wäre. Kinder können z.B. der Ansicht sein, die Erde sei eine Scheibe und die Sonne wandere am Horizont auf und ab, ohne daß sie imstande wären, dieses geozentrische Weltbild explizit zu formulieren und anzugeben, welche Naturphänomene für die Überprüfung ihrer Theorie wichtig sind. Wie Wissenschaftler sind jedoch auch Kinder fähig, die Natur zu beobachten und die Phänomene, die sie für wichtig halten, besonders zu beachten. Allerdings wäre es unrealistisch anzunehmen, daß Kinder spontan, wie geniale Wissenschaftler, zu "großen" Entdeckungen kommen: Vielmehr wird ihnen unser kulturelles und wissenschaftliches Wissen vermittelt, so z.B. wenn sie nach Erklärungen für die Bewegungen der Himmelskörper fragen. Daß ihre eigenen naiven Theorien es ihnen oft unmöglich machen, die Erklärungen Erwachsener zu verstehen, zeigt sich z.B., wenn Erwachsene ihnen sagen, daß die Erde keine Scheibe, sondern eine Kugel sei, und sie dann versuchen, eine Erklärung dafür zu finden, daß die Menschen, die "auf der Unterseite" leben, nicht herunterfallen, und schließlich Lösungen wie die vorschlagen, daß die Menschen eben "auf der Innenseite einer Hohlkugel wohnen".

Für den schulischen Unterricht stellt sich die Frage, wie es möglich ist, Kindern den Wissenserwerb, besonders im Bereich der Naturwissenschaften, zu erleichtern. Um diese Frage zu beantworten, brauchen wir genaue Kenntnis der Hindernisse, auf die die Wissensvermittlung stößt. Inhaltlich fehlgeleitete intuitive Theorien bilden, wie das obige Beispiel und eine Vielzahl ähnlicher Forschungsbefunde zeigen, eine wesentliche Barriere. Daneben ist jedoch die mangelnde Fähigkeit, Theorien und Hypothesen zum Gegenstand bewußter, systematischer Reflexion und Prüfung zu machen, also "wissenschaftlich" rational vorzugehen, ein weiteres, über alle Inhaltsbereiche hinweg wirksames Hindernis: Piaget nahm an, daß die Fähigkeit, hypothetisch (bzw. theoretisch) zu denken, also eine Fragestellung unter Einbeziehung und systematischer Prüfung aller denkbaren Hypothesen zu untersuchen, eine Errungenschaft des Jugendalters ist. Wenn er auch schon junge Kinder mit Wissenschaftlern verglich unter den Aspekten der intrinsischen Neugier und des Erkenntnisfortschritts durch ein Wechselspiel zwischen der Interpretation von Erfahrungen und der Anpassung eigener Denkstrukturen aufgrund dieser Erfahrungen, so glaubte er doch, daß erst Jugendliche - im Stadium der formalen Operationen - zum "wissenschaftlichen Denken" im engeren Sinne fähig werden, also zur systematischen Prüfung von Theorien und Hypothesen, sowie zur Reflexion über diesen Prozeß. Er belegte die Entwicklungsfortschritte im wissenschaftlichen Denken anhand von Untersuchungen des Hypothesenbildungs- und -prüfungsprozesses von Kindern und Jugendlichen in Aufgaben, die den Problemen sehr ähnlich sind, die sich Wissenschaftler stellen: z.B. der Aufgabe, durch systematisches Experimentieren herauszufinden, von welchem(n) Faktor(en) die Pendelfrequenz abhängt, oder welche Bedingungen notwendig und hinreichend für das Zustandekommen einer chemischen Reaktion sind. Kinder versuchen in solchen Aufgaben häufig nur, einen Effekt (z.B. die chemische Reaktion) herzustellen, anstatt den Ursachen für diesen Effekt nachzugehen, während Jugendliche Hypothesen aufstellen und entsprechende Experimente durchführen. Dies bedeutet jedoch nicht, daß ältere Jugendliche und Erwachsene in ihrem Denken einem Idealbild wissenschaftlicher Rationalität folgen.

Eine Vielzahl von Studien hat gezeigt, daß auch Erwachsene systematischen Täuschungen unterliegen, wenn sie quasi-wissenschaftliche Probleme lösen sollen, z.B. wenn sie statistische Daten interpretieren sollen. Das wissenschaftliche Denken ist daher sowohl unter dem Aspekt der Entwicklung (was verändert sich zwischen Kindheit und Erwachsenenalter?) als auch unter dem Aspekt der Unterschiede zwischen Personen in kognitiven Fähigkeiten von Bedeutung. Es gilt zudem als eine wichtige übergreifende Voraussetzung für den Erwerb inhaltlichen Wissens in komplexen Bereichen. Daher stehen die Vorläufer des wissenschaftlichen Denkens im Zentrum der in der LOGIK-Studie für das Grundschulalter geprüften Fähigkeiten.

Aus theoretischen Ansätzen und neueren Forschungsbefunden zur Entwicklung des Denkens in der Kindheit ergaben sich für die LOGIK-Studie also die folgenden Hauptfragestellungen:

- Wie stabil sind Unterschiede zwischen den Kindern in Intelligenz- und Denkaufgaben vom Vorschulalter bis zum Ende der Grundschulzeit? Welche Zusammenhänge bestehen zwischen dem Denken im Vorschulalter und in der Grundschulzeit?

- Wie verändern sich intellektuelle Fähigkeiten von der Vorschul- bis zur späten Grundschulzeit, speziell: wie entwickelt sich das wissenschaftliche Denken als eine wesentliche Grundlage für den schulischen Wissenserwerb?

- Welche Zusammenhänge bestehen zwischen Intelligenz, Denken und schulischen Leistungen?

Die Entwicklung der Denkfähigkeit und der Intelligenz bei Kindern: der Beitrag der LOGIK-Studie

Bei der Planung der Studie stimmten wir darin überein, daß es aus unterschiedlichen Gründen nützlich und sinnvoll sein sollte, sowohl Maße zur Erfassung der psychometrischen Intelligenz als auch andere Verfahren zur Prüfung der allgemeinen Denkentwicklung zu berücksichtigen. Ein wesentlicher Grund für den Einbezug psychometrischer, standardisierter Testverfahren bestand darin, daß wir sehr an Informationen hinsichtlich der Repräsentativität unserer Stichprobe interessiert waren. Die schon erwähnten älteren amerikanischen Längsschnittstudien waren beispielsweise mit dem Problem belastet, daß die Kinder im Durchschnitt IQs von 120 und mehr erzielten, also deutlich bessere Werte aufwiesen, als dies bei einer Zufallsauswahl zu erwarten wäre. Solche Stichproben müssen als ausgelesen bezeichnet werden und sind nicht mehr repräsentativ für die Grundgesamtheit gleichaltriger Kinder. Es fällt uns also schwer, aus den Ergebnissen für solche Kinder allgemeingültige Schlüsse über den Zuwachs der Intelligenz und die Stabilität von Intelligenzunterschieden zu ziehen. Im Hinblick auf die eigene Studie waren wir deshalb bestrebt, eine möglichst repräsentative Stichprobe von jungen Kindern zu rekrutieren.

Ein zweiter, damit zusammenhängender Grund für die Berücksichtigung standardisierter Intelligenztests lag darin, daß wir die Effekte von intensiver geistiger Übung auf die spätere intellektuelle Entwicklung erfassen wollten. Ein bedeutsamer Anstieg der IQ-Werte im Verlauf unserer Studie könnte beispielsweise als Beleg dafür gewertet werden, daß sich die Kinder unserer Studie aufgrund der intensiven Untersuchungen intellektuell so schnell weiterentwickeln, daß sie schon nach kurzer Zeit als nicht mehr repräsentativ für die Altersgruppe gelten können (vgl. Kap. II).

Über die wiederholte Vorgabe von Intelligenztests erhofften wir uns weiterhin wichtige Aufschlüsse über die Stabilität individueller Unterschiede der Intelligenz im Entwicklungsverlauf. Es interessierte besonders die Frage, inwieweit die erwähnten Befunde der inzwischen doch veralteten amerikanischen Studien auf deutschsprachige Verhältnisse zu übertragen sind. Da sich die meisten dieser älteren Studien auf den Entwicklungsverlauf der *sprachgebundenen* Intelligenz bezogen, schien für uns die Frage bedeutsam, ob sich diese Befunde problemlos auf die Entwicklung der *nichtsprachlichen* Intelligenz (etwa der Entwicklung logischer Denkfähigkeiten) übertragen lassen. Neben der Stabilität der Testwerte interessierte aber auch deren Verlaufsform: wir wollten herausfinden, ob sich die Intelligenz-"Kapazität" über die untersuchte Altersbandbreite (4-12 Jahre) stetig erhöht, oder ob nicht-lineare Wachstumskurven anzunehmen sind. Über neuartige statistische Auswertungsverfahren sollte dabei geprüft werden, ob sich das Wachstum in Abhängigkeit von wichtigen Merkmalen wie dem Ausgangsniveau der Intelligenz, dem Geschlecht und der sozialen Schichtzugehörigkeit unterschiedlich darstellt.

Eine letzte bedeutsame Fragestellung betraf den Vergleich psychometrischer und experimenteller Verfahren zur Erfassung der Denkentwicklung. In diesem Zusammenhang interessierte besonders, ob sich statistisch und praktisch bedeutsame Zusammenhänge zwischen Intelligenztestwerten und Maßen der Denkfähigkeit nachweisen lassen würden, die nach dem Ansatz von Piaget bzw. nach Annahmen moderner Informationsverarbeitungsmodelle konstruiert worden waren.

Verfahren zur Erfassung der (psychometrischen) Intelligenz

Im folgenden werden die Intelligenztests der LOGIK-Studie kurz beschrieben. Im Hinblick auf die von Anfang an verwendeten Wechsler-Tests (Hannover-Wechsler-Intelligenztest für Vorschulkinder (HAWIVA); Hamburg-Wechsler-Intelligenztest für Kinder (HAWIK)) ist die oben erwähnte Unterscheidung von sprachlichen und nichtsprachlichen Verfahren insofern nicht unproblematisch, als hier beide Komponenten (also sprachliche und eher praktische Intelligenz) in zwei Testteilen kombiniert werden. Da sich jedoch für beide Komponenten getrennte IQ-Werte ermitteln lassen, behandeln wir sie in der Folge auch separat und beschränken uns im wesentlichen auf die sprachliche Intelligenz. Diese Komponente erfaßt u.a. den Wortschatz, das allgemeine Wissen und das allgemeine Verständnis der Kinder. Der HAWIVA wurde in den beiden ersten Untersuchungsjahren insgesamt zweimal eingesetzt, als die Kinder 4 und 5 Jahre alt waren. Zwei Jahre später (also im 1. Schuljahr) kam dann zum ersten Mal der HAWIK zum Einsatz, der dann noch zweimal, nämlich in der 3. und 6. Schulklasse wiederholt wurde.

Zur Erfassung der nichtsprachlichen Intelligenz wurde zunächst eine deutsche Variante der "Columbia Mental Maturity Scale" (CMMS) verwendet. Die Aufgabe der Kinder besteht bei diesem Testverfahren darin, aus einer Reihe von 3 bis 5 vorgegebenen Bildern dasjenige herauszusuchen, das nicht zu den anderen paßt, die untereinander ähnlich sind. Die Aufgaben umfassen sowohl konkrete Bilder als auch eher abstrakte Zeichnungen und weisen demnach unterschiedliche Schwierigkeiten auf. Für die Lösung der Aufgaben ist es wichtig, die zugrundeliegenden Regeln zu erschließen und festzustellen, worin sich ein bestimmtes Item von anderen, einander ähnlichen Bildern unterscheidet. Da für den von uns verwendeten CMMS-Test Normen nur bis zum 9. Lebensjahr vorlagen, wurde für die spätere Phase der LOGIK-Studie der ursprünglich von Cattell entwickelte "Culture Fair Intelligence" Test herangezogen. Über dieses Verfahren soll sich die schon oben beschriebene Komponente der fluiden Intelligenz, also die relativ bildungsunabhängige logische Denkfähigkeit erfassen lassen. Die einzelnen Subtests erfordern etwa die Identifikation und Ergänzung von geometrischen Mustern, deren Klassifikation und Differenzierung sowie die Erfassung von Relationen zwischen geometrischen Figuren. Dieser Test wurde im 4. und 6. Schuljahr eingesetzt, als die Kinder durchschnittlich 10 und 12 Jahre alt waren.

Aufgaben zur Untersuchung des Stands der kognitiven Entwicklung

Vorschulalter

Die LOGIK-Studie begann, als die Kinder zwischen 3 und 4 Jahren alt waren; neben der psychometrischen Intelligenz wurden schon in diesem Altersbereich Denkleistungen durch experimentelle Aufgaben erfaßt. Zum Teil waren die Aufgaben, die wir den Kindern stellten, an Piaget orientiert: So prüften wir z.B. die Fähigkeit zur "Zahlkonservierung" bei 3- bis 5jährigen. Unter Zahlkonservierung versteht man die Fähigkeit, zahlrelevante von zahlirrelevanten Veränderungen zu unterscheiden; z.B. ist die bloße Vergrößerung der Abstände zwischen Perlen auf einer Schnur unwesentlich für die Anzahl der Perlen, also zahlirrelevant. Vorschulkinder tendieren aber dazu, zu glauben, es befänden sich mehr Perlen auf der Schnur, wenn die Reihe weiter auseinandergezogen wird: Zwei Reihen von Perlen werden hinsichtlich der Anzahl verglichen; wenn die Abstände gleich sind, sagen die Kinder richtig, es seien gleichviele Perlen auf den beiden Schnüren. Werden die Abstände auf einer Schnur vergrößert, so antworten viele Kinder auf Befragen, es seien jetzt "mehr" Perlen auf der Schnur, auf der die Abstände vergrößert wurden. In der LOGIK-Studie erhielten die Kinder zweimal, beim ersten Meßzeitpunkt und ein Jahr später, mehrere Zahlinvarianzaufgaben. Die Lösung der Konservierungsaufgaben, so auch der Zahlkonservierungsaufgabe, gilt als ein "Meilenstein" der Denkentwicklung und Piagets Theorie. Ziel der LOGIK-Studie war es, zu untersuchen, wie das Erreichen solcher "Meilensteine" mit der Lösung anderer Aufgaben aus dem Bereich des Denkens und der Intelligenz zusammenhängt.

Im Altersbereich zwischen etwa 3 und 5 Jahren vollziehen sich viele wichtige Veränderungen in unterschiedlichen Bereichen der Denkentwicklung. Piaget nahm an, daß all diese Veränderungen strukturell zusammenhängen und sich auf die Veränderung von Grundlagen des Denkens zurückführen lassen. Heutige Entwicklungspsychologen tendieren eher zu der Auffassung, daß die Denkentwicklung bereichsspezifisch verläuft und daß Zusammenhänge zwischen verschiedenen Inhaltsbereichen eher lose sind. In der LOGIK-Studie untersuchten wir solche Zusammenhänge, so z.B. zwischen der Zahlkonservierungsaufgabe und Aufgaben aus dem Bereich der sozialen Perspektivenübernahme, - der Fähigkeit also, sich in andere "hineinzuversetzen" und zu verstehen, daß andere andere Überzeugungen haben können als man selbst - und - daß Überzeugungen falsch sein können. Diese Fähigkeit wurde u.a. in einem Geschichtenkontext erfaßt, in dem "Maxi" die Schokolade in einem Schrank (dem blauen Schrank) versteckt und anschließend abwesend ist, während seine Mutter die Schokolade in einen anderen Schrank (den roten) legt. Geprüft wird, ob die Kinder verstehen, daß Maxi dort suchen wird, wo er die Schokolade verschwinden sah, nicht dort, wo sie im Augenblick tatsächlich ist (vgl. Wimmer & Perner, 1983).

Grundschulalter

Neuere Forschungsbefunde zeigen Vorläufer der Fähigkeit zum wissenschaftlichen Denken bereits im Grundschulalter. "Wissenschaftliches Denken" umfaßt ein komplexes Bündel von Fähigkeiten: Im engeren Sinne die Fähigkeit, Theorien und Hypothesen zu entwickeln, zu prüfen und zu revidieren und über diesen Prozeß zu reflektieren; daneben eine Reihe von Fähigkeiten, die als grundlegend für die systematische Hypothesenprüfung angesehen wird - z.B. die Fähigkeit, logische Schlüsse zu ziehen und zu erkennen, ob eine Situation eine eindeutige Folgerung zuläßt oder nicht (also z.B. nicht nur aus dem Auftreten von Ereignissen, sondern auch aus der Tatsache, daß ein Ereignis **nicht** auftritt, Rückschlüsse zu ziehen). Da diese allgemeinen analytischen Fähigkeiten als wichtig für die Denkentwicklung und den Erwerb von schulischem Wissen gelten, sind sie ein wichtiger Gegenstand der LOGIK-Studie. Merry Bullock und Albert Ziegler entwickelten eine Reihe von Denkaufgaben, die Kindern im Grundschulalter in spielerischer Form wissenschaftliche Fragestellungen nahebringen sollten (siehe Bullock & Ziegler, in Druck): So haben z.B. die meisten Kinder schon einmal vom "Waldsterben" gehört und finden es interessant, den Ursachen für dieses Problem nachzugehen, bzw. sie können sich in die Rolle eines Ingenieurs hineinversetzen, der den Treibstoffverbrauch von Flugzeugen reduzieren will und Testflugzeuge konstruiert, die sich in bestimmten relevanten Variablendimensionen unterscheiden. In solchen Aufgaben können Kinder im Grundschulalter mit minimalen inhaltlichen Vorkenntnissen "wie Wissenschaftler" ein Problem explorieren. Neben diesen experimentellen Aufgaben setzten wir auch einen an der Theorie Piagets orientierten Test zur Erfassung des formal-operatorischen Denkens ein. Ziel der Studien zum wissenschaftlichen Denken war es herauszufinden, wie Grundschulkinder an solche "wissenschaftlichen Probleme" herangehen (auch: wie unterschiedlich Kinder des gleichen Altersbereichs an die Probleme herangehen) und wie ihr Abschneiden in den Denkaufgaben mit dem Abschneiden in Intelligenztests und mit Schulnoten zusammenhängt: Sind Kinder mit hohem IQ ihren Altersgenossen durchwegs in allen Denkaufgaben überlegen oder gibt es nur mäßige Zusammenhänge zwischen IQ und Denkleistungen? Wie wichtig ist das wissenschaftliche Denken für Schulleistungen, - auch schon in der Grundschule? Gibt es schon im Grundschulalter stabile Unterschiede zwischen den Denkleistungen der Kinder, d.h., sind die Kinder, die in der 2. Klasse besonders gut abschnitten, auch in der 3. und 4. Klasse ihren Altersgenossen überlegen oder sind die Leistungen in diesem Altersbereich noch sehr variabel?

Zusätzlich zu den wissenschaftlichen Explorationsaufgaben und einigen Aufgaben zum logischen Denken untersuchten wir das kindliche *Verständnis* des wissenschaftlichen Erkenntnisprozesses, z.B. der Logik der Hypothesenprüfung und der Rolle von Theorien im wissenschaftlichen Erkenntnisprozeß. Um zu prüfen, ob Kinder ein intuitives Verständnis über die Rolle von Theorien im wissenschaftlichen Erkenntnisprozeß haben, d.h., ob sie verstehen, daß Wissenschaftler Theorien konstruieren, prüfen und revidieren, - und nicht einfach "die wahren Fakten" beobachten, führten wir, als die Kinder ungefähr 12 Jahre alt waren, ein Interview durch, in dem wir den Kindern von einem mittelalterlichen Wissenschaftler erzählten, der an Hexerei glaubte, und die Ursache von Krankheiten, die wir heute als Infektionskrankheiten verstehen, in Hexenzauber suchte. Wir untersuchten, ob die Kinder verstehen, daß eine solche Theorie nicht einfach bedeutet, daß der mittelalterliche Wissenschaftler "weniger" wußte, sondern, daß er alle Krankheitsphänomene radikal anders interpretieren würde als heutige Mediziner, - in Begriffen, die in unseren heutigen Vorstellungen über Krankheiten keine Entsprechung haben. Zum Beispiel fragten wir die Kinder, ob der mittelalterliche Wissenschaftler, wenn man ihm Bakterien unter dem Mikroskop zeigen würde, seine Vorstellungen über die Krankheit gleich ändern und sich der modernen Medizin anschließen würde, um herauszufinden, ob ihnen klar ist, daß Theorien zusammenhängende begriffliche Systeme sind, die nicht durch eine einzelne Information von Grund auf verändert werden können. Neben den Aufgaben zum "Kind als Wissenschaftler" untersuchten wir also auch das Kind "als Wissenschaftstheoretiker". Wir erhofften uns davon genaueren Aufschluß über den Zusammenhang zwischen begrifflichem Wissen über Wissenschaft und der Fähigkeit zur Analyse "wissenschaftlicher Probleme".

Ergebnisse

Die Entwicklung der Intelligenzwerte über die Zeit

Die zu den unterschiedlichen Zeitpunkten erzielten mittleren IQ-Werte für die sprachgebundenen und vorwiegend sprachfreien Verfahren sind in Tabelle III.1 wiedergegeben.

Tabelle III.1
Mittelwerte, Standardabweichungen und Bandbreiten der verschiedenen psychometrischen Intelligenztests

Test		Mittelwert	Streuung	Min.	Max.
(a) verbal:					
HAWIVA	(4 Jahre)	106.62	13.14	70	137
HAWIVA	(5 Jahre)	107.00	11.06	78	130
HAWIK	(7 Jahre)	100.52	10.47	78	130
HAWIK	(9 Jahre)	107.22	8.89	77	131
HAWIK	(12 Jahre)	108.97	12.29	77	148
(b) nicht-verbal:					
CMMS	(4 Jahre)	108.82	11.94	74	139
CMMS	(6 Jahre)	107.92	12.55	79	150
CMMS	(8 Jahre)	107.96	12.94	70	144
CFT	(10 Jahre)	109.63	14.60	71	151
CFT	(12 Jahre)	114.34	13.97	78	149

Die Tabelle liefert erste wichtige Information im Hinblick auf die Frage, ob unsere Stichprobe von Kindern einigermaßen repräsentativ ist, und ob sich über die Zeit hinweg ein Übungseffekt eingestellt hat. Es läßt sich schnell erkennen, daß die mittleren IQ-Werte unabhängig vom Meßzeitpunkt und der Art des verwendeten Verfahrens zwischen 106 und 110 variieren. Dieser Befund besagt zum einen, daß unsere Stichprobe im Hinblick auf ihr anfängliches Intelligenzniveau im großen und ganzen als repräsentativ einzustufen ist. Die Werte liegen zwar höher als der theoretisch erwartete Mittelwert von 100, sind jedoch auch deutlich niedriger als die Mittelwerte der erwähnten amerikanischen Studien, die um etwa eine Standardabweichung höher lagen. Wenn die leicht überhöhten Werte unserer Studie auch darauf hinweisen, daß die Repräsentativität der Stichprobe nicht optimal ausfällt, so scheint sie insgesamt betrachtet doch wesentlich besser zu sein als die der meisten früheren Längsschnittuntersuchungen. Mit einer Ausnahme (der Zunahme des CFT-IQs zwischen dem 4. und 6. Schuljahr) fallen die IQ-Werte für unterschiedliche Testzeitpunkte ziemlich ähnlich aus, was allgemein gegen die Annahme von Übungseffekten spricht. Dieser Befund bestätigt auch den Ergebnistrend einer Reihe von angloamerikanischen Untersuchungen. Obwohl die in Tabelle III.1 aufgeführten Standardabweichungen allesamt kleiner als der theoretisch erwartete Wert 15 ausfallen und damit auf eine vergleichsweise homogene Stichprobe hindeuten, zeigen die jeweilig erzielten Minimal- und Maximalwerte die große Bandbreite von Intelligenzniveaus innerhalb der Stichprobe auf.

Wie entwickelt sich die Intelligenz-"Kapazität" über die Jahre hinweg? Diese Frage läßt sich nur für diejenigen Verfahren untersuchen, die zu unterschiedlichen Zeitpunkten in unveränderter Form präsentiert wurden, da es entscheidend auf den Zuwachs an Rohwertpunkten ankommt, was dem Zuwachs an gelösten Aufgaben entspricht. Unsere Untersuchungen zu diesem Problem beschränkten sich von daher auf den HAWIK, der zu drei verschiedenen Meßzeitpunkten in gleicher Form vorgegeben wurde. Die wichtigsten Befunde der statistischen Analysen lassen sich wie folgt zusammenfassen:

(1) Der über die Zeit von fünf Jahren beobachtete Zuwachs an Rohpunktwerten erfolgte nicht stetig, sondern nichtlinear, d.h. negativ beschleunigt. Die Zuwachsrate in der Intelligenz-"Kapazität" nahm demzufolge mit zunehmendem Alter der Kinder leicht ab. Dies könnte darauf hindeuten, daß sich im Alter von 12 oder 13 Jahren schon die Annäherung an ein "Plateau" der Intelligenz-"Kapazität" andeutet, das dann im Jugendalter erreicht wird. Da weitere Meßzeitpunkte fehlen, läßt sich dies zur Zeit nicht mit Sicherheit behaupten, wird aber mit Hilfe der Daten aus der laufenden "Follow-up"-LOGIK-Studie geklärt werden können (vgl. Kap. II).

(2) Die Analysen ergaben weiterhin Effekte individueller Unterschiede zwischen den Kindern. So fielen die Zuwachsraten für Kinder mit anfangs höheren IQ-Werten insgesamt größer aus. Die Streuung der HAWIK-IQ-Werte bei der ersten Messung (also in der 1. Klasse) ließ sich zu einem großen Teil durch Geschlechtsunterschiede und Unterschiede in der sozialen Schichtzugehörigkeit aufklären. Im Hinblick auf Unterschiede in den Zuwachsraten während der Schulzeit spielten diese Merkmale dann aber keine bedeutsame Rolle mehr.

Wie stabil sind Intelligenzunterschiede zwischen den Kindern?

Wie oben erwähnt, deuteten die Daten der klassischen amerikanischen Studien schon auf vergleichsweise hohe interindividuelle Stabilitäten ab dem frühen Kindesalter hin. Diese Ergebnisse zeigten demnach an, daß Fähigkeitsunterschiede zwischen den Kindern, wie sie im Vorschulalter zu beobachten sind, über das spätere Kindes- und Jugendalter hinweg stabil bestehen bleiben. Die entsprechenden Korrelationen aus der LOGIK-Studie sind in Tabelle III.2 aufgeführt. Aus der Tabelle läßt sich ablesen, daß ähnlich hohe Korrelationen nicht auffindbar waren. Die Stabilitäten sind im wesentlichen mittelhoch und insgesamt deutlich niedriger als die in der amerikanischen Literatur angegebenen Werte. Die genauere Analyse der klassischen Längsschnittstudien zeigt, daß dort im Verlauf eines Jahres mehrere IQ-Messungen durchgeführt wurden, die dann in einem Gesamtwert zusammengefaßt wurden. Es ist wahrscheinlich, daß die wahre Stabilität der alten Daten aufgrund dieser Maßnahme überschätzt wurde. Dies bedeutet aber auch, daß es mehr Variabilität in den Veränderungen der IQ-Werte gibt, als meist angenommen wird. Untersucht man die Ergebnisse im Hinblick auf mögliche Entwicklungstrends, so fällt auf, daß im Vergleich zur Kindergartenperiode höhere Korrelationen für die Schulzeit beobachtbar sind. Obwohl die korrelativen Beziehungen zwischen sprachgebundenen und nichtsprachlichen Intelligenztests tendenziell niedriger ausfielen als die zwischen sprachlichen Tests auf der einen und nichtsprachlichen Tests auf der anderen Seite, wurde dieser Unterschied erst in der Schulzeit bedeutsam. Generell läßt sich aus den Ergebnissen schließen, daß die Stabilität individueller Unterschiede ab der 1. Klasse substantiell wird.

Tabelle III.2
Korrelationen zwischen den einzelnen Intelligenztests

	(2)	(3)	(4)	(5)	(6)	(7)	(8)	(9)	(10)
(1) HAWIVA _4	.52	.47	.46	.42	.45	.31	.20	.30	.27
(2) HAWIVA _5		.51	.47	.49	.27	.37	.27	.35	.25
(3) HAWIK _7			.81	.69	.40	.49	.43	.44	.35
(4) HAWIK _9				.80	.39	.43	.43	.47	.45
(5) HAWIK _12					.34	.43	.40	.54	.43
(6) CMMS _4						.55	.41	.36	.38
(7) CMMS _6							.53	.51	.52
(8) CMMS _8								.53	.46
(9) CFT _10									.65
(10) CFT _12									-

Die hinter dem Testnamen angegebenen Zahlen beziehen sich auf das Alter der Kinder

Meilensteine der Denkentwicklung im Vorschulalter – längsschnittlich betrachtet

Ungefähr 90% aller entwicklungspsychologischen Untersuchungen sind Querschnittstudien, d.h., aus dem Vergleich zwischen Kindern unterschiedlichen Alters werden Rückschlüsse auf die individuelle Entwicklung von Fähigkeiten gezogen (z.B. testet man 4jährige, 5jährige und 6jährige in der Zahlinvarianzaufgabe und findet, daß 20% aller 4jährigen, 40% aller 5jährigen und 60% der 6jährigen diese Aufgabe lösen). Aus solchen Befunden kann man zwar schließen, daß es im Vorschulalter Entwicklungsfortschritte im Verständnis der Zahlinvarianz gibt, nicht aber, daß alle Kinder auf die gleiche Weise und im gleichen Tempo zur Erkenntnis der Zahlinvarianz kommen. Längsschnittstudien können Aufschluß geben über individuelle Entwicklungspfade und ein individuell unterschiedliches Entwicklungstempo.

Zahlinvarianz

In der LOGIK-Studie lösten die Kinder im Alter von 4 Jahren durchschnittlich etwas mehr als 3 (von 12) Zahlinvarianzaufgaben richtig, zwei Jahre später wurden durchschnittlich 7 Aufgaben richtig gelöst. Diese Befunde entsprechen dem aus Querschnittsuntersuchungen bekannten Entwicklungsfortschritt. Darüber hinaus konnten wir in der Längsschnittstudie Korrelationen zwischen den Ergebnissen individueller Kinder mit 4 und mit 6 Jahren berechnen, d.h., wir konnten feststellen, ob die "Rangreihen" der Leistung in dieser Aufgabe ungefähr gleich bleiben. Dies war nicht der Fall. Der Korrelationskoeffizient von r=.12 zeigt an, daß das Abschneiden mit 4 Jahren nahezu unkorreliert war mit dem mit 6 Jahren. Weitere Analysen belegten, daß dies nicht darauf zurückzuführen ist, daß Kinder "Rückschritte" in der Zahlinvarianz machen, sondern darauf, daß die Geschwindigkeit des Fortschritts in dieser Aufgabe von Kind zu Kind sehr unterschiedlich war.

Intuitive Alltagspsychologie

Querschnittstudien haben gezeigt, daß im Altersbereich zwischen 3 und 5 Jahren wichtige Fortschritte in der intuitiven Alltagspsychologie des Kindes stattfinden. Mit etwa 4 Jahren beginnen Kinder zu verstehen, daß sich subjektive Überzeugungen von der Realität unterscheiden können und daß wir in Abhängigkeit von unseren Überzeugungen handeln (also z.B. am falschen Ort suchen, wenn wir nicht wissen, daß ein Gegenstand in unserer Abwesenheit an einen anderen Ort gelegt wurde als den, an dem wir ihn versteckt haben). Die Fähigkeit, Überzeugungen von der Realität zu unterscheiden, ist grundlegend für unsere Möglichkeit, das Verhalten anderer zu erklären und vorherzusagen, und damit für unsere Fähigkeit zur sozialen Interaktion.

In der LOGIK-Studie wurden zwei Aufgaben zum Verständnis falscher Überzeugung je zweimal eingesetzt; einmal als die Kinder ungefähr 4 und einmal als sie ungefähr 5 Jahre alt waren. Das Abschneiden der Kinder war schon beim ersten Meßzeitpunkt relativ gut (ca. 70% korrekte Antworten), was nicht überrascht, da bekannt ist, daß die wichtigsten Entwicklungsfortschritte in diesem Bereich im Alter zwischen 3 und 4 Jahren stattfinden. Für diesen Fähigkeitsbereich wäre es wünschenswert gewesen, wenn die Studie etwa ein halbes Jahr früher begonnen hätte. Trotzdem erbrachte die Längsschnittstudie einige Befunde, die aus Querschnittstudien noch nicht bekannt waren: Die Verwendung zweier Aufgaben erlaubte es, Schwierigkeitsunterschiede zwischen den Aufgaben festzustellen, und zu prüfen, ob alle Kinder vom ersten zum zweiten Meßzeitpunkt Fortschritte machen, oder ob die bei Querschnittsuntersuchungen gefundenen Unterschiede zwischen den Altersgruppen die individuellen Veränderungen nicht korrekt abbilden. Es zeigte sich, daß die überwiegende Mehrheit der Kinder die erwarteten Entwicklungsfortschritte macht: Von 152 Kindern, die alle drei Aufgaben beide Male bekamen, lösten 67 eine oder mehr Aufgaben beim ersten Mal falsch, lösten aber alle Aufgaben korrekt beim zweiten Meßzeitpunkt (=Fortschritt). Im Gegensatz dazu machten nur sieben Kinder "Rückschritte". Die Querschnittsbefunde stellen also die individuellen Entwicklungsfortschritte angemessen dar.

Zusammenhänge zwischen IQ und dem Abschneiden in kognitiven Aufgaben im Vorschulalter

Wie eng hängen die Leistungen der Kinder bei kognitiven Aufgaben mit ihrem Abschneiden in Intelligenztests zusammen? Ein enger Zusammenhang würde anzeigen, daß die Unterschiede zwischen den Kindern im intellektuellen Entwicklungsstand adäquat durch Intelligenztests erfaßt werden können, und daß allgemeine intellektuelle Fähigkeiten den Leistungen in den meisten spezifischen Bereichen der Denkentwicklung zugrundeliegen. Die Befunde widersprechen dieser Annahme völlig: Das Abschneiden in den Zahlkonservierungsaufgaben war mit der verbalen Intelligenz – gemessen im Intelligenztest – völlig unkorreliert, und der Zusammenhang zwischen verbaler Intelligenz und den Aufgaben zur intuitiven Alltagspsychologie war mit einem Korrelationskoeffizienten von r=.35 mäßig. Diese Befunde deuten darauf hin, daß für das Vorschulalter gilt, daß sich Kompetenzen in verschiedenen Fähigkeitsbereichen separat entwickeln und sich nur schwer Aussagen über die "allgemeine intellektuelle Leistungsfähigkeit" eines Kindes treffen lassen.

Entwicklung des Denkens im Schulalter

Die Aufgaben zur Erfassung des wissenschaftlichen Denkens bei Kindern im Grundschulalter testeten die Fähigkeit, Hypothesen zu prüfen und empirische Daten im Hinblick auf die geprüften Hypothesen zu interpretieren: Wie sollte man vorgehen, um zu prüfen, ob die Position des Höhenruders beim Flugzeug einen Einfluß auf den Treibstoffverbrauch hat? (Experimentieraufgabe). Was kann man aus dem Befund schließen, daß in Gebieten mit hohem CO_2-Gehalt in der Luft mehr Bäume krank sind als in Gebieten mit niedrigem CO_2-Gehalt? (Interpretationsaufgabe). In beiden Aufgabentypen kommt es darauf an, zu verstehen, daß Vergleiche zwischen mindestens zwei kritischen Bedingungen angestellt werden müssen – z.B. einem Flugzeug mit dem Höhenruder unten und einem mit dem Höhenruder oben –, so daß aus den *Unterschieden* zwischen dem Treibstoffverbrauch in beiden Bedingungen Rückschlüsse auf mögliche Effekte der Position des Höhenruders gezogen werden können. Um solche Rückschlüsse ziehen zu können, muß darauf geachtet werden, daß außer der kritischen Variable (im Beispiel: der Position des Höhenruders) keine weiteren Variablen verändert wurden, daß also die beiden Bedingungen in jeder Hinsicht bis auf die kritische Manipulation völlig vergleichbar sind. Es ist oft gezeigt worden, daß Kinder Schwierigkeiten haben, die Notwendigkeit der *Variablenkontrolle* (also des Konstanthaltens aller bis auf die kritische Variable) zu verstehen. Sie führen in der Regel "konfundierte" Experimente durch, d.h., sie vergleichen z.B. ein Flugzeug mit dem Höhenruder unten, einer runden Nase und Doppeldeckerflügeln mit einem Flugzeug mit Höhenruder in oberer Position, spitzer Nase und Doppeldeckerflügeln und sind der Meinung, sie könnten aus den Ergebnissen dieses "Tests" auf die Bedeutung des Höhenruders schließen. In der LOGIK-Studie wurden schon Grundschulkinder auf mögliche Vorläufer der Fähigkeit zum wissenschaftlichen Denken untersucht. Dabei prüften wir, ob sie unter erleichternden Bedingungen Einsicht in die Logik des Experimentierens zeigen. Dazu wurden ihnen Experimente zur Auswahl vorgelegt (kontrollierte und konfundierte) und sie sollten entscheiden, welches Experiment zur Prüfung der Hypothese geeignet war, und ihre Entscheidung begründen. Abbildung III.1 zeigt den Entwicklungsverlauf der Fähigkeit zum Experimentieren in beiden Bedingungen (eigene Produktion von Experimenten und Auswahl eines geeigneten Experiments). Abbildung III.1 veranschaulicht, daß Kinder erst im Sekundarschulalter beginnen, spontan kontrollierte Experimente vorzuschlagen, und daß selbst Erwachsene dies mehrheitlich nicht in ihrer ersten Antwort tun. Jedoch kann schon die Mehrheit der Viertkläßler ein kontrolliertes von einem konfundierten Experiment unterscheiden, und begründen, warum es besser ist, nur eine Variable (z.B. die Position des Höhenruders) zu manipulieren und die anderen konstant zu halten. Mit Hilfen zeigen also schon Grundschulkinder ein Verständnis der Logik des Experimentierens. Jedoch fällt es noch vielen Erwachsenen schwer, sich ein Experiment selbst auszudenken und vollständig durchzuplanen.

Dieses Muster zeigte sich in mehreren Aufgaben unabhängig vom Inhaltsbereich, so z.B. auch in der Aufgabe zur Erforschung des Waldsterbens, in der die Kinder überlegen mußten, welche gesunden und kranken Bäume sie auf das Vorhandensein bzw. Fehlen bestimmter Chemikalien testen müßten, um Folgerungen über die Wirkung eines Stoffs (z.B.

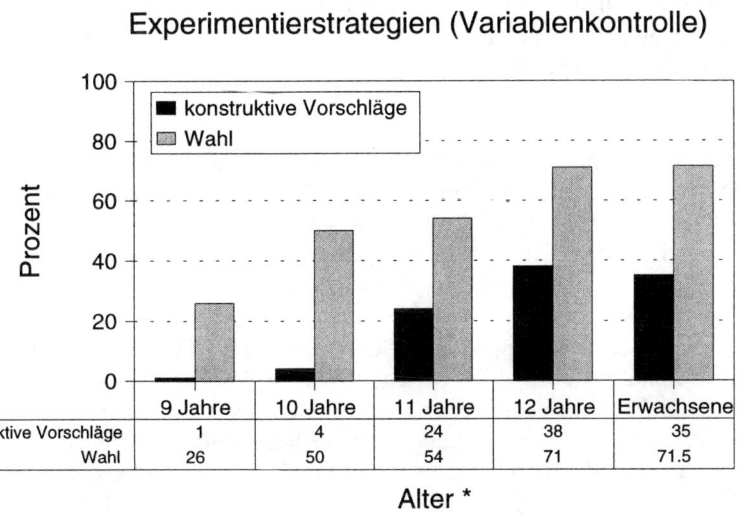

	9 Jahre	10 Jahre	11 Jahre	12 Jahre	Erwachsene
konstruktive Vorschläge	1	4	24	38	35
Wahl	26	50	54	71	71.5

* Die Kinder sind Teilnehmer der LOGIK-Studie, die zu unterschiedlichen Alterszeitpunkten getestet wurden; die Werte für die Erwachsenen wurden separat erhoben.

Abbildung III.1: Entwicklungsverlauf der Fähigkeit zum Experimentieren: Anzahl der Versuchsteilnehmer unterschiedlichen Alters, die richtige Antworten gaben (konstruktive Vorschläge und richtige Auswahlentscheidung) (Daten aus Bullock & Ziegler, in Druck).

Nitrat) ziehen zu können. Dabei wurde ihnen gesagt, daß es sehr teuer sei, Proben zu entnehmen, so daß sie motiviert waren, die minimal notwendige Zahl von Tests zu planen. Vor allem wurde in dieser Aufgabe untersucht, wie Kinder Informationen über die Ergebnisse solcher Tests interpretieren, d.h., ob sie aus Datenmustern (z.B. Nitrat kommt bei allen kranken Bäumen vor, aber bei keinen gesunden, Phosphat bei 50% der kranken und 50% der gesunden Bäume und Chlorid weder bei kranken noch bei gesunden Bäumen) die richtige Folgerung ziehen, daß Nitrat die Krankheitsursache ist. Solche Datenmuster sind oft auch für Erwachsene schwer zu interpretieren. Es zeigte sich, daß immerhin schon etwa die Hälfte der Viertkläßler in ihren Urteilen und Begründungen die Kontingenz zwischen zwei Variablen berücksichtigten, d.h., sie urteilten, daß Variablen, die häufiger bei kranken als bei gesunden Bäumen vorkommen als mögliche Ursachen in Frage kommen. Die Kinder konnten mehrheitlich diese Urteile auch begründen. Legt man noch einfachere Datenmuster vor, z.B. nur Information über die Kovariation des Effekts mit *einem* möglichen Ursachenfaktor, dann können schon 70% der Drittkläßler die Datenmuster korrekt interpretieren.

Insgesamt zeigen die Befunde also, daß schon Grundschulkinder über ein Grundverständnis der Logik des Experimentierens verfügen, das sie unter unterstützenden Bedingungen demonstrieren können. Jedoch sind solche unterstützenden Bedingungen im Schulunterricht selten: Meist profitieren diejenigen Schüler mehr vom Unterricht (vor allem in Naturwissenschaften), die selbst Kontingenzen interpretieren und kritische Tests herstellen, ohne stets explizit dazu angeleitet zu werden.

Können Schüler, die auf Anleitung experimentieren können, dazu gebracht werden, dies auch spontan zu tun? In der 8. Welle der LOGIK-Studie, also als die Kinder ungefähr 11 Jahre alt waren, führten Bullock und Ziegler ein Training mit ihnen durch, in dem die Kinder lernten, alle möglichen Ausprägungen verschiedener Variablendimensionen systematisch miteinander zu kombinieren, also z.B. alle Flugzeuge zu konstruieren, die sich aus allen möglichen Kombinationen der relevanten Teile ergeben (runde vs. spitze Nase, Höhenruder oben vs. unten, Doppeldeckerflügel vs. einfache Flügel). Nach diesem Training verbesserte sich die Leistung bei der spontanen "Erfindung" kontrollierter Experimente erheblich, von 23% vor dem Training auf 56% danach. Die Leistung in Experimentieraufgaben läßt sich also selbst bei relativ jungen Kindern durch scheinbar einfache Interventionen verbessern. Warum ist es dann in der Praxis (d.h. im Unterricht) oft so schwierig, Schülern die Logik der wissenschaftlichen Methode zu vermitteln? Eine genauere Analyse der Befunde zeigt, daß der Trainingseffekt zusammenhing mit dem expliziten Verständnis des Experimentierens und dem Verständnis der theoretischen Motivation von Experimenten. Kinder, die über ein überdurchschnittliches explizites Verständnis von Wissenschaft verfügten, erwarben die Variablenkontrollstrategie leichter als Kinder mit niedrigen Werten in den Verständnistests.

Insgesamt zeigen also die Ergebnisse der Aufgaben zum wissenschaftlichen Denken, daß einige Basisfähigkeiten, so z.B. die Fähigkeit zur Interpretation von einfachen Datenmustern, schon früh im Grundschulalter erworben werden, während die planvolle Konstruktion von Tests und die Interpretation von komplexen Datenmustern eng mit der Entwicklung eines expliziten, metatheoretischen Verständnisses des wissenschaftlichen Erkenntnisprozesses zusammenhängt, das erst im Grundschulalter entsteht.

Zusammenhänge zwischen Intelligenz, wissenschaftlichem Denken und Schulleistung

Die korrelativen Beziehungen zwischen den Maßen der psychometrischen Intelligenz und den verschiedenen Indikatoren der Denkfähigkeit wurden getrennt für die Kindergarten- und Schulphase berechnet. Wie schon oben kurz erwähnt, kristallisierte sich für die Vorschulphase als wichtigstes Ergebnis heraus, daß die Korrelationen in der Regel ziemlich niedrig und nur in wenigen Fällen moderat ausgeprägt sind. Während sich zwischen der verbalen Intelligenz und der "Zahlkonservierung" keinerlei Zusammenhang ergab, fielen die übrigen Korrelationen zwar positiv aus, waren aber mit wenigen Ausnahmen (z.B. soziale Perspektivenübernahme und sprachliche Intelligenz im Alter von 4 Jahren) numerisch gering und damit praktisch bedeutungslos. Gleiches läßt sich im übrigen für den korrelativen Zusammenhang zwischen den Aufgaben zur Zahlkonservierung und der sozialen Perspektivenübernahme feststellen, der ebenfalls mit einer Ausnahme (eine Korrelation von .40 zwischen sozialer Perspektivenübernahmefähigkeit im Alter von 4 Jahren und der Zahlkonservierung im Alter von 6 Jahren) vernachlässigenswert war.

Interessanterweise sah das Beziehungsmuster zwischen psychometrischen Intelligenzmaßen und Denkaufgaben in der Schulzeit völlig anders aus. Die meisten Korrelationen lagen hier zwischen .45 und .60, deuteten also auf robuste und teilweise recht enge Zusammenhänge hin. Es spielte dabei keine Rolle, ob diachrone (als zeitverschiedene) oder synchrone (zeitgleiche) Korrelationsmuster analysiert wurden. So entsprach etwa der korrelative Zusammenhang zwischen dem HAWIK-IQ im 1. Schuljahr und dem wissenschaftlichen Denken im 6. Schuljahr (.46) exakt dem Wert, der für die Korrelation beider Maße im 6. Schuljahr gefunden wurde. Die korrelative Beziehung zwischen Maßen des formalen Denkens nach Piaget und Indikatoren des wissenschaftlichen Denkens variierte zwischen .45 und .60 und war demnach ähnlich hoch wie die zwischen der sprachlichen und nichtsprachlichen Intelligenz. Insgesamt kann festgestellt werden, daß der Zusammenhang zwischen psychometrischen Maßen der Intelligenz und experimentellen Maßen der Denkfähigkeit über die Schulzeit hinweg immer enger und stabiler wird.

Wie lassen sich nun nun die Beziehungen zwischen psychometrischer Intelligenz und dem wissenschaftlichen Denken einerseits sowie den Schulleistungen der Kinder andererseits genauer beschreiben? Um diese Frage beantworten zu können, wurden die Korrelationen zwischen diesen Maßen für die frühe und spätere Schulzeit berechnet. Als Maß für die Schulleistung wurden dabei die Deutsch- und Mathematiknoten verwendet. Aus den Befunden läßt sich zunächst einmal konstatieren, daß sich die Schulnoten von Jahr zu Jahr im Schnitt stetig verschlechterten. Damit einher ging eine Tendenz zu immer größerer Stabilität. Korrelierte die Mathematiknote im 2. Schuljahr lediglich zu .56 mit der ein Jahr später erhobenen Note im Fach Mathematik, so lag der korrelative Zusammenhang zwischen den Mathematiknoten im 3. und 4. Schuljahr bei ca. .83, was anzeigt, daß in diesem Zeitraum die individuellen Unterschiede der Kinder im Fach Mathematik (zumindest was die Zensurvergabe angeht) enorm stabil geblieben sind. Gleiches gilt auch für die Deutschnote. Es sei nur am Rande angemerkt, daß damit die längsschnittliche Stabilität der Noten wesentlich höher ausfiel als die der IQ-Werte oder der Maße zum wissenschaftlichen Denken.

Für die korrelative Beziehung zwischen psychometrischer Intelligenz und den Schulnoten ergaben sich in der Anfangsphase (also der 2. Klassenstufe) nur geringe Werte (im Mittel $r=.20$), wobei es keine Rolle spielte, ob man den Zusammenhang zwischen der sprachlichen Intelligenz und der Deutschnote oder den zwischen der nichtsprachlichen Intelligenz und der Mathematiknote betrachtete. Die entsprechenden Korrelationen stiegen in den späteren Schuljahren deutlich an, wobei in der Regel Werte zwischen .45 und .55 erreicht wurden. Diese Befunde entsprechen denen der klassischen Forschungsarbeiten zur Schulerfolgsprognose, in denen die psychometrische Intelligenz als das bedeutsamste Vorhersagemerkmal schulischer Leistungen identifiziert wurde. Auch dort lagen die aufgefundenen Korrelationen im mittleren Bereich (.50).

Im Hinblick auf den Zusammenhang zwischen den Maßen des wissenschaftlichen Denkens und den Schulnoten ergab sich ein etwas anderes korrelatives Muster. Für die frühe Schulphase lagen die Korrelationen mit der Deutschnote bei etwa .25, für die Mathematiknote bei ca. .35. In den späteren Schuljahren erhöhte sich die korrelative Beziehung zur Mathematiknote (etwa .45), blieb jedoch für die Deutschnote relativ konstant niedrig (etwa .25). Es scheint folgerichtig, daß Merkmale des wissenschaftlichen und damit formalen Denkens stärker mit Leistungen im Fach Mathematik als mit solchen im Fach Deutsch zusammenhängen. Gerade für die späteren Schuljahre deuten die Korrelationskoeffizienten auf eine mittelhohe Beziehung zwischen beiden Größen hin, die aber keinesfalls perfekt ist.

Zusammenfassung

Wir sehen den Hauptertrag der LOGIK-Studie für den Bereich der intellektuellen Entwicklung in drei Aspekten: Die Studie erbrachte ein differenzierteres Bild kindlicher Kompetenzen und Defizite, neue Befunde über Zusammenhänge zwischen verschiedenen Fähigkeitsbereichen im Entwicklungsverlauf und Erkenntnisse über die Stabilität individueller Unterschiede.

Ältere entwicklungspsychologische Stadientheorien gingen davon aus, daß man das Denken des Kindes in einem bestimmten Altersabschnitt durch eine Reihe von Kompetenzen und Defiziten kennzeichnen könne. Unsere Befunde legen eine differenziertere Interpretation nahe: So ist es z.B. richtig, daß Grundschulkinder Schwierigkeiten in Aufgaben zum wissenschaftlichen Denken haben. Jedoch konnten wir auch zeigen, daß unter unterstützenden Aufgabenbedingungen schon bei jungen Kindern erstaunliche Kompetenzen sichtbar werden. Es handelt sich also nicht um ein allgemeines "stadientypisches" Defizit, sondern um ein Bündel von Teilfähigkeiten, deren Erwerbsreihenfolge bisher nur teilweise geklärt ist. Die Befunde über die Entwicklung von Teilfähigkeiten haben pädagogische Konsequenzen: Zum Beispiel ist es wichtig, zu wissen, ob man kombinatorisches Denken trainieren, Strategien der Hypothesenprüfung lehren oder das metatheoretische Verständnis von Wissenschaft schulen sollte - und wann man das am besten tun sollte. Unsere Befunde deuten darauf hin, daß es kein einfaches Entweder-Oder geben kann, sondern daß die Wechselbeziehungen zwischen den Teilfähigkeiten bei der Entwicklung von Curricula berücksichtigt werden müssen.

Der Vergleich der voschulischen mit der schulischen Entwicklung ergibt für beide Bereiche (psychometrische Intelligenz und Denkentwicklung) ähnliche Veränderungen. So fallen die korrelativen Beziehungen im Vorschulalter jeweils relativ niedrig aus, während im Schulalter zunehmend substantielle Korrelationen gefunden werden. Diese Befunde deuten darauf hin, daß in der frühen Entwicklungsphase eher bereichsspezifische Entwicklungsverläufe dominieren. Aus den frühen Entwicklungen lassen sich spätere Fähigkeiten kaum vorhersagen. Demgegenüber scheinen im Schulalter allgemeine Intelligenz und Denkfähigkeiten wesentlich stärker zusammenzuhängen und beide Komponenten werden prädiktiv für Schulleistungen (besonders in Mathematik). Im Hinblick auf individuell unterschiedliche Entwicklungsverläufe läßt sich feststellen, daß im Vorschulbereich das Entwicklungstempo von Kind zu Kind stark variiert, wobei für eine gegebene Testaufgabe beim gleichen Kind sehr unterschiedliche Lernzuwächse zwischen zwei Meßzeitpunkten erzielt werden können. Im Gegensatz dazu deuten die relativ hohen Stabilitäten im Schulalter - unabhängig von der vorgegebenen Aufgabe - auf eine Angleichung der Entwicklungstempi im Schulalter hin. Insgesamt machen die Befunde deutlich, daß sowohl die psychometrische Intelligenz als auch die Denkentwicklung einen hohen Stellenwert für die schulische Entwicklung haben.

Kapitel IV

Die Entwicklung des kindlichen Denkens und die Verbesserung der Lern- und Gedächtniskompetenzen

Monika Knopf und Wolfgang Schneider

Die Entwicklung des Gedächtnisses: eine kurze Einführung

Die Entwicklung des Gedächtnisses bei Kindern und Jugendlichen wird seit etwas mehr als hundert Jahren wissenschaftlich untersucht. Frühe Arbeiten zu diesem Thema beschäftigten sich beispielsweise mit der Frage, ob Kinder ein besseres Gedächtnis als Erwachsene haben, oder ob Mädchen über ein schlechteres Gedächtnis verfügen als Jungen. Viele der alten und aus heutiger Sicht naiven Fragen sind inzwischen längst beantwortet. Wir wissen heute, daß Erwachsene in vielen (jedoch nicht in allen) Lern- und Gedächtnisaufgaben bessere Leistungen als Kinder erbringen, und daß das gegen Ende des vorigen Jahrhunderts weit verbreitete Vorurteil, Mädchen besäßen im Vergleich zu Jungen eine niedrigere Intelligenz und ein schlechteres Gedächtnis, absolut haltlos ist. Dennoch gibt es auch heute noch eine ganze Reihe offener Fragen, was die Dynamik der Gedächtnisentwicklung im frühen und späten Kindesalter angeht. Ein wesentliches Ziel der LOGIK-Studie bestand darin, diesen Fragen nachzugehen.

Im Rahmen unserer Längsschnittuntersuchung schien es ganz besonders interessant und sinnvoll, die *Veränderungen* unterschiedlicher Gedächtnisleistungen über einen längeren Zeitraum hinweg zu betrachten. Obwohl gerade in den letzten 30 Jahren eine Vielzahl von Arbeiten zur Entwicklung des Gedächtnisses bei Kindern durchgeführt wurde, mangelt es nach wie vor an Studien, über die sich Entwicklungsveränderungen bei den gleichen Kindern beschreiben und erklären lassen. Mehr als 99% der verfügbaren entwicklungspsychologischen Arbeiten sind als sog. "Querschnittstudien" konzipiert, bei denen Kinder aus unterschiedlichen Altersgruppen zu einem bestimmten Zeitpunkt im Hinblick auf ihre Gedächtnisleistungen verglichen werden. Es wird dann unterstellt, daß aus den Leistungsunterschieden zwischen den Altergruppen eindeutige Rückschlüsse auf den Verlauf individueller Leistungsveränderungen möglich sind. Findet man beispielsweise für eine gegebene Gedächtnisaufgabe zwischen 4-, 6- und 8jährigen Kindern in etwa die gleichen Leistungsabstände, wird gefolgert, daß die betreffende Gedächtnisleistung in diesem Altersbereich in etwa linear (und damit auch kontinuierlich) zunimmt. Den schlüssigen Beweis für solche Thesen kann man allerdings erst dann erbringen, wenn sich im Rahmen einer Längsschnittstudie zeigen läßt, daß bei ein-und-denselben Kindern im beschriebenen Alterszeitraum in der Regel lineare, kontinuierliche Leistungszuwächse zu beobachten sind.

In der einschlägigen Literatur werden verschiedene "Motoren" der Gedächtnisentwicklung diskutiert. Dazu zählt man in der Regel die sogenannte Gedächtniskapazität, Gedächtnisstrategien und relevantes Wissen. So wird angenommen, daß bessere Gedächtnisleistungen älterer Kinder auf eine größere unmittelbare "Spanne" des Kurzzeitgedächtnisses, den vermehrten Einsatz von relevanten Lern- und Gedächtnisstrategien und die Nutzung gedächtnisrelevanten Wissens zurückzuführen ist. Im Hinblick auf den letztgenannten "Motor" wird weiterhin zwischen dem sogenannten "Metagedächtnis" (Wissen über Gedächtnis), dem Vorwissen in einem für die Gedächtnisaufgabe relevanten Inhaltsbereich und dem semantischen Wissen unterschieden.

Wenn es auch in unserer Längsschnittstudie aus organisatorischen Gründen (Zeitproblem!) unmöglich war, den Einfluß aller dieser "Motoren" auf die Entwicklung von Gedächtnisleistungen zu untersuchen, so waren wir doch bestrebt, inhaltlich möglichst viele relevante Bereiche zu berücksichtigen. Es wurde beschlossen, im Alterszeitraum zwischen 4 und 12 Jahren insbesondere die Entwicklung der unmittelbaren Gedächtnisspanne, die spontane Entwicklung einer gedächtnisrelevanten Lernstrategie (Ordnen nach Oberbegriffen) und die Entwicklung des (ebenfalls schul- und alltagsrelevanten) Gedächtnisses für Geschichten und Erzählungen zu untersuchen. Über den Vergleich der Entwicklung dieser unterschiedlichen Gedächtnismerkmale bei den gleichen Kindern sollte weiterhin die Frage geklärt werden, ob ein eher einheitliches Gedächtnis anzunehmen ist oder mehrere unabhängige "Gedächtnisse" zu unterstellen sind. Im folgenden werden die wichtigsten Gedächtnisaufgaben unserer Studie kurz vorgestellt und in ihren Ergebnissen beschrieben.

Die Entwicklung der unmittelbaren Gedächtniskapazität

Um Entwicklungsveränderungen in der Gedächtnisspanne zu erfassen, wurden zwei unterschiedlich komplexe Maße eingesetzt. Zum einen übernahmen wir das *Wortspannen-Maß*, wie es ursprünglich von Case, Kurland und Goldberg (1982) entwickelt wurde. Bei dieser Aufgabe werden den Kindern zunächst eine Reihe von Wörtern über Tonband vorgegeben, die unmittelbar danach möglichst vollständig wiederzugeben sind. Wird die Aufgabe erfolgreich bewältigt, schließt sich der nächste Versuch an, bei dem ein Wort mehr zu behalten ist als beim vorangegangenen Versuch. Die Aufgabe wird dann abgebrochen, wenn die Anzahl der vorgegebenen Wörter die Gedächtnisspanne der Kinder übersteigt, sie die Wortliste also nur unvollständig wiedergeben können. Als Index für die Gedächtnisspanne wird die Anzahl der Wörter genommen, die gerade noch vollständig behalten werden kann. Bei der Auswertung unterschieden wir zwischen der *seriellen* und *freien Spanne*. Während mit der seriellen Spanne die maximale Anzahl der in der richtigen Reihenfolge erinnerten Wörter gemeint ist, bezieht sich die freie Spanne auf die maximale Anzahl richtiger Items unabhängig von ihrer Reihenfolge. Wir gingen aufgrund einiger Literaturhinweise davon aus, daß sich gerade in der Vorschulzeit größere Unterschiede zwischen beiden Maßen ergeben sollten, da es jüngeren Kindern offensichtlich große Schwierigkeiten bereitet, zusätzlich Information über die Reihenfolge der Items einzuspeichern. Dies scheint bei älteren Kindern mehr oder weniger automatisch zu geschehen, so daß mit zunehmendem Alter immer geringere Unterschiede zwischen beiden Maßen angenommen wurden. Wie aus Abbildung IV.1 hervorgeht, wurde die Wortspanne schon bei der ersten Erhebung (also mit 4 Jahren) und danach bis zur 2. Klassenstufe im Abstand von zwei Jahren erfaßt. Die letzte Messung erfolgte drei Jahre später, als die Kinder sich in der 5. Klasse befanden und elf Jahre alt waren. Damit war es möglich, neben dem Anstieg der Spanne auch ihre Stabilität (über Korrelationen) zu erfassen. Von hoher Stabilität ist beispielsweise dann auszugehen, wenn die Rangreihe der Kinder im Hinblick auf ihre Spanne zu den unterschiedlichen Meßzeitpunkten relativ unverändert bleibt. Niedrige Stabilität zeigt an, daß das Entwicklungstempo der Kinder im Hinblick auf ihre Gedächtnisspanne individuell unterschiedlich ist, einige also im fraglichen Zeitraum wesentlich mehr Leistungskapazität dazugewinnen als andere.

Als zweites Maß der Gedächtniskapazität wurde die *Satzspannenaufgabe* nach Daneman und Blennerhassett (1984) herangezogen. Diese Aufgabe funktioniert nach dem gleichen

Prinzip wie die Wortspannenaufgabe, bezieht jedoch statt Wörtern ganze Sätze ein. Den Kindern wurden zunächst zwei Sätze vorgegeben, die richtig wiederzugeben waren. Im Fall der korrekten Wiedergabe wurde die Anzahl der Sätze solange um einen erweitert, bis die Spanne überschritten wurde, also nicht mehr alle vorgegebenen Sätze korrekt erinnert werden konnten. Neben dieser "Satzspanne" wurden die Gesamtzahl der über die verschiedenen Durchgänge hinweg richtig erinnerten Sätze und Wörter als weitere Maße verwendet.

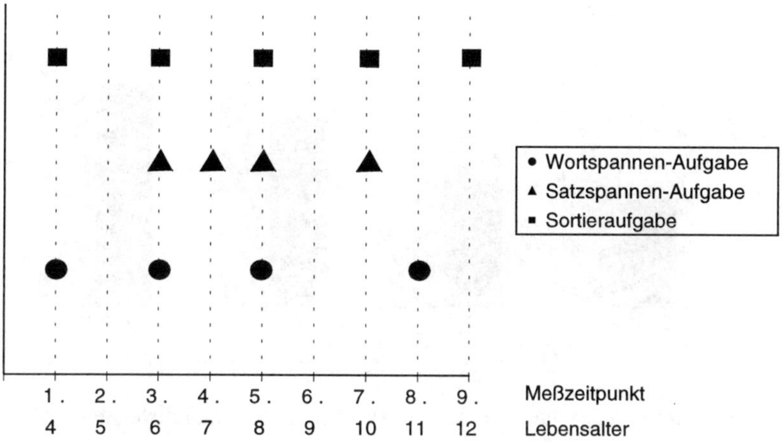

Abbildung IV.1: Erhebungsplan für die Gedächtnisspannenaufgaben und die Aufgabe zum Ordnen nach Oberbegriffen.

Die Satzspannenaufgabe wurde ab der dritten Erhebung (also ab dem letzten Kindergartenjahr) jährlich bis zur 2. Klassenstufe und dann wieder zwei Jahre später eingesetzt, als die Kinder zehn Jahre alt waren und sich in der 4. Klassenstufe befanden. Neben der absoluten Vergrößerung der Spanne interessierte uns wiederum ihre Langzeitstabilität, also die Frage, ob sie sich bei (fast) allen Kindern in gleichem Tempo weiterentwickeln würde, oder ob von Kind zu Kind verschiedene Zuwachsraten zu verzeichnen sind. Schließlich wollten wir herausfinden, welcher Zusammenhang zwischen Wort- und Satzspanne zu den unterschiedlichen Meßzeitpunkten besteht, und ob sich die Stabilität der individuellen Kapazitätsunterschiede über die Zeit hinweg vergrößert.

Wie entwickelt sich die Gedächtnisspanne zwischen dem 4. und 12. Lebensjahr?

In Abbildung IV.2 sind die Ergebnisse für die Wortspannenaufgabe zusammengefaßt. Die schwarzen Balken geben die serielle Spanne wieder, während die grauen Balken die freie Spanne markieren. Insgesamt zeigt die Abbildung einen linearen Anstieg beider Spannen mit dem Lebensalter. Obwohl für jede Alterstufe gilt, daß die freie Spanne größer als die serielle Spanne ausfällt, sind die Unterschiede zwischen beiden Spannenwerten für die Vierjährigen am deutlichsten ausgeprägt. Dieser Befund bestätigt die Annahme, daß es jungen Vorschulkindern besonders schwer fällt, die Reihenfolge der vorgegebenen Wörter zusätzlich zu verarbeiten.

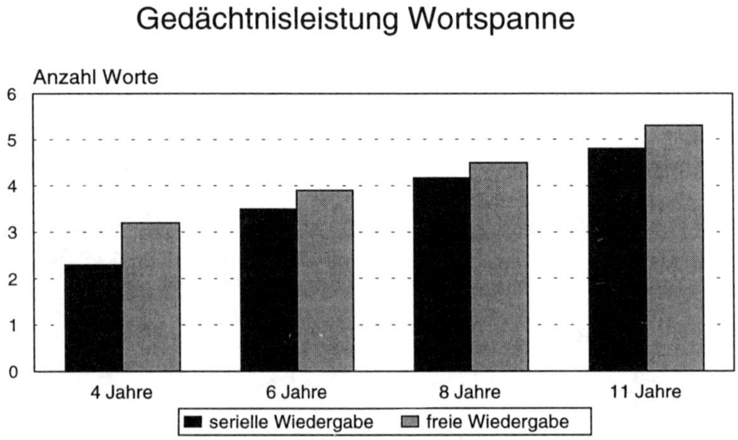

Abbildung IV.2: Unterschiedliche Aspekte der Gedächtnisleistung in der Wortspannenaufgabe.

Die Hypothese, daß sich die Wortspanne für alle Kinder in etwa dem gleichen Schrittempo entwickelt, wird durch unsere Befunde nicht ausdrücklich gestützt, aber auch nicht definitiv widerlegt. Die Langzeitstabilitäten fallen von Anfang an mittelhoch aus und steigen im weiteren Verlauf der Untersuchung nicht sonderlich an. Dies läßt darauf schließen, daß sich die Entwicklung der Spanne für einen Großteil, jedoch keinesfalls für alle Kinder in dem gleichen Tempo vollzieht. Praktisch bedeutsam scheint der Befund, daß die Spanne bei Schulanfängern noch sehr klein ist und allenfalls vier Wörter umfaßt. Daraus ergibt sich beispielsweise der Hinweis für Lehrer, bei Aufgabenstellungen keine sehr langen Sätze zu bilden.

Dieses Befundmuster bestätigt sich bei den Erhebungen zur Satzspanne, die bei den Sechsjährigen bei knapp über 1 liegt und indiziert, daß im Durchschnitt etwas mehr als ein Satz unmittelbar nach der Vorgabe korrekt reproduziert werden kann. Die Satzspanne wird bis zum Alter von zehn Jahren in etwa verdoppelt. In Abbildung IV.3 wird als Maß die Gesamtanzahl der über die verschiedenen Versuchsdurchgänge hinweg richtig wiedergegebenen Sätze verwendet. Diese Summenwerte können Werte zwischen 2 und 56 annehmen. Es geht daraus hervor, daß sich zwischen dem 6. und 7. Lebensjahr nur ein minimaler Spannen-Anstieg ergibt. Demgegenüber wird zwischen dem 7. und 8. Lebensjahr die insgesamt deutlichste Zunahme registriert. Im Unterschied zu den Befunden für die Wortspanne deuten diese Ergebnisse nicht auf einen monoton linearen Zuwachs in der Gedächtniskapazität hin.

Ähnlich wie bei der Wortspanne gilt aber auch hier, daß die Stabilitäten über die Zeit hinweg von Anfang an mittelhoch ausfallen und mit dem Alter noch leicht zunehmen. Dies deutet darauf hin, daß die individuellen Unterschiede in den Zuwachsraten relativ gering sind und sich die Mehrzahl der Kinder in etwa im gleichen Tempo weiterentwickelt. Der Umstand, daß die Stabilitäten noch lange nicht perfekt sind, läßt andererseits darauf schließen, daß dies für eine ganze Reihe von Kindern nicht zutrifft.

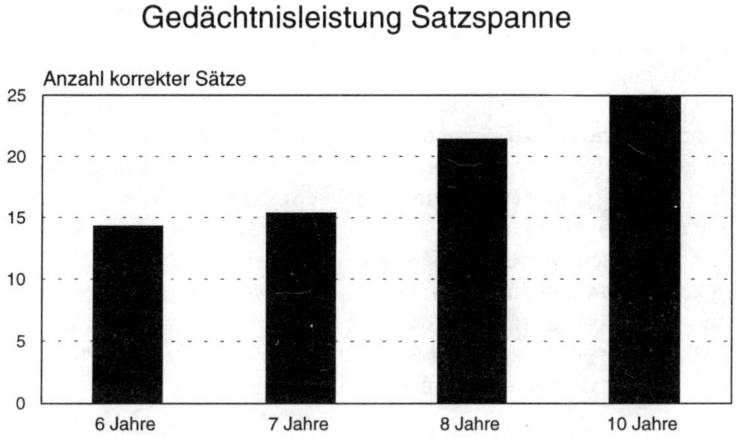

Abbildung IV.3: Mittlere Anzahl der korrekt wiedergegebenen Sätze in der Satzspannenaufgabe.

Dennoch belegen diese Befunde insgesamt betrachtet die oben erwähnten Schlußfolgerungen aus der Forschung mit Querschnittstudien, denen zufolge sich die Entwicklungsveränderungen in der Gedächtniskapazität für die meisten Kinder eines Altersjahrgangs recht gleichförmig vollziehen.

Die Entwicklung von Gedächtnisstrategien am Beispiel des Ordnens nach Oberbegriffen

In der entwicklungspsychologischen Gedächtnisforschung wird angenommen, daß Kinder im Laufe der Grundschulzeit eine Reihe von Lerntechniken erwerben, die ihnen dabei helfen, die natürliche Begrenztheit des Kurzzeitgedächtnisses zu überwinden. Eine der bekanntesten Lernstrategien ist das systematische Wiederholen von relevanter Information beim Lernen von wichtigen Begriffen oder Zahlen (z.B. Telefonnummern). Wir gehen davon aus, daß sich die eher passive Form dieser Strategie (etwa das monotone Wiederholen einzelner Wörter oder Zahlen) schon bei Schulanfängern beobachten läßt. Komplexere Varianten wie das kumulative Wiederholen (bei der mehrere Wörter/Zahlen in eine "Wiederholungsschleife" eingebunden werden) werden erst von älteren Kindern beherrscht.

Eine weitere bekannte Strategie, die im Mittelpunkt der folgenden Ausführungen stehen soll, ist das Ordnen nach Oberbegriffen bzw. das semantische Kategorisieren. Hier geht es darum, die zu lernenden Begriffe zunächst nach der relevanten semantischen Kategorie (z.B. Tier, Möbelstück, Fahrzeug) zu ordnen und sich dann die einzelnen Begriffe zusammen mit ihrem Oberbegriff einzuprägen. Wenn die Begriffe später erinnert werden sollen, genügt schon die Erinnerung an den Oberbegriff, um sich die dazugehörigen Wörter wieder bewußt zu machen. In der Regel wird diese Aufgabe mit Bildkärtchen durchgeführt. Die Kinder werden instruiert, sich möglichst viele dieser Bildkärtchen (je nach Alter der Kinder zwischen 16 und 24) zu merken. Es wird darauf hingewiesen, daß sie dabei alles mit den Kärtchen tun dürfen, was ihnen dabei helfen könnte, die Bildkärtchen möglichst gut zu behalten. Wichtig ist hier, daß kein expliziter Sortierhinweis erfolgt. Das Wissen der Kinder um die Nützlichkeit von Organisationsstrategien kann aus ihrem Verhalten bei der Lernaufgabe erschlossen werden. Diejenigen Kinder, die die Vorteile des Sortierens für das Behalten kennen, ordnen die in Zufallsreihenfolge vor ihnen ausgebreiteten Bildkärtchen spontan nach Oberbegriffen und erinnern die Begriffe später auch im wesentlichen nach diesen Kategorien geordnet. Die übrigen Kinder sortieren kaum und lassen auch beim Erinnern keine Ordnungsstruktur erkennen.

Diese Aufgabe erfreut sich in der Forschung insofern großer Beliebtheit, als es zur Feststellung des Ordnungsgrads beim Sortieren und Abrufen der Information aus dem Gedächtnis exakte Maße gibt, die als "Cluster-Indizes" bezeichnet werden. Diese Indizes variieren zwischen 0 und 1, wobei der Wert 0 kein Ordnen nach Oberbegriffen, der Wert 1 perfektes Organisieren nach Oberbegriffen angibt. Aus den zahlreichen Querschnittstudien zu dieser Aufgabe wissen wir, daß höhere Sortierwerte in der Regel mit höheren Ordnungswerten beim Abruf der Information korrespondieren, und daß die Anwendung von Ordnungsstrategien in den meisten Fällen auch zu besseren Erinnerungsleistungen führt.

Wie schon erwähnt, gibt die verfügbare Literatur allerdings keinen klaren Hinweis auf das typische Verlaufsmuster bei der Entwicklung dieser Lernstrategie. Unsere Längsschnitterhebung sollte in diesem Punkt wichtige Hinweise erbringen. Sie war so angelegt, daß die beschriebene Sortieraufgabe schon beim ersten Erhebungszeitpunkt zum Einsatz kam, als die Kinder gerade vier Jahre alt waren. Wie aus Abbildung IV.1 abgelesen werden kann, wurde die Sortieraufgabe in der Folge im zweijährigen Turnus insgesamt fünfmal vorgegeben. Angesichts dieser großen Zeitspanne waren wir allerdings genötigt, unterschiedliche Objekte in unterschiedlicher Zahl zu verwenden, um die Aufgabe vergleichbar schwierig zu halten. Während in den beiden Erhebungen der Vorschulphase den 4- bzw. 6jährigen Kindern insgesamt 16 Objekte in Spielzeugformat präsentiert wurden, kamen ab dem dritten Meßzeitpunkt (also ab der 2. Klasse) insgesamt 24 der oben beschriebenen Bildkärtchen zum Einsatz. Wir verwendeten bei jeder dieser Erhebungen die bereits erwähnte Instruktion, stellten also sicher, daß kein direkter Hinweis auf das Organisieren gegeben wurde.

Die Entwicklung der Organisationsstrategie zwischen 4 und 12 Jahren

Die Analyse des Fortschritts bei der Erinnerungsleistung erwies sich insofern als nicht ganz unproblematisch, als zu späteren Zeitpunkten mehr Items als zu Beginn vorgegeben wurden. Um dieses Problem zu minimieren, wurde die faktische Erinnerungsleistung als Prozentsatz des maximal möglichen Werts (16 vs. 24) festgelegt. Für die beschriebenen Cluster-Indizes stellte sich dieses Problem insofern nicht, als sie von der Anzahl der Items und den verwendeten Kategorien unabhängig sind. In Abbildung IV.4 sind diese über einen Zeitraum von etwa acht Jahren ermittelten Werte graphisch dargestellt, wobei jeweils zwischen den Sortierwerten und den Clusterwerten beim Abrufen der Information unterschieden wird.

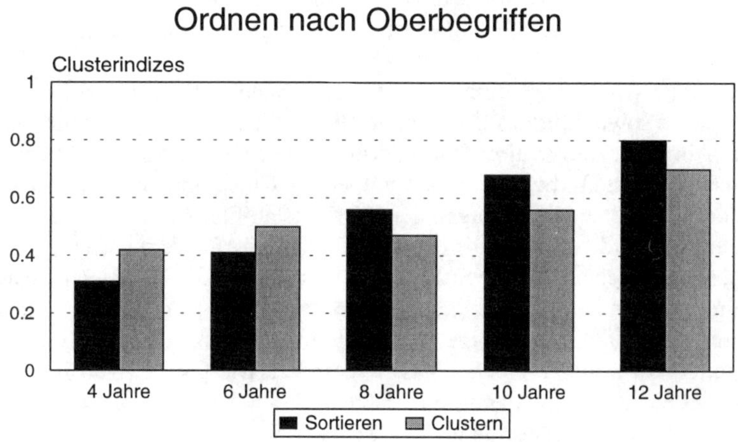

Abbildung IV.4: "Clusterindizes" für das Organisieren beim Lernen und beim Abruf der Gedächtnisinformation.

Die in der Abbildung wiedergegebenen Werte vermitteln den schon aus den erwähnten Querschnittstudien geläufigen Eindruck, wonach das Sortieren nach Oberbegriffen beim Einprägen und das Ordnen nach Oberbegriffen beim Abruf der Information im Vorschulalter noch kaum Verwendung finden. Erst ab einem Alter von acht Jahren (in der 2. Klassenstufe) nehmen die Sortierleistungen Werte an, die als statistisch bedeutsam zu bezeichnen sind. Sie steigern sich im Zweijahresrhythmus sehr deutlich und sind im Alter von zwölf Jahren schon fast perfekt ausgebildet. Dies gilt nicht in ähnlich klarem Maße für das Organisieren beim Abruf der Information. Hier liegen die Werte bis zum Alter von etwa acht Jahren (also bis zum Ende der 2. Klassenstufe) konstant auf einem recht niedrigen Niveau und steigen erst dann allmählich an, ohne jedoch die Werte der Sortierleistung ganz zu erreichen.

Klare Alterstrends ergeben sich für die korrelativen Beziehungen zwischen Sortieren und dem Ordnen beim Abruf und der Gedächtnisleistung. Diese Beziehung ist bei den Vier- und Sechsjährigen noch sehr schwach ausgeprägt und nimmt im Verlauf der Grundschulzeit kontinuierlich zu. Erst für die spätere Phase gilt, daß das Ausmaß des Sortierens die Ordnungsleistung beim Abruf bestimmt, die wiederum ausschlaggebend dafür ist, wieviel letztendlich erinnert werden kann.

Gibt es qualitative Unterschiede in den Entwicklungsmustern?

Insgesamt bestätigte sich lediglich für das Sortieren der aus der Querschnittforschung bekannte Eindruck, daß sich die Strategie allmählich aufbaut und sich dabei ziemlich monoton und gleichförmig entwickelt. Für dieses Maß läßt sich auch vermuten, daß die Entwicklung bei den meisten Kindern in einem etwa gleichen Tempo verläuft.

Interessanterweise wird diese Vermutung durch die Daten nicht bestätigt. Die Zweijahres-Stabilitäten fielen sowohl für das Sortieren nach Oberbegriffen als auch für das Kategorisieren beim Abruf der Information sehr niedrig aus. Dies ließ uns zunächst vermuten, daß die Organisationsleistung bei den Kindern über das Clustermaß nicht zuverlässig erfaßt werden kann. Zusätzliche Erhebungen der Kurzzeitstabilität konnten diesen Verdacht jedoch ausräumen. Wurde die Aufgabe etwa bei vierjährigen Kindern nach wenigen Wochen wiederholt, zeigten sich recht hohe Stabilitäten, was belegt, daß die Ergebnisse auch in dieser Altersgruppe nicht zufällig zustandekommen. Die hohen Kurzzeit-Stabilitäten signalisieren weiter, daß sich die Rangfolge der Kinder im Hinblick auf das Ordnen nach Oberbegriffen innerhalb weniger Wochen kaum verändert. Die fast bei Null liegenden Zweijahres-Stabilitäten deuten also darauf hin, daß das Entwicklungstempo der einzelnen Kindern im Hinblick auf die Ausformung der Organisationsstrategie schon in der frühen Entwicklungsphase sehr unterschiedlich ist, wir hier also nicht von gleichförmigen Veränderungsmustern ausgehen können. Dies gilt interessanterweise auch für die Gedächtnisleistung selbst. Die Entwicklungsmuster sind hier vermutlich deshalb nicht stabil, weil die Leistung sehr stark vom strategischen Verhalten abhängt. Wenn sich im Hinblick auf die Strategien die Rangordnungen von Meßzeitpunkt zu Meßzeitpunkt stark verändern, gilt dies in der Folge dann auch für die resultierende Gedächtnisleistung. Die niedrigen Stabilitäten weisen schließlich darauf hin, daß sich in der frühen Phase (Vorschulalter) spätere Entwicklungen bei dieser Aufgabe nur schwer vorhersagen lassen.

Wir haben in Zusatzstudien den Versuch gemacht, qualitativ unterschiedliche Verlaufsmuster zu identifizieren. Die genaue Betrachtung der individuellen Entwicklungsverläufe ergab, daß diese nur in den seltensten Fällen dem Muster folgten, das die Gruppendaten suggerierten. Für über 80% der Kinder galt, daß das Entdecken der Organisationsstrategie im Sinne eines "Alles-oder-nichts-Prinzips" erfolgte: sie steigerten sich von einem bestimmten, kritischen Meßzeitpunkt zum nächsten (also im Zeitraum von zwei Jahren) von einem niedrigen Zufallswert auf annähernd perfektes Organisieren nach Oberbegriffen. Das aus den in Abbildung IV.4 wiedergegebenen Mittelwerten erschlossene Verlaufsmuster (stetige lineare Zunahme der Strategie) ließ sich nur bei etwa 8% der Kinder beobachten.

Weiterhin ergab sich eine beachtliche Variation im Hinblick auf den Zeitpunkt, zu dem die Organisationsstrategie erworben wurde. Etwa 40% der Kinder entdeckten die Strategie im Alter zwischen vier und sechs Jahren; weitere 25% wandten sie zuerst im Alter von sieben bis acht Jahren an, ein weiteres Fünftel etwa zwei Jahre später. Bemerkenswert scheint weiterhin, daß immerhin fünf Prozent der Kinder erst mit zwölf Jahren auf die Strategie zurückgriffen, und annähernd 10% sie bis zum Abschluß der 6. Klassenstufe überhaupt noch nicht entdeckt hatten. Dies dokumentiert sehr eindrucksvoll, daß der gleiche Vorgang, nämlich der Sprung vom "Nichtstrategen" zum "Strategen" bei verschiedenen Kindern zu sehr unterschiedlichen Zeitpunkten erfolgen kann. Je später die Strategie-Entdekkung erfolgte, um so größer war dann auch die Wahrscheinlichkeit, daß sie dauerhaft im Repertoire der Kinder verankert blieb. Dieser Befund belegt die Notwendigkeit differenzierter Längsschnittstudien, wenn es darum geht, die Entwicklung von Gedächtnisstrategien zu beschreiben. Während die Vielzahl von Querschnittstudien das Bild eines relativ altershomogenen und gleichförmigen Strategiezuwachses suggeriert, deuten die Befunde unserer Längsschnittstudie auf große individuelle Unterschiede im Zeitpunkt und der Form des Strategie-Erwerbs hin.

Das Lernen und Erinnern von Bildergeschichten und Erzählungen

Die Entwicklung des Gedächtnisses im Verlauf des Kindesalters wurde auch mit Hilfe von Geschichten studiert. Dazu wurden den Kindern der Längsschnittstudie mündlich einfache Erzählungen präsentiert, die sie sich einprägen und nach zweimaligem Hören möglichst genau wiedergeben sollten. Die kindlichen Erinnerungen wurden per Tonband aufgezeichnet und später hinsichtlich erinnerter Sinneinheiten ausgewertet. Diese Gedächtnisaufgabe stellt mithin eine Lern- und Erinnerungssituation dar, wie sie den Kindern aus dem Alltag gut vertraut ist. Es ist weiter davon auszugehen, daß die Fähigkeit zum Einprägen und Erinnern von Geschichten eine Fähigkeit ist, die für die Bewältigung vieler schulischer Aufgaben Voraussetzung ist.

Um zu vermeiden, daß Unterschiede in den kindlichen Erinnerungsleistungen dadurch entstehen konnten, daß einzelne Kinder das verwendete Material bereits kannten, andere jedoch nicht, wurden keine vertrauten Märchen oder Geschichten benutzt, sondern neue Erzählungen, die eigens für die Studie geschrieben worden waren. Mithin war das Untersuchungsmaterial für alle Kinder zu Beginn der Studie neu und unbekannt. Die benutzten Geschichten berichteten allesamt über alltägliche Ereignisse, so daß sie für Kinder gut verständlich waren und leicht erlernt werden konnten.

Um den sich im Verlauf der Entwicklung verbessernden Fähigkeiten der Kinder gerecht werden zu können, wurden zu Beginn der Studie einfachere Geschichten verwendet, die später durch schwierigere ersetzt wurden. Auch der Charakter der Geschichten wurde im Verlauf der Längsschnittuntersuchung verändert: Zwischen dem 4. und 8. Lebensjahr wurden Bildgeschichten benutzt, danach eine reine Erzählung.

Insgesamt wurden im Verlauf der Studie vier Geschichten eingesetzt: (1) eine Geschichte, die von einem Kindergeburtstag handelte (**Geburtstags-Geschichte**); (2) eine Geschichte, die von den Ereignissen an einem Spielnachmittag berichtete (**Spielnachmittags-Geschichte**); (3) eine Geschichte, die von einem Umzug erzählte (**Umzugs-Geschichte**), sowie (4) eine komplexere Geschichte, in der davon berichtet wurde, wie ein Kind seine Großmutter in einer anderen Stadt namens Mauerburg besucht und unterschiedliche Dinge für sie erledigt (**Mauerburg-Geschichte**). Den Untersuchungsplan, der wiedergibt, welche Geschichte zu welchem Lebensalterszeitpunkt der Kinder bzw. zu welchem Meßzeitpunkt der Studie eingesetzt wurde, zeigt Abbildung IV.5.

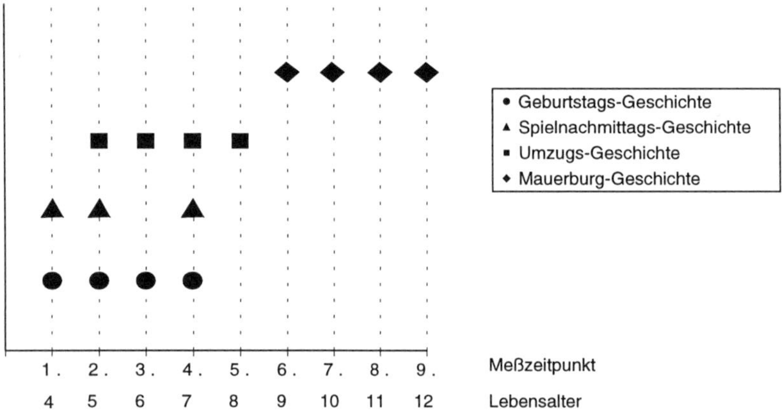

Abbildung IV.5: Erhebungssplan für die unterschiedlichen Geschichten.

Bei den zunächst verwendeten Materialien handelte es sich um drei kürzere Bildergeschichten, die jeweils 15 Sätze umfaßten (zwischen 72 und 74 zu erinnernde Sinneinheiten). Beim Erzählen dieser Geschichten wurde zu jedem Satz jeweils ein Bild vorgelegt, das das Berichtete verdeutlichte und die Anschaulichkeit des Textes erhöhte. Diese drei Geschichten wurden bei den jüngeren Kindern verwendet, wobei zu jedem Erhebungszeitpunkt - außer beim 5. Meßzeitpunkt - zumindest zwei dieser Geschichten präsentiert wurden.

Vom sechsten Meßzeitpunkt an, also ab dem Zeitpunkt, zu dem die Kinder durchschnittlich neun Jahre alt waren, wurde nur noch die Mauerburg-Geschichte benutzt, ein Text mit immerhin 31 Sätzen (362 zu erinnernde Sinnheiten). Auf die Vorgabe von Bildern wurde ab diesem Zeitpunkt nicht zuletzt deswegen verzichtet, weil Textmaterial dem alltäglichen Lernen von Schulkindern mehr entspricht als Bildergeschichten. Die Mauerburg-Geschichte wurde bis zum Schluß der Studie, also bis die Kinder zwölf Jahre alt waren, jährlich einmal vorgegeben.

Im Vergleich zu den anderen Aufgaben, die in der Münchner Längsschnittstudie zur Messung der Entwicklung des Gedächtnisses verwendet wurden, handelt es sich beim Lernen und Erinnern von Geschichten um eine vergleichsweise komplexe Lern- und Erinnerungssituation. Es wurde davon ausgegangen, daß für eine gute Bewältigung dieser Gedächtnisaufgabe neben allgemeinen Lernvoraussetzungen, wie z.B. Konzentration und Aufmerksamkeit, vor allem auch die Ausprägung der Gedächtniskapazität wesentlich ist. Es werden demnach deutliche Zusammenhänge zwischen der Fähigkeit, Geschichten zu erinnern, und der Güte der Gedächtnisspanne erwartet. Es wird später dargestellt, inwieweit sich diese Erwartungen bestätigen liessen.

Wie entwickelt sich die Fähigkeit, Geschichten zu erinnern, zwischen dem 4. und 12. Lebensjahr?

Der durchschnittliche Entwicklungsverlauf beim Einprägen und Erinnern von Geschichten läßt sich klar bestimmen, und das war auch so erwartet worden: Die Fähigkeit, sich Bildergeschichten oder einfache Texte einzuprägen und diese zu erinnern, verbesserte sich im untersuchten Zeitraum laufend. Während Vierjährige ca. 14 der 72 Sinneinheiten der Geburtstags-Geschichte erinnern, reproduzieren Sechsjährige bereits ca. 28 Sinnelemente der gleichen Geschichte; während Vierjährige lediglich 11 der 74 Sinneinheiten der Spielnachmittags-Geschichte erinnern, erinnern Siebenjährige ca. 30 Elemente. Während Fünfjährige im Durchschnitt 18 Elemente der 74 Sinneinheiten umfassenden Umzugs-Geschichte erlernen und erinnern können, erinnern Achtjährige bereits 37 Elemente. Die Reproduktionsleistung bei der schwierigen Mauerburg-Geschichte steigt von ca. 64 reproduzierten Sinneinheiten bei den Neunjährigen auf 108 bei den Zwölfjährigen an.

Der Leistungszuwachs scheint dabei kontinuierlich zu verlaufen, soweit sich dies anhand des wechselnden Aufgabenmaterials beurteilen läßt. Lebensaltersabschnitte, in denen die Entwicklung der Fähigkeit zum Lernen und Erinnern von Geschichten besonders schnell verläuft oder umgekehrt Lebensalterszeiträume, in denen der Entwicklungsfortschritt besonders gering ist, wurden nicht gefunden. Für die Zwölfjährigen war die Mauerburg-Geschichte immerhin noch so schwierig, daß die Kinder im Mittel lediglich ca. 30 Prozent der vorgebenen Sinneinheiten reproduzierten. Dies zeigt, daß noch Möglichkeiten für weitere Entwicklungsfortschritte gegeben sind.

Bei der Analyse der Erinnerungsprotokolle der Kinder fiel auf, daß die Reproduktionen in der Tat die erzählte Geschichte zum Gegenstand hatten. Umfänglichere Fehler in den Erinnerungen der Kinder fanden sich nicht. Die Zahl berichteter Elemente in den Erinnerungsprotokollen, die nicht auch tatsächlich in den vorgegebenen Geschichten enthalten waren, war jedenfalls zu allen Zeitpunkten der Längsschnittuntersuchung sehr klein.

In einem weiteren Analyseschritt betrachteten wir, welche Elemente der Geschichten von den Kindern bevorzugt erinnert wurden. Dabei ging es um die Frage, ob die Kinder bevorzugt einzelne Sätze oder einzelne Passagen des Textes vergleichsweise genauer als andere erinnern würden (z.B. den Anfang oder den Schluß der Geschichte) oder ob sie eher ein grobes Raster der gesamten Geschehnisse und Ereignisse in Erinnerung bewahren würden. Wir hatten die Erwartung, daß die Ereignisse und Handlungen, die in der Geschichte vorkommen, den Kindern bevorzugt im Gedächtnis bleiben, während die Spezifikationen (also z.B. welche Person die Handlungen mit welchen Objekten ausgeführt hat und welche Effekte dies möglicherweise hatte) weniger gut erinnert werden dürften.

Die Ergebnisse bestätigten unsere Erwartungen. Die Kinder erinnerten prozentual durchgängig einen höheren Anteil von Handlungen und Ereignissen als andere Elemente der Geschichte. Als Zwölfjährige erinnerten sie beispielsweise 40% der in der Mauerburg-Geschichte enthaltenen Handlungen und Ereignisse, jedoch nur knapp 27% der anderen im Text enthaltenen Informationen. Dies demonstriert, daß den Handlungen und Ereignissen beim Behalten und Erinnern von Geschichten eine herausragende Bedeutung zukommt.

Es läßt sich also festhalten, daß Kinder unterschiedlichen Alters versuchen, sich ein grobes Gerüst der Geschehnisse einzuprägen, die in der Geschichte vorkommen. Es scheint also nicht so zu sein, daß sich die kindlichen Erinnerungen auf einzelne Sätze konzentrieren, die vergleichsweise genau reproduziert werden würden. Die weitere Entwicklung scheint so zu verlaufen, daß das im Gedächtnis angelegte Erinnerungsgerüst durch weitere Handlungsinformationen ergänzt wird; gleichzeitig werden die erinnerten Handlungen zunehmend mehr spezifiziert, d.h. es wird immer genauer erinnert, wer die jeweiligen Handlungen ausgeführt hat, welche Objekte dabei verwendet wurden, welche Effekte die Handlungen hatten etc. Das zentrale Gerüst des Erinnerns ist mithin vorwiegend durch Handlungen und Ereignisse gegeben, die in der Geschichte enthalten sind.

Wir interessierten uns auch dafür, wie gut strukturiert die Erinnerungen der Kinder waren. Dabei ging es um die Frage, ob die Kinder lediglich eine Sammlung von Handlungen und Geschehnissen reproduzierten, die in den Geschichten enthalten waren, diese jedoch eher in eine beliebige Reihenfolge brachten, oder ob umgekehrt die in der Geschichte enthaltenen Ereignisse tatsächlich in der Abfolge erinnert würden, wie sie sich nacheinander ereignet hatten.

Unsere Analysen ergaben, daß neben einer ansteigenden Zahl reproduzierter Sinneinheiten sich im Verlauf der Entwicklung auch die Qualität des Erinnerten deutlich verbesserte: Mit zunehmendem Alter der Kinder erhöhte sich also nicht nur die Zahl erinnerter Textelemente und die Menge erinnerter Ereignisse und Handlungen, die in der Geschichte vorkamen, sondern es verbesserte sich vor allem auch die Struktur des Erinnerten. Die Geschichten werden zunehmend stärker geordnet erinnert, d.h. die Abfolge erinnerter Handlungen und Ereignisse entsprach immer mehr der Reihenfolge, wie die Handlungen und Ereignisse in der Originalgeschichte enthalten waren.

Ergänzend zu diesem Befund, der für alle Geschichten und für die meisten Kinder galt, sollen zwei weitere Ergebnisse erwähnt werden:

(a) Die Fähigkeit der Kinder, die Geschichten geordnet zu erinnern, variiert als Funktion der jeweils vorgegebenen Geschichte. Dies konnten wir sehr gut bei den jüngeren Kindern nachweisen, da in den ersten Meßzeitpunkten teilweise drei Geschichten eingesetzt worden waren (z.B. bei den fünfjährigen Kindern). So waren die fünfjährigen Kinder deutlich besser imstande, die Geburtstags-Geschichte geordnet nachzuerzählen als die Spielnachmittags-Geschichte, obwohl beide Geschichten von Ereignissen berichten, die hochgradig vergleichbar sind (z.B. Kinder kommen zu Besuch; es werden Spiele gespielt; es gibt etwas zu trinken und zu essen). Die größere Geordnetheit der Erinnerungen zur Geburtstags-Geschichte hat damit zu tun, daß Kinder beim Nacherzählen dieser Geschichte auf ihr Vorwissen zurückgreifen können, das sie über den Verlauf eines typischen Geburtstagsnachmittags haben. Indem sie dieses schematisierte Vorwissen beim Lernen und Erinnern der spezifischen Geschichte nutzen, gelingt ihnen eine bessere und geordnetere Reproduktion der Geschehnisse und Handlungen als bei Geschichten, in denen ein solches Schema fehlt (z.B. Spielnachmittags-Geschichte). Dies zeigt, daß Vorwissen beim Lernen und Erinnern von Texten nützlich ist. Oder noch allgemeiner betrachtet: Früheres Lernen, das zur Ausbildung von Vorwissen führt, wirkt sich bei späterem Lernen förderlich aus;

(b) Kinder mit umfänglichen Erinnerungen weisen eine besonders gute Strukturiertheit ihres Erinnerungsprotokolls auf: Teilt man die Kinder in drei Leistungsgruppen auf und prüft, wie gut die Ordnung des Erinnerten bei Kindern des besten Leistungsdrittels ist, so zeigt sich, daß diese Kinder bereits als Vierjährige gut strukturierte Erinnerungsprotokolle aufweisen. Umgekehrt zeigen Kinder, die vergleichsweise wenige Textelemente der Geschichte erinnern, auch schlechte Strukturierungsleistungen. Gleiche Zusammenhänge finden sich auch auf späteren Altersstufen. Dies belegt, daß die Fähigkeit, sich viel von einer Geschichte einzuprägen bzw. zu erinnern und die Fähigkeit, die erinnerten Handlungen in korrekter Reihenfolge zu reproduzieren, Hand in Hand gehen. Die Güte der Erinnerung und die Güte der Erinnerungsstruktur hängen demnach eng zusammen.

Um die Frage zu überprüfen, ob die Fähigkeit zum Einprägen und Erinnern von Geschichten möglicherweise als Funktion des Geschlechts variiert, verglichen wir die Güte der Gedächtnisleistungen von Mädchen mit Jungen miteinander. Diese Analyse führten wir für neunjährige Kinder durch. Unterschiede zwischen den Geschlechtern waren nicht erkennbar, und zwar weder bei der Güte der insgesamt erinnerten Sinneinheiten noch bei der Strukturiertheit des Erinnerten. Mithin gibt es in unseren Daten keine Hinweise darauf, daß die Güte der Gedächtnisleistung für Geschichten als Funktion des Geschlechts unterschiedlich gut ausfällt.

Das längerfristige Behalten der Geschichten

Da wir die verwendeten Geschichten den Kindern mehrmals als Lernmaterial vorgaben, war es für uns auch möglich zu analysieren, wie gut die Kinder die Geschichten längerfristig im Gedächtnis behalten. Diese Frage prüften wir am Beispiel der Umzugs-Geschichte bei den achtjährigen Kindern. Die Geschichte war zu diesem Zeitpunkt bereits dreimal präsentiert worden, nämlich als die Kinder durchschnittlich 5, 6 und 7 Jahre alt waren. Bevor die Geschichte den Achtjährigen ein viertes Mal zum Lernen und Erinnern vorgegeben wurde, wurden die Kinder danach gefragt, was sie von der Umzugs-Geschichte aus den früheren Zeitpunkten noch erinnern und reproduzieren könnten. Dazu wurden sie gebeten, die Umzugs-Geschichte so gut wie möglich aus dem Gedächtnis zu erinnern.

Dabei ist zu bedenken, daß die Geschichte zwar bereits drei Mal, zuletzt aber vor mehr als einem Jahr den Kindern erzählt worden war.

Bei dieser Analyse zeigte sich, daß die Zahl der im Gedächtnis längerfristig behaltenen Elemente der Geschichte bei den meisten Kindern sehr niedrig war: Durchschnittlich wurden lediglich knapp vier von 74 möglichen Sinneinheiten der Umzugs-Geschichte reproduziert. Dabei gab es allerdings deutliche Unterschiede zwischen den Kindern, da das Kind mit der besten längerfristigen Behaltensleistung 12 Sinneinheiten dauerhaft im Gedächtnis gespeichert hatte, andere Kinder sich aber an überhaupt nichts erinnern konnten. Immerhin läßt dieses Resultat den Schluß zu, daß die bei den Kindern in dieser Studie gemessenen Gedächtnisleistungen sehr viel stärker das Resultat unmittelbaren Lernens und Erinnerns waren und nur zum geringen Teil mit Gedächtniseinträgen zu tun hatten, die auch langzeitig vorgenommen worden waren.

Diese Interpretation wird gestützt durch eine zweite Analyse, die wir mit den langfristigen Behaltensleistungen der Kinder vorgenommen hatten: Die Analyse der Struktur erinnerter Handlungen ergab, daß die langfristig gespeicherte Abfolge der Handlungen und Ereignisse nur schlecht mit der Handlungsabfolge in Übereinstimmung stand, die den Kindern in der Geschichte vorgegeben worden war.

Läßt sich das Lernen und Erinnern von Geschichten als eine einheitliche Fähigkeit auffassen oder handelt es sich dabei um eine Vielzahl spezifischer Fähigkeiten?

Ein weiterer Ausschnitt der Längsschnittuntersuchung beschäftigte sich mit der Frage, ob das Lernen und Erinnern von Geschichten in dem Sinne als eine einheitliche Fähigkeit aufgefaßt werden kann, daß ein Kind geschichtenübergreifend stets eher gute oder schlechte Leistungen erreicht, oder ob umgekehrt angenommen werden muß, daß Lern- und Erinnerungsleistungen für Geschichten im gleichen Lebensalter themenabhängig variieren. Der gleichzeitige Einsatz mehrerer Geschichten erlaubte es uns, eine Antwort auf diese Frage zu suchen. Dazu prüften wir für die Lebensperiode zwischen dem 4. und 8. Lebensjahr, ob Kinder, die eine der Geschichten gut behalten und wiedergegeben hatten, auch die anderen beiden Geschichten eher gut erinnerten oder ob von einer guten Erinnerungsleistung kein Rückschluß auf die Erinnerungsleistungen bei einer anderen Geschichte gezogen werden kann. Die genaueste Prüfung dieser Frage ist für die fünfjährigen Kinder möglich, da zu diesem Zeitpunkt alle drei Bildergeschichten nacheinander zu erlernen und zu erinnern waren.

Unsere Befunde sprechen dafür, daß es eine Fähigkeit zum Lernen und Erinnern von Geschichten gibt, die bewirkt, daß ein Kind geschichtenübergreifend, d.h. unabhängig von der jeweils in der Geschichte enthaltenen Thematik, stets eher gute, mittelgute oder eher schlechte Leistungen erzielt: Wir fanden nämlich eine vergleichsweise starke geschichtenübergreifende Einheitlichkeit der Leistungsgüte. Mithin scheint die Qualität der Reproduktion einer Geschichte nur zum kleineren Teil durch geschichtenspezifische Merkmale (z.B.

Thematik der Geschichte oder spezifische Vorkenntnisse) bestimmt zu sein. Zum größeren Teil sind diese Erinnerungsleistungen durch die individuell variierende spezifische Fähigkeit determiniert, sich Geschichten einzuprägen, diese kurzzeitig zu behalten und wieder zu erinnern.

Wie zeitstabil sind individuelle Unterschiede in der Fähigkeit zum Erwerb und zur Reproduktion von Geschichten?

Bislang ist vornehmlich über den Entwicklungsverlauf berichtet worden, den die gesamte Gruppe von ca. 200 Kindern im Zeitraum zwischen dem 4. und 12. Lebensjahr genommen hat. Im folgenden wollen wir uns stärker mit individuellen Entwicklungsverläufen beschäftigen, also mit den Entwicklungsverläufen der einzelnen Kinder.

Dabei geht es um die Frage, ob ein Kind, das sich die Geschichten bei der ersten Untersuchungswelle eher gut eingeprägt und erinnert hat, mit zunehmendem Alter seine günstige Position in der Gruppe Altersgleicher beibehält oder ob im Verlauf der Entwicklung eher ein starker Positionswechsel zwischen den Kindern stattfindet.

Auch in dieser Frage sind unsere Ergebnisse sehr eindeutig. Sie zeigen nämlich, daß eine vergleichsweise hohe Stabilität der individuellen Leistungsposition über die Zeit hinweg gegeben ist. Die Stabilität der individuellen Position in Vorschuljahren und den ersten Schuljahren beim Lernen und Erinnern von Geschichten ist vergleichbar mit der Stabilität, die wir für den Bereich der allgemeinen intellektuellen Entwicklung finden. Es zeigt sich nämlich, daß Kinder, die zu Beginn der Untersuchung eher gut in der Lage waren, sich die Geschichten einzuprägen und zu erinnern, zu späteren Lebensalterszeitpunkten immer noch unter den guten Kindern zu finden sind. Die gleiche Stabilität zeigt sich bedauerlicherweise auch bei den schwächeren Kindern: Diejenigen Kinder, die bereits zu Beginn der Längsschnittuntersuchung beim Einprägen und Erinnern von Geschichten eher schlecht abschneiden, erreichen auch zu späteren Lebensalterszeitpunkten die schlechteren Lern- und Erinnerungsleistungen. Dies demonstriert, daß die individuelle Fähigkeit zum Lernen und Erinnern von Geschichten sich bereits frühzeitig in der Entwicklung ausprägt, obwohl die Leistungsgüte noch sehr stark anwächst. Alle Kinder verbessern ihre Leistungen im berücksichtigten Alterszeitraum zwischen dem 4. und 12. Lebensjahr beim Lernen und Reproduzieren von Geschichten in ähnlicher Weise, so daß die individuellen Unterschiede, die sich bereits unter den Vierjährigen identifizieren lassen, sich in ähnlicher Weise unter den Zwölfjährigen wiederfinden.

Aus dieser für alle Kinder erkennbaren zeitlich sehr stabilen Entwicklung ist freilich nicht zu schließen, daß eine besondere Förderung lernschwacher Kinder nicht erfolgreich sein könnte. Der hier skizzierte Entwicklungsverlauf findet sich unter den Lernbedingungen, die den Kindern im hier betrachteten Alterszeitraum üblicherweise zuteil werden. Diese Lernbedingungen sehen in aller Regel nicht vor, daß das Einprägen und Erinnern von Geschichten besonders gefördert wird. Es ist aber zu vermuten, daß schwächere Kinder davon profitieren würden, wenn Sozialisationsbedingungen geschaffen werden, in denen das konzentrierte Lernen, das Einprägen und das Erinnern von sprachlichem Material besonders geübt werden.

Zusammenhänge zwischen dem Lernen und Erinnern von Geschichten und anderen Indikatoren der geistigen Leistungsfähigkeit

Die Entwicklung der Fähigkeit, sich Geschichten einzuprägen und zu erinnern, sollte mit einer Reihe anderer Maße der geistigen Leistungsfähigkeit in einem engen Zusammenhang stehen. Zunächst kann man daran denken, daß sprachliche Fähigkeiten im allgemeinen für die Bewältigung dieser Aufgabe wesentlich sind, da ja sprachliches Material zu verarbeiten ist. Inwieweit solche Zusammenhänge bestehen, analysierten wir beispielsweise bei den zehnjährigen Kindern: Dabei ließ sich belegen, daß die Zahl erinnerter Textelemente mit der sprachlichen Intelligenz einen mittelhohen Zusammenhang aufweist. Die Fähigkeit hingegen, die in den Geschichten enthaltenen Ereignisse in der korrekten Reihenfolge zu berichten, erwies sich als relativ unabhängig sowohl von der sprachlichen als auch von der nichtsprachlichen Intelligenz.

Dies belegt, daß die intellektuelle Fähigkeit zum Umgang mit sprachlichem als auch nichtsprachlichem Material für die Güte des Einprägens und Erinnerns der Geschichten zwar wichtig ist, daß jedoch die Fähigkeit zum Einprägen und Erinnern von Geschichten weitgehend unabhängig von der allgemeinen Intelligenz ist. Gedächtnis und allgemeine Intelligenz stellen mithin zwei kognitive Fähigkeitssysteme dar, die nicht sehr eng miteinander verwoben sind.

Die Entwicklung der Fähigkeit, sich Geschichten einzuprägen und zu erinnern - eine Zusammenfassung

Die Entwicklung der Fähigkeit zum Einprägen und Erinnern von Geschichten im Lebensalterszeitraum zwischen dem 4. und 12. Lebensjahr läßt sich kurz durch zwei Trends charakterisieren: (1) Das Leistungsvermögen des Gedächtnisses verbessert sich in diesem Lebensaltersabschnitt bei allen Kindern deutlich. Der Leistungszuwachs scheint dabei kontinuierlich zu verlaufen. (2) Die Leistungsverbesserungen sind in dem betrachteten Zeitraum für alle Kinder vergleichsweise ähnlich. Die Positionen der einzelnen Kinder in der Gruppe der Altersgleichen, die sich unter den Vierjährigen finden, bleiben weitgehend stabil erhalten und lassen sich unter den Zwölfjährigen in ähnlicher Weise feststellen.

Die Fähigkeit, sich Geschichten einzuprägen und zu erinnern, erweist sich darüberhinausgehend als weitgehend einheitlich: Das bedeutet, daß Geschichten, unabhängig von ihren äußeren Merkmalen (Erzählungen versus Texte; kurze versus längere Geschichten; hochgradig strukturierte, schematische versus weniger gut strukturierte Geschichten; Thematik), von den einzelnen Kindern entweder eher gut oder weniger gut eingeprägt und erinnert werden können.

In dieser Studie wurden aber neben der Fähigkeit zum Erlernen und Erinnern von Geschichten weitere Determinanten identifiziert, die die Güte des Erinnerns mitbestimmen. Hier sind vor allem die verbale Intelligenz sowie das (strukturierte) Vorwissen zu nennen.

Obwohl die Studie eine sehr starke Einheitlichkeit des Entwicklungsgangs demonstrierte, ist davon auszugehen, daß die Fähigkeit zum Einprägen und Erinnern von Geschichten gefördert werden kann. Dies ist zumindest mittelbar der Fall, indem zum Beispiel relevantes Vorwissen durch Erfahrungen und Lernen erworben wird; es ist aber auch anzunehmen, daß diese Fähigkeit durch intensive Übung trainiert werden kann. Das belegen die Ergebnisse zahlreicher wissenschaftlicher Studien.

Die Entwicklung von Lern- und Gedächtniskompetenzen zwischen dem 4. und 12. Lebensjahr - ein Fazit

In diesem Kapitel beschäftigten wir uns mit der Entwicklung ganz unterschiedlicher Lern- und Gedächtnisfähigkeiten. Wir betrachteten dabei ein wichtiges basales Merkmal des Lernens und des Informationserwerbs, nämlich die Gedächtnisspanne, die in dieser Längsschnittstudie mittels unterschiedlicher Indikatoren (freie Spanne, serielle Spanne, Satzspanne) erfaßt wurde; die Fähigkeit zum strategischen Vorgehen beim Lernen und beim Erinnern des Gelernten (Ordnen des Materials während des Lernens und geordnetes Erinnern), sowie die Fähigkeit, sich umfangreiche Geschichten unterschiedlicher Komplexität und Vertrautheit einzuprägen und zu erinnern. Die Analyse dieser Lern- und Gedächtnismaße ist nicht nur interessant, um den Aufbau des Gedächtnisses im Kindesalter zu studieren, sondern auch deswegen, weil die betrachteten Maße für schulisches wie außerschulisches Lernen ganz allgemein eine grundlegende Bedeutung haben.

Der generelle Entwicklungstrend für die unterschiedlichen Gedächtnisindikatoren zwischen dem 4. und 12. Lebensjahr ist ähnlich, insofern sich in allen Bereichen durchgängig Leistungsverbesserungen finden. Ältere Schulkinder bewältigen demnach Gedächtnisaufgaben in aller Regel besser als Vorschul- und Grundschulkinder. Allerdings ist der Verlauf der Entwicklung für die unterschiedlichen Gedächtnisleistungen sehr verschieden: So finden sich einerseits monoton ansteigende Entwicklungsverläufe, etwa für die einfache Gedächtnisspanne und auch für das Lernen und Erinnern von Geschichten, und andererseits auch Entwicklungsveränderungen, die nicht-monoton zu sein scheinen, wie bei der seriellen Gedächtnisspanne und der Satzspanne; es handelt sich also um Entwicklungsmuster, die anzeigen, daß bestimmte Lebensaltersabschnitte bzw. die in diesen Lebensaltersabschnitten vermittelten Erfahrungen für den jeweiligen Entwicklungsgang besonders bedeutsam sind. Da die Münchner Längsschnittstudie nur in beschränktem Umfang Hintergrundinformationen (z.B. spezifische schulische oder außerschulische Lernerfahrungen) miterfaßte, muß die genauere Erklärung der für diese nicht-linearen Entwicklungsverläufe entscheidenden Einflußgrößen offen bleiben.

Auch hinsichtlich des gemessenen Leistungsniveaus gibt es zwischen den unterschiedlichen Indikatoren von Lernen und Gedächtnis erhebliche Differenzen: Die Entwicklung der einfachen Gedächtnisspanne ist am Ende des hier betrachteten Zeitraums weitgehend abgeschlossen. Es handelt sich dabei offensichtlich um eine sich frühzeitig entwickelnde Grundfähigkeit des Gedächtnisses. Für andere Maße sind in der Zeit nach dem 12. Lebensjahr noch deutliche Verbesserungen zu erwarten (z.B. Lernen und Erinnern von Texten), d.h. das Leistungsoptimum ist noch nicht erreicht. Dies läßt auch eine Fortführung der Studie als sinnvoll erscheinen ("Follow-up"-Untersuchung).

Das bereits sehr differenzierte Bild des allgemeinen Entwicklungsverlaufs für die unterschiedlichen Lern- und Gedächtnismaße wird noch facettenreicher, wenn die Entwicklungsmuster auf Individualebene betrachtet werden. Vor allem die im Zusammenhang mit dem Lernen und Erinnern von Geschichten und Texten erhobenen Maße verweisen darauf, daß die individuelle Position in der Gruppe der Gleichaltrigen bereits frühzeitig in der Entwicklung relativ stark festgelegt ist. Für das Lernen und Erinnern von Geschichten und Texten sind mithin auch gute Vorhersagen von früheren Leistungen auf spätere Leistungen möglich: Kinder die bereits frühzeitig ein gutes Leistungsniveau erreicht haben, bleiben auf diesem Niveau; solche Kinder, die eher schlechtere Leistungen beim Lernen und Erinnern von Geschichten erzielen, werden mit hoher Wahrscheinlichkeit auch weiterhin unter den Kindern zu finden sein, die bei Lern- und Gedächtnisaufgaben eher schlecht abschneiden.

Hingegen finden sich allenfalls mittlere zeitliche Stabilitäten der individuellen Leistungen für die Indikatoren der Gedächtniskapazität und für die strategischen Organisationsmaße. Für diese Lern- und Gedächtnismaße gilt also, daß während des Vorschul- wie auch des Schulalters Einflußfaktoren wirksam werden, die einen erheblichen Einfluß auf die individuelle Leistungsgüte haben. Da die hier analysierten Lern- und Gedächtnisindikatoren für die Qualität des Wissenserwerbs wichtig sind, ist die Entwicklung dieser Fähigkeiten auch für die schulischen und außerschulischen Leistungen von Bedeutung.

Kapitel V

Die Entwicklung schulbezogener Kompetenzen: Mathematik

Elsbeth Stern

Die Entwicklung des mathematischen Denkens

Viele Menschen haben ungute Erinnerungen an das Schulfach Mathematik. Nur mühsam erschlossen sich ihnen die Inhalte, und sie waren froh, wenn sie in den Klassenarbeiten die Mindestanforderungen erbrachten. Besonders charakteristisch für das Schulfach Mathematik sind die großen Leistungsunterschiede innerhalb einer Klasse. Einige wenige Schüler durchblicken den Stoff weitgehend problemlos und schreiben stets gute oder sehr gute Klassenarbeiten. Die Mehrheit der Schüler hingegen erbringt unter größeren Anstrengungen mittelmäßige Leistungen, und für eine Minderheit bleibt der Gegenstand ein "böhmisches Dorf". In Klassenarbeiten haben diese Schüler ein "Fünfer-Abonnement", wie es mein Mathematiklehrer ausdrückte.

Da sich dieses Kapitel lediglich mit den mathematischen Kompetenzen bis zur 6. Klasse auseinandersetzt, werden Probleme mit der sogenannten höheren Mathematik nicht behandelt. Erst Ergebnisse der gerade gestarteten Fortsetzungsstudie des LOGIK-Projektes ("Follow-Up"-Studie) können Auskunft über den Einfluß der Grundschulmathematik auf die spätere Leistung geben (vgl. Kap. II). In der Fortsetzungsstudie möchten wir untersuchen, ob die Kinder, die in der Grundschulzeit schneller als ihre Klassenkameraden bestimmte mathematische Kompetenzen erwarben, diesen Vorsprung auch bei der höheren Mathematik in der 10. und 11. Klassenstufe halten können. Ein derartiger Stabilitätszusammenhang über so lange Zeit ist nicht selbstverständlich. Obwohl sich Kinder deutlich in der zum Erwerb der Grundrechenarten benötigten Zeit unterscheiden, werden diese letztendlich von so gut wie allen Schülern beherrscht. Es ist deshalb nicht zwingend, daß Kinder, die die schriftliche Subtraktion früher als ihre Klassenkameraden perfekt beherrschten, später auch bessere Leistungen im Bruchrechnen und in Algebra erbringen. Dennoch ist die Annahme plausibel, wonach Leistungsunterschiede auch bei sich ändernden Anforderungen des Mathematikunterrichtes über Jahre hinweg stabil bleiben. Zum einen sprechen motivationale Gründe dafür: Kinder, die bereits in der Grundschule bessere Leistungen als ihre Mitschüler erbringen, entwickeln ein positives mathematisches Fähigkeitsselbstbild und sind weniger von Versagensängsten geplagt. Zum anderen gilt, daß der Erwerb neuen Wissens von dem bereits verfügbaren Wissen abhängt. Im Falle der hierarchisch aufgebauten Mathematik wird dies besonders offensichtlich: Der größere Zahlenraum baut auf dem kleineren auf; ohne die Addition kann die Multiplikation nicht beherrscht werden, und diese ist wiederum Voraussetzung für die Prozentrechnung. Je früher Grundlagenwissen erworben wurde, um so früher kann dieses erweitert und zum Aufbau neuer Kompetenzen genutzt werden. Die mathematische Entwicklung in der Grundschulzeit kann also die weitere Entwicklung entscheidend beeinflussen.

Biologische und kulturelle Grundlagen mathematischen Wissens

Die jüngere entwicklungspsychologische Forschung hat gezeigt, daß alle Menschen in weit stärkerem Maße, als dies noch vor einigen Jahren angenommen wurde, mit genetisch verankerten Grundlagen des Wissenserwerbes ausgestattet sind, welche eine Anpassung an die Umwelt auch ohne allzu zeitaufwendige Lernprozesse erlauben. Ganz offensichtlich ist dies, wenn man sich vergegenwärtigt, daß Kinder innerhalb weniger Jahre ihre Muttersprache weitgehend beherrschen. Natürlich spielt hierbei das Modell-Lernen eine große

Rolle, aber durch Nachahmung kann man ein komplexes Gebilde wie die Sprache nur erlernen, wenn der Informationsverarbeitungsapparat bereits darauf eingestellt ist.

In den letzten Jahren wurde nun gezeigt, daß auch ein gewisses Wissen über Physik und Mathematik angeboren ist. Aus Platzgründen gehe ich auf das Wissen über Physik nicht weiter ein. Daß die Grundlagen mathematischen Denkens angeboren sind, belegen Studien, in denen nachgewiesen wird, daß bereits wenige Tage alte Säuglinge Mengenveränderungen im kleineren Bereich richtig beurteilen können. Belegt wird dies in Studien, die zeigen, daß Säuglinge überrascht reagieren, wenn vorgenommene Mengenveränderungen nicht zum korrekten Ergebnis führen. Es gibt zwei weitere Belege dafür, daß auch mathematisches Wissen auf angeborenen Grundlagen basiert: Zum einen lernen die meisten Kinder bereits im Vorschulalter spontan und ohne systematische Unterweisung im kleinen Zahlenbereich zählen, und zum anderen verfügen alle Kulturen, selbst wenn sie keine Schriftsprache entwickelt haben, über Zählwörter. Natürlich muß man die jeweiligen Zählwörter der Muttersprache lernen, aber dieser Lernvorgang wird unterstützt und beschleunigt durch Wissen über Zählprinzipien, das allen Menschen angeboren ist. So kann man z.B. beobachten, daß das Prinzip der Zuordnung von Zählwörtern zu Mengen von Kindern fehlerfrei beherrscht wird. Bereits dreijährige Kinder wissen, daß man nicht die gleichen Zahlwörter für Mengen unterschiedlicher Größe heranziehen darf. Zwar verwechseln Kinder häufig Zählwörter, aber es kommt so gut wie nie vor, daß unmittelbar hintereinander folgende Zahlwörter wiederholt werden, z.B. 1, 2, 3, 4, 4, 5. "Angeborenes" Wissen hilft, diesen Fehler zu vermeiden.

Es stellt sich nun die berechtigte Frage, warum, wenn doch allen Menschen die Grundlagen des mathematischen Wissens bereits in die Wiege gelegt wurden, die Schulmathematik so große Schwierigkeiten bereitet. Um dies zu erklären, muß man sich vergegenwärtigen, daß die Schulmathematik das Produkt einer sehr langen kulturellen Entwicklung ist. Viele der für uns heute selbstverständlichen Konzepte wurden erst vor wenigen Jahrhunderten entwickelt. Interessierten Lesern kann die gut verständliche Einführungen von Ifrah (1989) empfohlen werden. Im Mathematikunterricht wird verlangt, daß Schüler in wenigen Jahren ein Wissen erwerben müssen, welches das Ergebnis einer Jahrtausende umfassenden kulturellen Entwicklung ist. Diese "kulturelle" Mathematik, auch "höhere Mathematik" genannt, ist nun ziemlich weit entfernt von der "natürlichen" Mathematik, in der Zahlen lediglich als Zählinstrumente genutzt werden und Addition und Subtraktion die Veränderungen von Mengen durch Hinzufügen oder Entfernen von Elementen beschreiben. Um Bruch- und Dezimalzahlen zu verstehen, muß man das Prinzip aufgeben, wonach größere Zahlen immer größere Quantitäten bezeichnen. Wie schwer dies fällt, zeigen typische Fehler von Schülern der Mittelstufe. Kinder dieser Altergruppe behaupten häufig, daß 6/8 größer sei als 6/7, und daß 1.3 kleiner sei als 1.28. Das "natürliche" Verständnis von Division basiert auf dem Prinzip, daß eine Menge durch Teilen kleiner wird. Deshalb ist es zunächst schwer verständlich, daß bei einem Divisor, der kleiner als 1 ist, der Quotient größer ist als der Dividend.

Auch wenn Mathematik von vielen Schülern als "Selbstzweck" erlebt wird und eines der am meisten gefürchteten Fächer ist, ist technischer und wissenschaftlicher Fortschritt ohne sie undenkbar. Erst auf der Grundlage nicht-natürlicher Zahlen konnten für uns heute selbstverständliche physikalische Konzepte wie Geschwindigkeit oder Beschleunigung entwickelt werden. Viele der für erfolgreiches Planen und Handeln erforderlichen Abstraktionsleistungen werden erst durch Mathematik ermöglicht. Ziel des Mathematikunterrichtes muß es deshalb sein, das "natürliche" numerische Wissen durch kulturelles mathematisches Wissen zu ergänzen.

Fortschritte von der Vorschulzeit bis zur 6. Klasse

Im folgenden wird am Beispiel von Aufgaben, die in der LOGIK-Studie vorgegeben wurden, die Entwicklung des mathematischen Denkens von der Vorschulzeit bis zur 6. Klasse skizziert.

1. Vorschulzeit

Wie bereits angedeutet, lernen Vorschulkinder spontan und ohne systematische Unterweisung die Anzahl der Elemente einer Menge durch Zählen zu bestimmen. Dies zeigte sich auch in der LOGIK-Studie. Bereits in der 1. Welle, also mit 3–4 Jahren, konnten fast alle Kinder die Elemente kleinerer Mengen bestimmen. Trotz dieser Kompetenzen spielt die Quantifizierung im Denken und Wahrnehmen der Kinder zunächst eine untergeordnete Rolle. Dies zeigt sich in der *Zahlinvarianzaufgabe,* die den LOGIK-Kindern in der Vorschulzeit vorgegeben wurde.

Diese Aufgabe wird wie folgt durchgeführt: Man legt eine Reihe mit sieben runden Knöpfen vor das Kind und legt vor jeden dieser Knöpfe einen eckigen Knopf. Anschließend läßt man sich von dem Kind bestätigen, daß in beiden Reihen gleichviel Knöpfe liegen. Daraufhin zieht man, wie in Abbildung V.1 dargestellt, die Reihe der eckigen Knöpfe *vor den Augen des Kindes* auseinander, und fragt, ob es mehr runde oder mehr eckige Knöpfe gibt. Die Mehrzahl der Vorschulkinder wird antworten, es gäbe mehr eckige Knöpfe. Schiebt man die Reihe der eckige Knöpfe vor den Augen der Kinder zusammen, antworten sie, es gäbe weniger eckige als runde Knöpfe. Das Antwortverhalten der Kinder zeigt, daß sie bei ihrer Beurteilung die *räumliche Ausdehnung* und nicht die Quantität zugrunde legen. Erst im Alter von etwa sieben Jahren antworten alle Kinder unabhängig von der räumlichen Ausdehnung, daß es gleichviel runde wie eckige Knöpfe gibt.

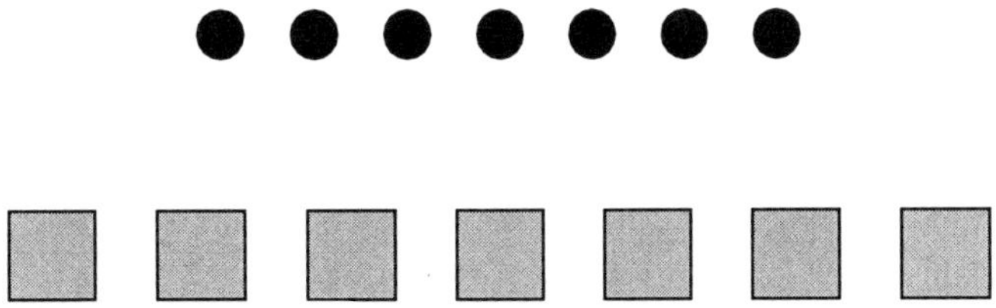

Abbildung V.1: "Gibt es mehr runde oder mehr eckige Knöpfe?"

Die Aufgabe wurde den Kindern in der 1. und 3. Erhebungswelle vorgegeben, also im Alter von 3–4 und 5–6 Jahren. Während in der 1. Welle weniger als 10% der Kinder im Sinne der Erwachsenen korrekt antworteten, war dies in der 3. Welle bei etwa 50% der Fall. Warum weicht das Antwortverhalten der Kinder so frappierend von dem der Erwachsenen ab? Für Erwachsene sind Begriffe wie "mehr" und "weniger" in erster Linie mit der Anzahl der Elemente einer Menge verbunden und nicht mit ihrer räumlichen Ausdehnung. Vorschulkinder hingegen verwenden diese Begriffe in erster Linie zur Beschreibung der räumlichen Ausdehnung einer Menge und erst im Alter von sechs bis sieben Jahren erhält die Anzahl die größere Priorität.

Mit der *Quantifizierungsaufgabe* wurde ein weiterer wichtiger Aspekt der Vorschulentwicklung erfaßt. Wird ein Erwachsener aufgefordert, die Anzahl der in Abbildung V.2 zu sehenden Holzklötze anzugeben, wird er nicht jeden einzelnen Klotz zählen, sondern auf einen Blick sehen, daß es sich um acht Gegenstände handelt. Bei zufällig angeordneten Gegenständen können erfahrene Erwachsene Mengen von teilweise mehr als zehn Gegenständen ohne zu zählen ermitteln. Je häufiger Menschen die Welt quantitativ strukturieren, um so effizienter sind sie dabei. Es ist zu erwarten, daß sich bereits Vorschulkinder in der Quantifizierungsfähigkeit unterscheiden.

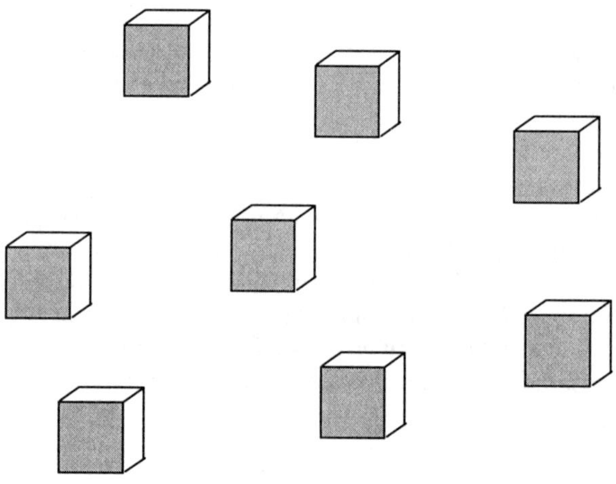

Abbildung V.2: "Wie viele Würfel sind das?"

Den Kindern der LOGIK-Studie wurden im Alter von 5–6 Jahren 3–8 Holzklötze (siehe Abb. V.2) vorgelegt, und sie wurden aufgefordert, die Anzahl anzugeben ohne zu zählen. Es zeigten sich große Unterschiede zwischen den Kindern: Etwa 20% der Kinder konnten nur Mengen bis zu vier, 30% der Kinder hingegen Mengen bis zu acht Gegenständen fehlerfrei ermitteln. Die Leistung der übrigen Kinder lag zwischen fünf und sieben.

Zusammenfassend läßt sich zur mathematischen Entwicklung in der Vorschulzeit sagen, daß Kinder bereits zwischen dem 3. und 4. Lebensjahr kleinere Mengen korrekt zählen können. Allerdings spielt die Quantifizierung zunächst bei der Verarbeitung von Information noch eine untergeordnete Rolle; andere Dimensionen haben eine höhere Priorität. Erst in den folgenden beiden Lebensjahren erlangen Kinder immer mehr Übung darin, die Welt zu quantifizieren, wobei es jedoch große interindividuelle Unterschiede gibt. Inwiefern die Vorschulmathematik die spätere Entwicklung beeinflußt, wird in einem der folgenden Abschnitte behandelt.

2. *Frühe und mittlere Grundschulzeit*

Aus dem vorangegangenen Abschnitt ging hervor, daß für Kinder mit dem Schuleintritt keineswegs die Stunde Null der Mathematik beginnt. Sie verfügen nicht nur über ein Zahlkonzept, sondern verstehen auch die Grundlagen der Addition und Subtraktion. In der Grundschule werden neue Techniken in den Grundrechenarten sowie das Zehnersystem gelernt. Dieses Wissen wird zum Lösen von Textaufgaben und zur Entwicklung von arithmetischem Strategiewissen herangezogen. Beide Anforderungsarten wurden in der LOGIK-Studie getestet.

(a) Textaufgaben

In der Grundschule lernen die Kinder, mathematische Symbole zur Modellierung von Situationen zu nutzen, d.h. sie lösen Textaufgaben. Da diese Aufgaben nicht einfach durch die automatisierte Anwendung vertrauter Rechenstrategien gelöst werden können und deshalb häufig fehlerhaft bearbeitet werden, sind sie vielen Menschen in unguter Erinnerung. Dabei sind manche Textaufgaben recht einfach zu lösen. So kann die Aufgabe:

> "Hans hat 7 Murmeln. Peter hat 4 Murmeln. Wie viele Murmeln muß Peter noch bekommen, damit er genauso viele Murmeln hat wie Hans?"

bereits von mehr als 80% der fünfjährigen Kindergartenkinder gelöst werden, während noch etwa 50% der Drittkläßler die Aufgabe *nicht* lösen können, wenn sie mit der Frage endet

> "Wie viele Murmeln hat Peter weniger als Hans?".

Dieses Ergebnis wurde in unterschiedlichsten Ländern gefunden und auch in der LOGIK-Studie bestätigt. An anderer Stelle (Stern, 1997) wird ausführlich erklärt, warum Textaufgaben zum quantitativen Vergleich so schwer sind. Nicht mangelndes Sprachverständnis hält Kinder davon ab, Aufgaben, in denen Formulierungen wie "wieviel mehr" und "wieviel weniger" vorkommen, zu lösen, sondern ein eingeschränktes mathematisches Verständnis. Die Frage "Wie viele Murmeln hat Hans weniger als Peter?" ist schwer zu verstehen, weil nicht nach einer konkreten Menge, sondern nach einer Beziehung zwischen zwei Mengen gefragt wird. Dies erfordert ein größeres Abstraktionsvermögen als das Verstehen der Frage "Wie viele Murmeln muß Hans noch bekommen, damit er genauso viele hat wie Peter?". Die Menge der zu beschaffenden Murmeln kann man sich als konkretes Bild vorstellen, die Differenz zwischen zwei Mengen hingegen nicht.

Die Kinder der LOGIK-Studie erhielten von der 2. bis zur 4. Klasse mathematische Textaufgaben. Tabelle V.1 gibt die Lösungsraten für zwei exemplarische Textaufgaben wieder. Obwohl beide Textaufgaben mathematisch recht komplex sind, unterscheiden sie sich deutlich in ihrer Schwierigkeit. Der Grund dafür liegt im unterschiedlichen Abstraktionsgrad: Während die "Mohrenkopfaufgabe" von konkreten Mengen handelt, wird in der "Kugelaufgabe" der abstraktere Mengenvergleich verlangt.

Tabelle V.1
Prozentsatz der Kinder, die die jeweilige Textaufgabe korrekt lösten

	KLASSE		
	2	3	4
3 Kinder feiern Geburtstag. Mutter hat 10 Mohrenköpfe gekauft. Jedes Kind ißt 2 Mohrenköpfe. Wie viele Mohrenköpfe bleiben übrig?	61%	70%	79%
Claudia hat 7 Kugeln. Sie hat 2 Kugeln mehr als Thomas. Oliver hat 3 Kugeln mehr als Thomas. Wie viele Kugeln hat Oliver?	30%	49%	63%

Die Ergebnisse zeigen, daß die Kinder in der Grundschule nicht nur die Ausführung komplexer Rechenprozeduren lernen, sondern auch ihr Verständnis von mathematischen Operationen ändern müssen. Wer Addition ausschließlich als Vergrößerung und Subtraktion nur als Verkleinerung von Mengen versteht, ist spätestens mit der Bearbeitung von Algebra-Aufgaben überfordert. Auch das Verständnis von Multiplikation und Division verändert sich im Lauf der Zeit. Intuitiv wird Multiplikation zunächst als wiederholte Addition und Division als die Aufteilung von Mengen in gleiche Teile verstanden. Spätestens beim Rechnen mit nicht-natürlichen Zahlen ist dieses Verständnis unzureichend.

(b) Arithmetisches Strategiewissen

Geübte Rechner sehen auf einen Blick, daß man bei sogenannten Inversionsaufgaben wie "84+32-32=" nicht rechnen muß; sie wenden also die Abkürzungsstrategie an. Die meisten Grundschulkinder hingegen wenden ihre gewohnten Rechenstrategien an. Mit einem Computertest haben wir die Anwendung der Abkürzungsstrategie erfaßt. Auf dem Bildschirm wurden Aufgaben mit Lösungen präsentiert, wie z.B. "32+16-16=16" oder "34+12-19=29". Die Kinder sollten durch einen Tastendruck so schnell wie möglich angeben, ob das angegebene Ergebnis ihrer Meinung nach korrekt war oder nicht. Die Bearbeitungszeit wurde registriert. Kinder, die die Abkürzungsstrategie bereits anwenden, sollten für die Bearbeitung von Inversionsaufgaben nur wenig Zeit brauchen. Es zeigte sich, daß 28% der Kinder in der 2. Klasse und 63% in der 3. Klasse die Abkürzungsstrategie angewendet haben.

3. Späte Grundschulzeit und frühe Sekundarstufe

Kinder lieben es, sich gegenseitig mit der Frage "Was ist schwerer, ein Kilogramm Blei oder ein Kilogramm Federn?" auf das Glatteis zu führen. Die korrekte Beantwortung einer derartigen Frage setzt proportionales Denken voraus: Man muß zwei Einheiten hinsichtlich zweier Dimensionen vergleichen. Viele der im Alltag von Erwachsenen selbstverständlichen Konzepte wie "Geschwindigkeit" oder "spezifisches Gewicht" basieren auf proportionalem Denken. Im Falle der Geschwindigkeit muß man bekanntermaßen Weg und Zeit in Beziehung setzen und im Falle des spezifischen Gewichtes sind es Volumen und Gewicht. Es war - natürlich - Piaget, der zeigte, daß sich das proportionale Denken bei der Mehrheit der Kinder erst mit etwa 12 Jahren entwickelt.

In der LOGIK-Studie wurde proportionales Denken u.a. mit folgender Aufgabe getestet:

> "Im Käsegeschäft gibt es zwei Käseräder, die gleichgroß und gleichschwer sind. Ein Käse ist weiß, der andere gelb. Der weiße Käse wurde in 8 Stücke geschnitten, der gelbe Käse wurde in 16 Stücke geschnitten. Frau Müller kauft 3 Stücke von dem gelben Käse, und Herr Maier kauft 2 Stücke von dem weißen Käse. Zu Hause legen beide ihren Käse auf die Waage. Wessen Käse wiegt mehr, der von Frau Müller oder der von Herrn Maier?"

Um sicherzustellen, daß falsche Antworten nicht auf eine Überlastung des Gedächtnisses zurückzuführen sind, wurden Zeichnungen von den geschnittenen Käserädern angefertigt. 73% der LOGIK-Kinder antworteten in der 4. Klasse, daß der Käse von Frau Müller mehr wiegt. Die Lösung der beschriebenen Aufgabe erfordert den Vergleich der Brüche 2/8 und 3/16. Um die Aufgabe richtig zu lösen, muß man verstehen, daß man nicht allein die Anzahl der Käsestücke vergleichen darf, sondern auch deren unterschiedliche Größe mit berücksichtigen muß. Selbst in der 5. und 6. Klasse hatten mehr als 50% der Kinder noch Schwierigkeiten mit einigen Aufgaben zum proportionalen Denken. So wurde den Kindern gesagt, es gäbe zwei Kaugummiautomaten. In einem sei das Verhältnis von roten zu schwarzen Kaugummis 26:24 und im anderen 14:12. Die Kinder sollten angeben, in welchen Apparat man eher sein Geld werfen sollte, wenn man lieber einen roten Kaugummi hätte. Nur 13% der Kinder in der 6. Klasse antworteten korrekt.

Die Entwicklung von Leistungsunterschieden

Aus den Ergebnissen des vorangegangenen Abschnittes wurde deutlich, daß zu allen Zeitpunkten der LOGIK-Studie große Unterschiede zwischen den Kindern bestanden. Deshalb sind Aussagen wie "Mit sechs Jahren kann das durchschnittliche Kind die Zahlinvarianzaufgabe lösen" oder "Mit 12 Jahren kann das durchschnittliche Kind proportional denken" von begrenztem Nutzen. Will man Leistungsunterschiede zwischen Kindern einer Altersgruppe lediglich beschreiben, reichen weniger aufwendige Querschnittuntersuchungen aus. Vorhersagen kann man hingegen die Entwicklung von Leistungsunterschieden nur, wenn die gleichen Kinder mehrfach untersucht werden. Im folgenden werden drei Fragen zur Entwicklung von Leistungsunterschieden behandelt:

(1) Zeichnet sich bereits in der Kindheit eine stabile mathematische Begabung ab?

(2) Sind Leistungsunterschiede in Mathematik mit der allgemeinen Intelligenz zu erklären?

(3) Treten bereits in der Grundschulzeit Leistungsunterschiede zwischen Jungen und Mädchen auf?

Zeichnet sich bereits in der Kindheit eine stabile mathematische Begabung ab?

Der Begriff "Begabung" bezeichnet im Alltag wie in der Wissenschaft ein zeitlich stabiles Persönlichkeitsmerkmal. Von einer mathematischen Begabung in der Kindheit zu sprechen ist nur sinnvoll, wenn Kinder, die bereits in der Vorschulzeit über ein besseres Zahlverständnis verfügen als ihre Altergenossen, diesen auch bei der Bewältigung von mathematischen Anforderungen der Grundschulzeit und der Sekundarstufe überlegen sind. Mit Hilfe von Korrelationskoeffizienten wird erfaßt, in welchem Ausmaß eine Gruppe von Personen bei zweimaliger Messung in ihren Rangplätzen übereinstimmt. Zu diesem Zweck bringt man für beide Messungen die Personen in eine Rangreihe und ermittelt mit Hilfe einer speziellen mathematischen Formel den Korrelationskoeffizienten, der zwischen −1 und +1 liegt. Ein Korrelationskoeffizient von 0 bedeutet, daß es keinen Zusammenhang zwischen beiden Messungen gibt. Ein Korrelationskoeffizient von +1 gibt einen perfekten Zusammenhang wieder: Jede Person nimmt in beiden Messungen den gleichen Rangplatz ein. Ein Korrelationskoeffizient von −1 gibt einen engen, aber negativen Zusammenhang wieder: Wer in einer Messung einen hohen Rangplatz eingenommen hat, nimmt in der anderen Messung einen niedrigen Rangplatz ein und umgekehrt. Am besten läßt sich die Korrelation graphisch in einem Koordinatensystem abbilden, indem an jeder Achse die Rangplätze in beiden Messungen abgetragen werden. Im Falle einer Korrelation von 1 liegen alle Werte auf einer ansteigenden Geraden, im Falle einer Korrelation von −1 auf einer abfallenden Geraden, und im Falle einer Korrelation von 0 verteilen sich die Werte über die Fläche. Wenn man, wie in diesem Abschnitt beabsichtigt, zeitliche Stabilitäten in Maßen aus dem gleichen Inhaltsgebiet erfassen möchte, findet man meist Korrelationen zwischen .30 und .80. Es gibt einen positiven Zusammenhang, aber die Übereinstimmung der Rangplätze ist nicht perfekt.

Im folgenden werden zwei Ergebnisse der Korrelationsanalysen exemplarisch dargestellt. In Abbildung V.3a ist der Zusammenhang zwischen den beschriebenen Vorschultests (ein Summenwert aus der Zahlinvarianzaufgabe und der Aufgabe zum Schätzen von Mengen wurde gebildet) und der Leistung im Lösen von Textaufgaben wiedergegeben. Die Abbildungen zeigen deutliche, wenn auch nicht perfekte Übereinstimmungen in der Leistung. Mit anderen Worten, die meisten Kinder, die bereits in der Vorschulzeit ihren Altersgenossen überlegen waren, sind dies auch beim Lösen von Textaufgaben in der 2. Klasse. Für die mit Statistik vertrauten Leser sei gesagt, daß der Korrelationskoeffizient .63 beträgt. Die meisten der Kinder, die in der Vorschulzeit schlechter abschnitten als ihre Alterskameraden, zeigen auch in der 2. Schulklasse noch unterdurchschnittliche Leistungen. Natürlich gibt es auch Kinder mit abweichendem Muster. Je weiter die Markierung eines Kindes (also ein Punkt) von der eingezeichneten Geraden abweicht, um so weniger stabil ist seine

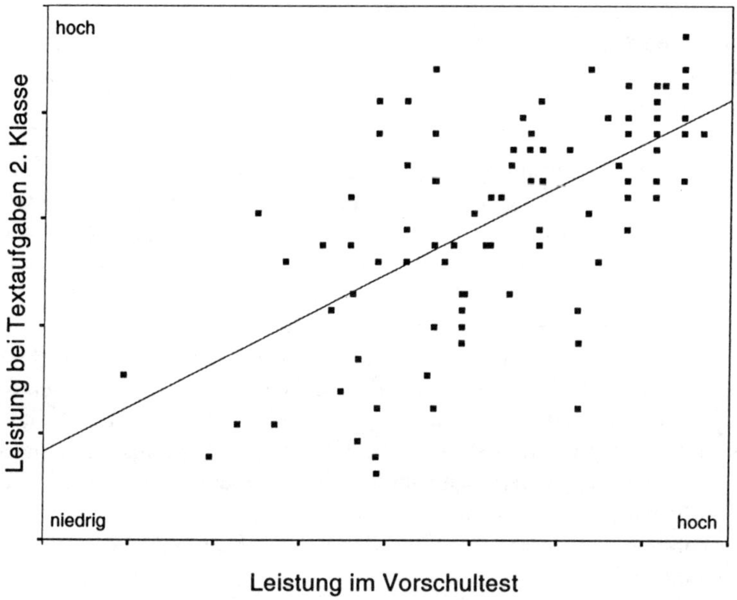

Abbildung V.3a: Der Zusammenhang zwischen der Leistung im Vorschultest und der Leistung beim Lösen von Textaufgaben in der 2. Klasse.

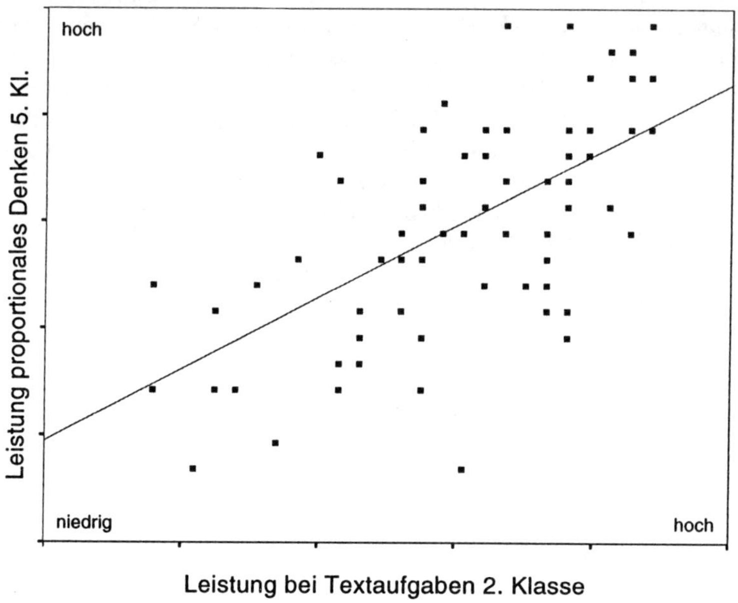

Abbildung V.3b: Der Zusammenhang zwischen der Leistung beim Lösen von Textaufgaben in der 2. Klasse und dem proportionalen Denken in der 5. Klasse.

Leistung. Auch zwischen der Leistung im Vorschultest und dem Lösen von Inversionsaufgaben (16+8-8=) mit Hilfe der Abkürzungsstrategie gab es einen deutlichen Zusammenhang.

Abbildung V.3b zeigt den Zusammenhang zwischen der Leistung im Lösen von Textaufgaben in der 2. Klasse und dem proportionalen Denken in der 5. Klasse. Auch hier zeigt sich ein sehr hoher Zusammenhang: Der Korrelationskoeffizient beträgt .61. Auch die Zusammenhänge zwischen den übrigen mathematischen Leistungsmaßen, die hier nicht dargestellt werden, waren recht ausgeprägt und statistisch bedeutsam, selbst wenn zwischen den Prüfungen eine zeitliche Spanne von mehreren Jahren lag. So zeigte sich zwischen der Leistung im Vorschultest und dem proportionalen Denken in der 5. Klasse noch immer ein substantieller Zusammenhang. Insgesamt sprechen die dargestellten Analysen dafür, daß Leistungsunterschiede in Mathematik nicht nur in der Grundschulzeit stabil sind, sondern sogar schon vor Schulbeginn. Obwohl zu diesem Zeitpunkt noch keine systematische Unterweisung in Mathematik erfolgte, haben einige Kinder bereits erstaunliche Kenntnisse erworben und können diese offensichtlich in der Grundschule nutzen, um ihren Vorsprung auszubauen. Ganz zweifellos zeichnen sich bereits in der Kindheit stabile mathematische Begabungsunterschiede ab.

Sind Leistungsunterschiede in Mathematik mit der allgemeinen Intelligenz zu erklären?

Warum fällt es einigen Kindern so leicht und anderen so schwer, den Anforderungen des Mathematikunterrichtes gerecht zu werden? Zur Erklärung von Leistungsunterschieden bei der Bewältigung *neuer* Anforderungen wird oft die *Intelligenz* herangezogen. Anforderungen sind neu, wenn nicht auf bereits erprobte Lösungsstrategien zurückgegriffen werden kann. Die Forschung der vergangenen Jahre hat allerdings gezeigt, daß nicht nur intellektuelle Fähigkeiten, sondern auch das spezifische Inhaltswissen bei der Bewältigung neuer Anforderungen eine wichtige Rolle spielen. Der Erwerb dieses spezifischen Wissens basiert auf einer längeren Lerngeschichte. In der im folgenden dargestellten Analyse soll untersucht werden, ob die Leistungsunterschiede bei der Bearbeitung einer neuen Mathematikaufgabe eher mit der allgemeinen Intelligenz zu erklären sind oder mit der spezifischen Lerngeschichte. Da die Erfassung der Lerngeschichte eine Längsschnitterhebung voraussetzt, können wir mit Hilfe der LOGIK-Daten dieser Fragestellung nachgehen.

Eine neue Anforderung: Die Konstruktion von Textaufgaben

In der 4. Klasse wurde den Kindern der LOGIK-Studie eine Aufgabe vorgegeben, die den Erfordernissen der "Neuheit" entspricht. Den Kindern wurde zunächst eine typische Frage zu einer mathematischen Textaufgabe gestellt:

"Wieviel Murmeln haben Hans und Peter zusammen?"

Anschließend wurden den Kindern eine Reihe von Sätzen vorgegeben:

Hans hat 5 Äpfel.	Susanne hat 7 Murmeln.
Peter hat 4 Murmeln weniger als Susanne.	Hans hat 8 Murmeln.
Peter hat 6 Murmeln.	Peter hat 3 Murmeln.

Die Aufgabe der Kinder bestand darin, aus den vorgegebenen Sätzen diejenigen auszuwählen, die benötigt werden, um eine sinnvolle Textaufgabe zu konstruieren, zu der die genannte Frage paßt. Obwohl Kinder der 4. Klasse durchaus in der Lage sind, die Textaufgaben zu lösen, ist die Konstruktionsaufgabe schwer, weil sie das Ignorieren der unpassenden Sätze verlangt.

Allgemeine Intelligenz

Die in der 4. Klasse gemessenen Leistungen im nichtsprachlichen Intelligenztest wurden einbezogen.

Lerngeschichte in Mathematik

Die Leistung im Lösen mathematischer Textaufgaben in der 2. Klasse wurde als Indikator für die spezifische Lerngeschichte herangezogen. Für jedes Kind wurde sowohl für den Intelligenztest (**I**) als auch für das Lösen mathematischer Textaufgaben (**M**) erfaßt, ob es überdurchschnittliche (**+**) oder unterdurchschnittliche (**–**) Leistungen erzielte. Damit ergaben sich vier Gruppen:

I+M+ (Überdurchschnittliche Intelligenz, überdurchschnittliche Mathematikleistung)
I+M– (Überdurchschnittliche Intelligenz, unterdurchschnittliche Mathematikleistung)
I–M+ (Unterdurchschnittliche Intelligenz, überdurchschnittliche Mathematikleistung)
I–M– (Unterdurchschnittliche Intelligenz, unterdurchschnittliche Mathematikleistung).

Wenn für die richtige Bearbeitung der für die LOGIK-Kinder neuen Konstruktionsaufgabe eine überdurchschnittliche Intelligenz entscheidend ist, sollten die Kinder der I+M+ und I+M–Gruppen besser abschneiden als die Kinder der I–M+ Gruppe. Abbildung V.4 zeigt,

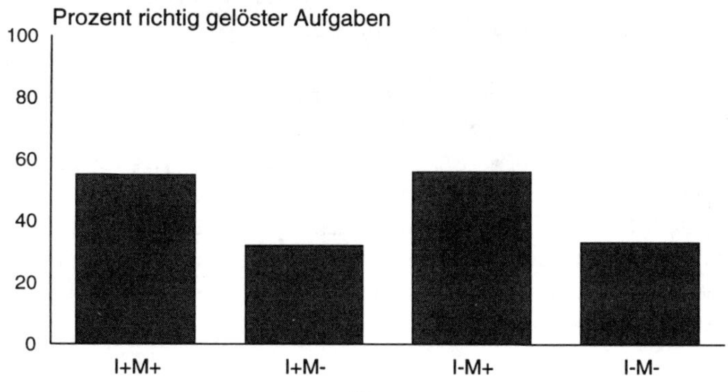

Abbildung V.4: Der Einfluß der allgemeinen Intelligenz und der Lerngeschichte in Mathematik auf die Lösung einer neuen Aufgabe: Mittlere Leistung bei der Bearbeitung der Konstruktionsaufgabe in den vier im Text beschriebenen Gruppen.
Abkürzungen: "I" = Intelligenz, "M" = Mathematikleistung, "+" = überdurchschnittlich, "–" = unterdurchschnittlich.

daß dies nicht der Fall ist. Die besten Leistungen im Lösen der Konstruktionsaufgabe erbrachten die I+M+ und die I–M+ Gruppen. Die I+M– Gruppe zeigte hingegen keine bessere Leistung als die I–M– Gruppe. Überdurchschnittliche Intelligenz ist offensichtlich weder eine notwendige noch eine hinreichende Voraussetzung für die erfolgreiche Bearbeitung einer neuen mathematischen Aufgabe. Hingegen bewältigen Kinder, die auf eine längere erfolgreiche Lerngeschichte in diesem Fach zurückblicken können, selbst wenn sie nicht über eine überdurchschnittliche Intelligenz verfügen, die neue Aufgabe durchaus erfolgreich.

Eine ausführlichere Diskussion dieser Ergebnisse kann bei Stern (1994) nachgelesen werden. Auch andere Ergebnisse der LOGIK-Studie (Stern, in Druck) zeigen, daß die Intelligenz bei der Erklärung von Leistungsunterschieden in Mathematik eher eine untergeordnete Rolle spielt, sobald Mathematiktests mit herangezogen werden. Der spezifischen Begabung und der persönlichen Lerngeschichte scheinen eine wichtigere Rolle zuzukommen.

Treten bereits in der Grundschulzeit Leistungsunterschiede zwischen den Geschlechtern auf?

Ein Blick in die mathematisch-naturwissenschaftlichen Zweige der gymnasialen Oberstufe und in die mathematischen Fakultäten der Universitäten offenbart männliche Dominanz. Spitzenleistungen in Mathematikwettbewerben werden bereits in der Mittelstufe vorwiegend von männlichen Schülern erbracht. Forschungsergebnisse zu Geschlechtsunterschieden in der Grundschulzeit ergeben bisher kein einheitliches Bild. Während in einigen Veröffentlichungen keine Unterschiede berichtet werden, werden insbesondere in Studien zum mathematischen Verständnis Unterschiede zugunsten der Jungen gefunden. Stehen hingegen Arithmetikaufgaben im Mittelpunkt, die die effiziente Anwendung gelernter Strategien erfordern, sind häufig die Mädchen überlegen.

Längsschnittdaten erlauben Aussagen über die unterschiedliche Entwicklung von Mädchen und Jungen über eine längere Zeit. Machen Mädchen, die zu Beginn der Grundschulzeit gute bis sehr gute Leistungen erbrachten, später weniger Lernfortschritte als Jungen? Haben möglicherweise Jungen, die zu Beginn der Grundschulzeit nicht zu dem oberen Leistungsdrittel zählten, bessere Chancen, dieses Leistungsniveau gegen Ende der Grundschulzeit zu erreichen als Mädchen? Die folgenden Analysen befassen sich mit der Entwicklung einiger Mathematikleistungen von guten bis sehr guten, mittelmäßigen und leistungsschwachen Schülerinnen und Schülern.

Zur anschaulichen Darstellung der Geschlechtsunterschiede werden die Jungen in Bezug auf ihre Mathematikleistung in drei gleich große Gruppen aufgeteilt. Im unteren Drittel befinden sich die schwachen Schüler, im mittleren Drittel die mittelmäßigen und im oberen Drittel die guten bis sehr guten Schüler. Mit der Aufteilung der Jungen in gleiche Drittel werden für die jeweiligen Aufgaben bestimmte Leistungsgrenzen festgelegt. Im folgenden Auswertungsschritt werden diese Leistungsgrenzen bei der Aufteilung der Mädchen zugrundegelegt. Der prozentuale Anteil der Mädchen innerhalb der drei Leistungsgrenzen wird ermittelt. Wenn es keine Leistungsunterschiede zwischen Mädchen und Jungen gäbe, befänden sich jeweils 33% der Mädchen in jedem Drittel. Gibt es aber mehr gute und sehr gute Mädchen als Jungen, läge der prozentuale Anteil der Mädchen im oberen Drittel über 33%. Dementsprechend wären weniger als 33% der Mädchen im mittleren und/oder unteren Drittel angesiedelt. Abbildung V.5 zeigt die Ergebnisse für den Vorschultest, für das Lösen von Textaufgaben und für das proportionale Denken. Der aufmerksame Leser erkennt natürlich, daß die über die Jungen gegebene Information eigentlich überflüssig ist, da zu jedem Zeitpunkt die männlichen Schüler in drei gleiche Gruppen aufgeteilt wurden. Die eigentlich redundante Information wurde dennoch gegeben, um die Vergleiche zwischen den Geschlechtern in der graphischen Abbildung zu erleichtern. Es zeigt sich, daß in allen Tests und zu allen Meßzeitpunkten die Jungen bessere Leistungen erbringen als die Mädchen. Im oberen Leistungsdrittel sind bei allen Tests und zu allen Zeitpunkten - mit Ausnahme der Textaufgaben in der 2. Klasse - deutlich weniger als 33% der Mädchen vertreten. Im unteren Drittel hingegen sind durchgehend deutlich mehr als 33% der Mädchen angesiedelt. Im mittleren Leistungsdrittel ist der Anteil von Jungen und Mädchen etwa vergleichbar.

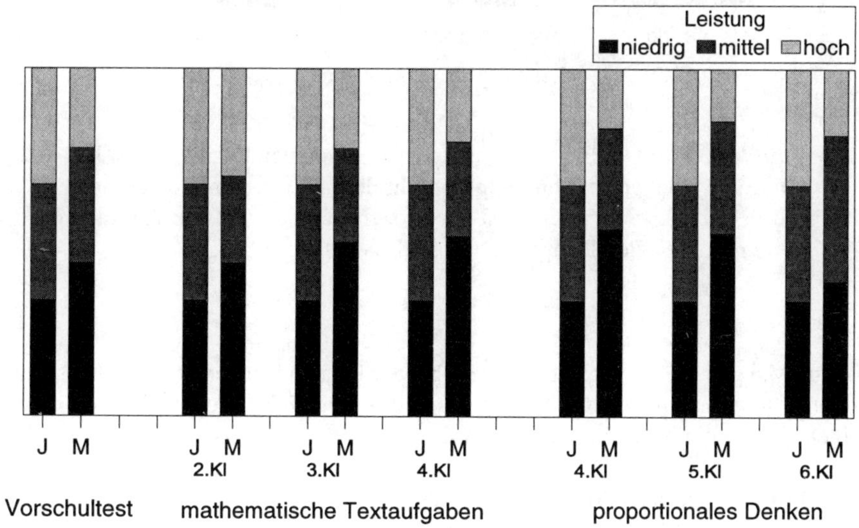

Abbildung V.5: Vergleich der Leistungen von Jungen und Mädchen bei ausgewählten Testleistungen zu unterschiedlichen Erhebungszeitpunkten. Die Jungen wurden in drei gleichgroße Leistungsgruppen aufgeteilt und der Prozentsatz der Mädchen in diesen Leistungsgruppen wurde ermittelt.

Bemerkenswert ist, daß bereits in der Vorschulzeit Leistungsunterschiede zugunsten der Jungen zu beobachten sind. Bevor eine systematische Unterweisung erfolgt, nutzen offensichtlich mehr Jungen als Mädchen Lerngelegenheiten, um Grundlagen des mathematischen Denkens zu erwerben.

Weitere Analysen sollen Auskunft darüber geben, ob die in der Vorschulzeit zu beobachtenden Unterschiede sich bei Mädchen und Jungen in unterschiedlicher Weise auf die spätere mathematische Entwicklung auswirken.

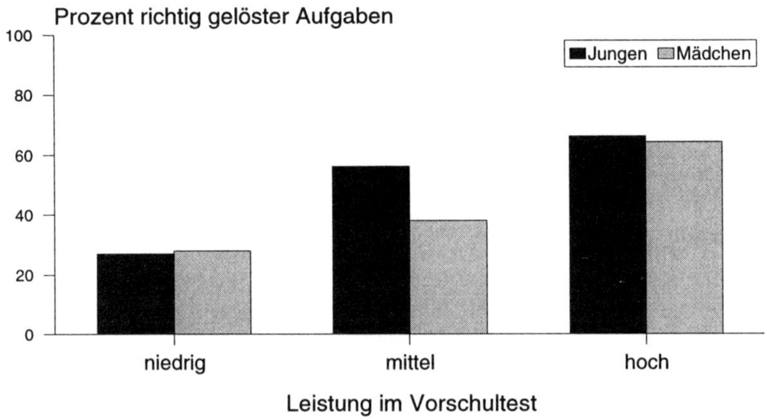

Abbildung V.6: Die Entwicklung des proportionalen Denkens von Jungen und Mädchen in Abhängigkeit von der Leistung im Vorschultest. Auf der vertikalen Y-Achse ist der Prozentsatz der gelösten Aufgaben zum proportionalen Denken in der 5. Klasse abgetragen.

Abbildung V.6 gibt die mittlere Leistung im proportionalen Denken in der 5. Klasse wider, und zwar getrennt für Jungen und Mädchen und in Abhängigkeit von der Vorschulleistung. Es zeigen sich zwei interessante Ergebnisse:

- Sowohl Jungen als auch Mädchen, die sich bereits in der Vorschulzeit im oberen Leistungsdrittel befanden, können ihren Vorsprung bis in die 5. Klasse halten. Die Ergebnisse der gegenwärtig durchgeführten Fortsetzungsstudie müssen zeigen, ob dies auch für höhere Schulstufen gilt. Zumindest für die Grundschulzeit können wir aufgrund der vorliegenden Ergebnisse sagen, daß leistungsstarke Mädchen ihren Startvorteil nicht verlieren.

- Die Ergebnisse zeigen unterschiedliche Entwicklungen von Mädchen und Jungen, die sich in der Vorschulzeit im mittleren Leistungsdrittel befanden. Deutlich mehr Jungen als Mädchen erreichen in der 5. Klasse noch das obere Leistungsdrittel.

Die Ergebnisse widersprechen allen wissenschaftlichen Theorien, denen zufolge Geschlechtsunterschiede in der Mathematikleistung erst während der Pubertät entstehen. Vielmehr scheinen die Unterschiede ihre Wurzeln bereits in der Vorschulzeit zu haben.

Fazit und Schlußfolgerungen für die Praxis

Die wichtigsten Ergebnisse zur längerfristigen Entwicklung von Leistungsunterschieden in der Mathematik lassen sich wie folgt zusammenfassen.

- Obwohl zu unterschiedlichen Alterszeitpunkten verschiedene mathematische Anforderungen zu erfüllen sind, gibt es offensichtlich eine über lange Lebensperioden hinweg stabile mathematische Begabung. Die meisten Kinder, die im Vorschulalter ihren Altersgenossen bei der Quantifizierung überlegen waren, behielten diesen Vorsprung auch bei, wenn später anspruchsvollere mathematische Anforderungen gestellt wurden. Umgekehrt gilt auch, daß Kinder, die im Vorschulalter eher schwächere Leistungen erbrachten, eine deutlich geringere Chance haben, später in der Schule gute Mathematikleistungen zu erzielen.

- Die Ergebnisse der LOGIK-Studie sprechen dafür, daß bereits im Grundschulalter Leistungsunterschiede in der Mathematik eher durch eine spezifische Begabung als mit allgemeinen Intelligenzunterschieden zu erklären sind.

- Es stellte sich heraus, daß in der Vor- und Grundschulzeit Jungen im Durchschnitt in allen Maßen zu mathematischen und numerischen Kompetenzen bessere Leistungen erbrachten als Mädchen. Dies zeigte sich in einem höheren Anteil der männlichen Schüler im oberen Leistungsdrittel und in einem niedrigeren Anteil der Jungen im unteren Drittel. Detaillierte Analysen belegten, daß zwei wichtige Gründe für die Überlegenheit der Jungen verantwortlich waren: Mehr Jungen als Mädchen hatten bereits in der Vorschulzeit mathematisch-numerische Kompetenzen entwickelt, auf denen sie in der Grundschulzeit aufbauen konnten. Darüber hinaus gelang es mehr Jungen als Mädchen aus dem mittleren Leistungsbereich, in das obere Leistungsdrittel aufzusteigen.

Es stellt sich natürlich die Frage nach den Ursachen für die großen Unterschiede zwischen den Kindern, sowohl innerhalb als auch zwischen den Geschlechtern. Eine Längsschnittuntersuchung wie die LOGIK-Studie kann zur Klärung der Erbe-Umwelt-Frage keinen Beitrag leisten; dafür werden Zwillings- und Adoptionsuntersuchungen benötigt. Dennoch sollen an dieser Stelle einige Anmerkungen zu der Frage nach den Ursachen der Geschlechtsunterschiede erfolgen. Noch vor einigen Jahren war man sowohl in der Wissenschaft als auch im Alltag geneigt, das schlechtere Abschneiden der Mädchen eher auf Unterschiede in den Umweltbedingungen als in der genetischen Ausstattung zurückzuführen. Mädchen erhielten lange Zeit eine deutlich schlechtere Ausbildung als Jungen, und es wurden bewußt unterschiedliche Anforderungen an beide Geschlechter gestellt. Dies hat sich jedoch in den letzten Jahren geändert. Angesichts der Bemühungen um Chancengleichheit für Mädchen und Jungen von Seiten der Elternhäuser, Kindergärten und Schulen lassen sich die noch immer zu beobachtenden Leistungsunterschiede zugunsten der Jungen nur noch schwer ausschließlich auf Umweltunterschiede zurückführen.

Natürlich kann man argumentieren, daß trotz oberflächlicher Bemühungen um Gleichbehandlung der Mädchen weiterhin Unterschiede gemacht werden, und dafür gibt es auch überzeugende Belege. Der in Abbildung V.6 dargestellte Befund, wonach für Kinder mit mittleren Eingangsvoraussetzungen gilt, daß Jungen bessere Chancen haben, noch in den oberen Leistungsbereich aufzusteigen als Mädchen, ließe sich in diese Richtung interpretieren. Fraglich geworden ist allerdings, ob das gesamte Ausmaß an Leistungsunterschieden darauf zurückzuführen ist, daß Mädchen in vielen Aspekten anders behandelt werden als Jungen. Die Abneigung, die viele Menschen verspüren, wenn genetische Faktoren zur Erklärung von Unterschieden herangezogen werden, ist auf eine ungerechtfertigte Gleichsetzung von "genetisch determiniert" und "unabänderlich" zurückzuführen. Selbst wenn männliche Personen im Durchschnitt weiblichen Personen in einigen (wissenschaftlich bisher nur vage bestimmbaren) Aspekten der Informationsverarbeitung, die für das mathematische Problemlösen wichtig sein könnten, überlegen sein sollten, bedeutet dies nicht, daß weibliche Personen für alle Zeiten zu einem niedrigeren Leistungsniveau verurteilt sind. Die Psychologie hat sich in den vergangenen zwei Jahrzehnten sehr intensiv mit dem Zustandekommen von Höchstleistungen in unterschiedlichsten Bereichen auseinandergesetzt. Es zeigte sich, daß das Sprichwort "Übung macht den Meister" seine Berechtigung hat. Personen, die in einem Gebiet Höchstleistungen erbringen, unterschieden sich von Personen, die lediglich mittelmäßige Leistungen erbringen, nicht nur in der zu Beginn einer Lernphase gemessenen allgemeinen und spezifischen Begabung, sondern vor allem in der Übungszeit. Personen, die Höchstleistungen erbringen, haben die entsprechende Tätigkeit häufiger und effizienter geübt als Personen, die lediglich mittelmäßige Leistungen erbringen. Auch wenn man für ein bestimmtes Gebiet eine geringere Begabung mitbringt als andere, kann man durch entsprechende Übung beachtliche Leistungserfolge erzielen. Dementsprechend müssen Hinweise auf genetisch determinierte Unterschiede als Aufforderung verstanden werden, durch gezieltes Training eventuelle Benachteiligungen zu kompensieren, – ohne allerdings erwarten zu können, daß begabungsbedingte Leistungsunterschiede verschwinden.

Vor dem Hintergrund dieser Überlegungen kommt dem Ergebnis der LOGIK-Studie, wonach bereits in der Vorschulzeit Jungen im Durchschnitt bessere mathematische Leistungen erbringen als Mädchen, eine besondere Bedeutung zu. In Deutschland sind die Kinder bei der Einschulung älter als in den meisten anderen Ländern. Wenn Mädchen häufiger als Jungen "von Natur aus" wenig Interesse an Mathematik haben, werden sie seltener Übungsmöglichkeiten nutzen, die ihre Fertigkeiten auf diesem Gebiet verbessern könnten. Damit werden die Unterschiede zwischen den Geschlechtern um so größer, je länger man mit dem Angebot systematischer Lerngelegenheiten wartet. Mit anderen Worten: Würde man bereits vierjährigen Kindern in einem selbstverständlich noch spielerisch zu gestaltenden Vorschulunterricht mathematisch-numerische Lerngelegenheiten anbieten, könnten möglicherweise mehr Mädchen Gefallen an diesen Aktivitäten finden und dabei anfängliche Defizite kompensieren.

Eine weitere Ursache für die wachsende Benachteiligung von Mädchen sei zum Abschluß noch kurz erwähnt. Im ersten Abschnitt dieses Kapitels wurde dem "natürlichen" mathematischen Wissen, das zum Zählen und zur Modellierung von Veränderungen herangezogen wird, die "kulturelle" Mathematik gegenübergestellt, bei der mathematische Symbole zur Modellierung von komplexen und abstrakten Beziehungen genutzt werden. Dieser Vorgang wird in der Mathematik häufig durch räumlich-visuelle Veranschaulichung unterstützt, z.B. durch Verwendung von Graphen. In vielen Bereichen erschließt sich Wissen nur durch die Möglichkeit, nicht-räumliche Information räumlich abzubilden. Nun zeigen psychologische Tests, daß zahlreiche Menschen, und zudem mehr weibliche als männliche Personen, Schwierigkeiten mit dem räumlichen Vorstellungsvermögen haben. Zwillings- und Adoptionsstudien sprechen dafür, daß genetische Komponenten teilweise für die Unterschiede verantwortlich sind. Gleichzeitig gilt aber gerade für diesen Bereich, daß die Leistung durch Übung beachtlich gesteigert werden kann. Da im Schulunterricht, insbesondere während der Grundschulzeit, die räumlich-visuelle Veranschaulichung von Information so gut wie nicht geübt wird, wird diese Möglichkeit der Informationsverarbeitung nur von Kindern genutzt, die bereits gute Fähigkeiten mitbringen. In meinen zukünftigen Forschungsarbeiten wird als Konsequenz aus den Ergebnissen der LOGIK-Studie deshalb die Frage im Mittelpunkt stehen, wie man bereits in der Grundschule die graphische Veranschaulichung fördern kann, um damit auch Kindern mit etwas ungünstigeren Eingangsvoraussetzungen im mathematischen und naturwissenschaftlichen Unterricht zu besseren Lernerfolgen zu verhelfen.

Kapitel VI

Vom Optimisten zum Realisten? Zur Entwicklung des Fähigkeitsselbstkonzeptes vom Kindergarten bis zur 6. Klassenstufe

Andreas Helmke

Einführung

Die Entwicklung der Kinder im Alter zwischen 4 und 12 Jahren ist zu einem wesentlichen Teil bestimmt durch die Erfahrungen im Kindergarten und in der Schule, und folglich sind lern- und leistungsbezogene Orientierungen, Motive, Ängste, Einstellungen und Selbsteinschätzungen der Kinder auch im LOGIK-Projekt ein wichtiges Thema. Unter all diesen Merkmalen kommt dem Fähigkeitsselbstkonzept (FSK) sicher eine Schlüsselrolle für die subjektive Bewältigung und Bewertung schulischer Lern- und Leistungsanforderungen zu, und wir haben es deshalb als Schwerpunkt für dieses Kapitel gewählt. Dabei interessieren wir uns zunächst einmal – und dies entspricht der Frageperspektive der traditionellen Entwicklungspsychologie – für die durchschnittliche Richtung des Entwicklungsverlaufs: Trifft die oft gehörte – aber zumindest im deutschen Sprachraum bisher empirisch kaum belegte – Aussage zu, wonach Kinder zu Beginn der Schule noch ausgeprägte Optimisten sind, d.h. ihren eigenen Leistungsstand und ihre Kompetenzen stark überschätzen, im Laufe der Schulzeit jedoch zunehmend zu Realisten würden?

Daneben gibt es eine Reihe weiterer, theoretisch wichtiger wie praktisch relevanter Fragen, die in der bisherigen Diskussion zur Entwicklung des Fähigkeitsselbstbildes vernachlässigt wurden und denen wir in diesem Kapitel Aufmerksamkeit schenken wollen: (a) Stimmt die verbreitete Annahme, daß sich Jungen im Vergleich zu Mädchen generell günstiger einschätzen, und daß dies im Laufe der Schulzeit zunehmend deutlicher in Erscheinung tritt? (b) Wie stabil ist das FSK zwischen Kindergartenalter und 6. Klassenstufe? (c) Ist seine Verlaufsgestalt für alle Kinder gleich, oder lassen sich für verschiedene Untergruppen, beispielsweise für Jungen gegenüber Mädchen, verschiedene Verläufe finden? (d) Was ist für eine erfolgreiche Entwicklung – im Leistungsbereich wie im psychosozialen Bereich – am günstigsten: wenn Kinder ihre Leistungen unterschätzen, wenn sie sich realistisch einschätzen, oder wenn sie sich überschätzen? (e) Spiegelt das FSK letztlich nur den jeweiligen Leistungsstand wider, oder beeinflußt es selbst auch die Schulleistungen der Kinder?

Erhebung des Fähigkeitsselbstkonzeptes

Bis zum Ende der Grundschulzeit wurde mit den Kindern ein Interview durchgeführt. In dessen Verlauf wurde vor dem Kind eine senkrechte Reihe von 5 Mensch-Ärgere-Dich-Nicht-Figuren plaziert (vgl. Abb. VI.1).

Diese Figuren sollten die Leistungsrangordnung innerhalb der Schulklasse (bzw. der Kindergartengruppe) symbolisieren. Die Versuchsleiterinnen erklärten die Bedeutung jeder der fünf Positionen ausführlich – im folgenden am Beispiel des Lesens:

> "Schau mal her, hier habe ich ein paar Figuren. Stell Dir mal vor, daß das die Kinder aus Deiner Klasse sind *(die fünf lila Figuren von oben nach unten in eine senkrechte Reihe legen, so daß Zwischenräume übrigbleiben, in die die grüne Figur, die das Kind darstellt, hineinpaßt).*
>
> Dieses Kind hier oben (*oberste Figur*) kann am besten von allen lesen. Dieses Kind hier (*zweite Figur von oben*) gehört zu den besten, aber es gibt welche (*auf oberste Figur zei-*

gen), die sind noch besser. Dieses Kind hier unten (*unterste Figur zeigen*) kann am schlechtesten von allen lesen. Und dieses Kind (*auf zweitunterste Figur zeigen*) kann auch nicht so gut lesen, aber es gibt Kinder in der Klasse, die können es noch schlechter. Und was ist mit diesem Kind (*auf die mittlere Figur weisen*)? Wie gut kann dieses Kind lesen, verglichen mit den anderen? .... Ja, dieses Kind steht ungefähr in der Mitte, einige in der Klasse sind besser, und einige sind auch schlechter. Und diese Figur (*grüne Figur*), das bist Du. Jetzt zeig mir doch mal, wo Du am besten hinpaßt!"

Je nach Position der grünen Figur gibt es 11 mögliche Antwortkategorien: von 5.5 (besser als der Beste, also noch über der obersten Figur), 5.0 (neben die oberste Figur), 4.5 (zwischen oberste und zweite Figur) ... usw. ... bis 1 (neben die unterste Figur) und 0.5 (unter die unterste Figur).

Anschließend wurde zur Verständniskontrolle nochmals gefragt: Wer sich an die ***Spitze*** *gelegt hat*: "Du bist also der Allerbeste von allen in der Klasse?" *Wer sich in die* ***Mitte*** *gelegt hat*: "Du bist also gerade in der Mitte, manche in der Klasse sind besser als Du, und es gibt auch welche, die schlechter sind?" *Wer sich ans* ***Ende*** *gelegt hat*: "Du bist also der Schlechteste beim Lesen?"

Abbildung VI.1: Versuchsanordnung zur Erhebung des Fähigkeitsselbstkonzeptes.

Ab der 5. Klassenstufe wurden nicht mehr die Figuren verwendet, sondern eine graphisch unterstützte Darstellung im Rahmen eines kurzen Fragebogens. Die Einschätzungen wurden für verschiedene Leistungsbereiche – mit Schwerpunkt auf den Gebieten Deutsch und Mathematik – durchgeführt, die dem jeweiligen Alter und den vorschulischen bzw. schulischen Anforderungen (der Schulfächer) angemessen waren. Die Erhebungen fanden jeweils 2-3 Monate nach Beginn des Schuljahres statt; in der 6. Klassenstufe kam gegen Schuljahresende noch eine weitere Erhebung hinzu.

Durchschnittliche Verlaufsgestalt des Fähigkeitsselbstbildes

Viele entwicklungspsychologische Untersuchungen, vor allem im angloamerikanischen Sprachraum, haben gezeigt, daß die Selbsteinschätzung der eigenen Leistungen und Fähigkeiten zu Beginn der Grundschule sehr hoch ist, daß sich Kinder zunächst stark überschätzen und daß im weiteren Verlauf diese optimistische Selbstüberschätzung in zunehmendem Maße einer realistischen Selbsteinschätzung Platz macht. Wie ist dieser Entwicklungsverlauf zu erklären? Als Hauptgrund wird oft genannt, daß die Fähigkeit von Kindern, Informationen aus verschiedenen Quellen zu integrieren, im frühen Grundschulalter noch nicht voll entwickelt sei. Zwar fänden bei Kindern dieser Altersstufe bereits soziale Vergleichsprozesse statt; deren Ergebnisse würden jedoch nicht oder nicht systematisch für die eigene Fähigkeitseinschätzung genutzt. Weiter wird die Notengebung dafür verantwortlich gemacht, daß optimistisch verzerrte Selbsteinschätzungen der eigenen Fähigkeiten und Leistungen auf Dauer nicht gegen die "Wirklichkeit" in Form der Noten aufrechterhalten werden könnten und allmählich zugunsten realitätsangemessener Selbsteinschätzungen abgebaut würden. Schließlich wird argumentiert, Kinder zwischen 5 und 8 Jahren könnten Wunsch und Wirklichkeit noch nicht trennen (man spricht demnach auch von "Wunschdenken").

Das Ergebnis der LOGIK-Studie ist für zwei Inhaltsbereiche - Deutsch und Mathematik - in den Abbildungen VI.2 und VI.3 dargestellt. An diesen Abbildungen erscheinen zwei Aspekte besonders bemerkenswert: Erstens gibt es im großen und ganzen einen Abstieg von einer im Durchschnitt extrem überdurchschnittlichen zu einer mäßig überdurchschnittlichen Selbsteinschätzung, und damit liegen die Resultate der LOGIK-Studie durchaus im Trend der uns bekannten internationalen Literatur. Dabei ist zu beachten, daß die Selbsteinschätzungen im Mittel während der gesamten sieben Jahre klar über dem Durchschnitt bleiben. Zur Veranschaulichung: Wären die Selbsteinschätzungen realistisch, würden sich also alle Schüler entsprechend ihrer realen Leistungsposition innerhalb der Vergleichsgruppe beurteilen, dann müßte der Durchschnitt aller dieser Urteile genau auf der Null-Linie liegen, denn der Prozentanteil von Schülern, die sich für "unterdurchschnittlich" ein-

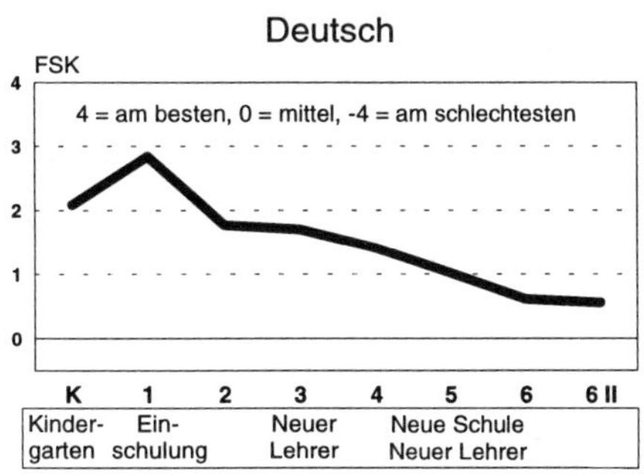

Abb. VI.2

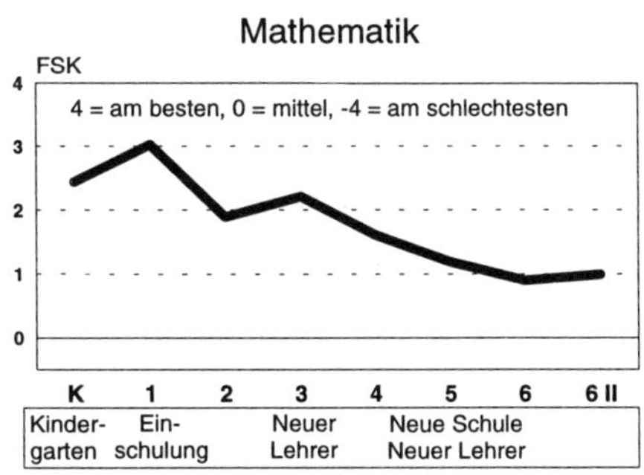

Abb. VI.3

Abbildungen VI.2 und *VI.3*: Entwicklung des Fähigkeitsselbstbildes (FSK) in Deutsch und in Mathematik.

schätzen, müßte in etwa so groß wie derjenige Anteil sein, die sich für "überdurchschnittlich" einschätzen.

Um zu demonstrieren, daß dies nicht der Fall ist, haben wir in den folgenden Abbildungen VI.4 - VI.7 die elf Kategorien der Selbsteinschätzung zu fünf Kategorien zusammengefaßt und berichten die Ergebnisse für den Zeitraum "Kindergarten" und die drei ersten Grundschuljahre. Die Abbildungen machen das Mißverhältnis zwischen "unterdurchschnittlichen" und "überdurchschnittlichen" Einschätzungen sehr deutlich.

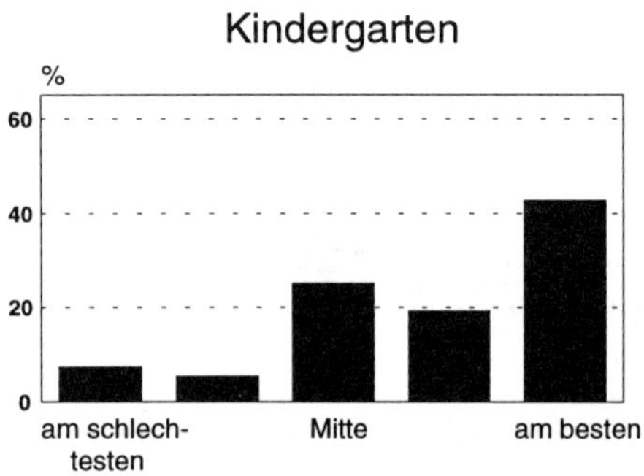

Abb. VI.4

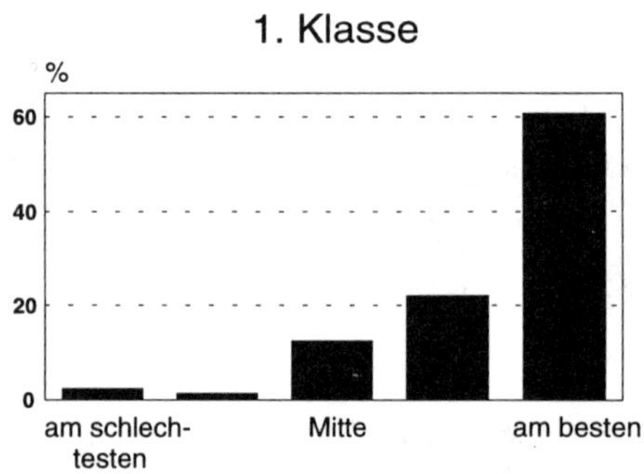

Abb. VI.5

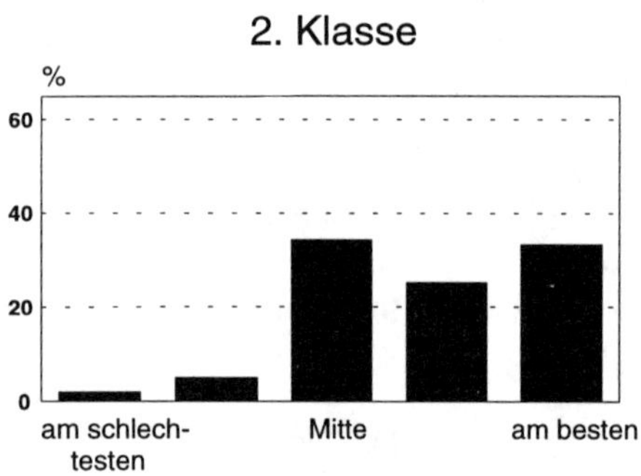

Abb. VI.6

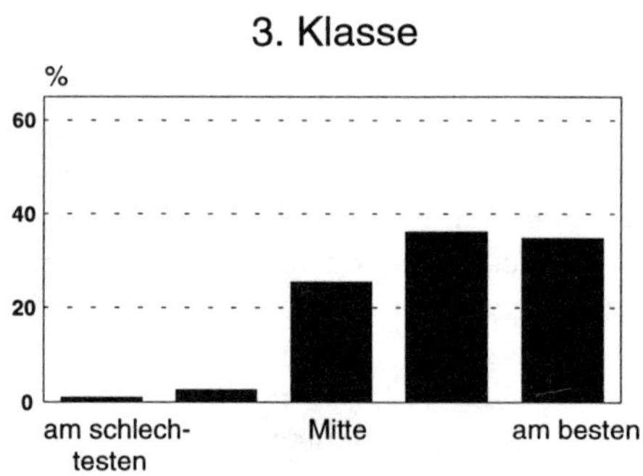

Abb. VI.7

Abbildungen VI.4 – VI.7: Verteilung der Fähigkeitsselbsteinschätzung im Kindergarten, in der 1. Klasse, in der 2. Klasse und in der 3. Klasse.

Das auffälligste Ergebnis ist zweifellos, daß sich in unseren Daten keineswegs der erwartete geradlinige Verlauf ("Abstieg") vom Optimisten zum Realisten zeigt! Vielmehr tauchen zwei auffällige "Knicke" auf, also "Wiederanstiege" des Fähigkeitsselbstkonzeptes, und zwar in der ersten und der dritten Klassenstufe. Wie ist das zu erklären? Obwohl wir es nicht zwingend mit Hilfe von Unterrichtsbeobachtungen belegen können, spricht viel für die Annahme, daß die erste Hälfte des 1. Schuljahres eine Art "Schonzeit" ist, in der noch kaum negative leistungsbezogene Rückmeldungen gegeben und soziale Vergleiche vermieden werden, so daß Erfolgserlebnisse gegenüber den Mißerfolgserlebnissen bei den meisten Schülern eindeutig dominieren. Ein wesentliches Ziel des Grundschulunterrichts während der ersten Monate nach der Einschulung dürfte darin bestehen, zunächst elementare Grundregeln der sozialen Interaktion und des schulischen Lernens einzuführen und einzuüben, nicht aber den Erwerb von Wissen und Fertigkeiten zu forcieren. Unter diesen Umständen haben viele Erstkläßler wenig Grund, ihre eigenen Leistungen anders als "am besten" (in der 1. Klasse sind dies immerhin 60 Prozent! - siehe Abb. VI.5) oder jedenfalls als "gut" einzuschätzen.

Bemerkenswert, wenngleich nicht so stark ausgeprägt, erscheint auch der leichte Wiederanstieg der Selbsteinschätzung kurz nach Beginn der 3. Klassenstufe in Mathematik. Zum Verständnis dieses Phänomens muß man wissen, daß in Bayern zwischen der 2. und 3. Klassenstufe ein obligatorischer Lehrerwechsel vorgesehen ist. Man geht sicher nicht fehl in der Annahme, daß das Augenmerk der neuen Lehrkraft zu Beginn der 3. Klassenstufe zunächst einmal primär darauf gerichtet ist, die neuen Schülern kennenzulernen und ein System von Verhaltensregeln für eine geordnete Unterrichtsführung zu etablieren. Solange diese Aufgabe nicht abgeschlossen ist, dürften sich die Lehrkräfte mit negativen Leistungsrückmeldungen und sozialen Vergleichsprozessen - seien sie informeller Natur oder handele es sich um Zensuren für Leistungsproben oder mündliche Leistungen - vorerst zurückhalten. Somit entsteht für die Schüler eine Art "Erholungsphase", die ihnen die Aussicht auf eine Neubewertung ihrer Leistungsfähigkeit bietet. Schüler, die sich am Ende der 2. Klasse bereits zum schlechten Schüler abgestempelt sahen, können in dieser Zwischenphase nochmals Hoffnung schöpfen und "protektive Nischen" für selbstwertdienliche Einschätzungen ihres schulischen Leistungsstandes finden. Bildlich ausgedrückt: die Karten werden aus der Sicht der Schüler/innen nochmals neu gemischt: Wer zuvor unter bestimmten Lehrstilen gelitten hatte oder bei der Lehrerin eher im Abseits stand, hat nun die Chance eines unbelasteten Neubeginns.

Zur Rolle der Noten

Bemerkenswerterweise erfolgt der Abstieg vom "Gipfel" der extrem positiven Selbsteinschätzung in der 1. Klassenstufe zu einer wesentlich realistischeren Einschätzung in der 2. Klassenstufe noch *vor* der Einführung der Notengebung, denn die ersten Ziffernzeugnisse gibt es erst später: frühestens ab Mitte der 2. Klassenstufe, also eindeutig nach unserer Erhebung des Selbstkonzeptes in der 2. Klasse! Der Beginn der Zensurengebung kann also nicht als Erklärung für den Abfall der Selbsteinschätzungen dienen. Wie ist dann der Abfall des Selbstkonzeptes zu erklären? Möglicherweise fällt in den zur Debatte stehenden Zeitraum ein kognitiver Entwicklungssprung: Was Kinder vorher nicht konnten, beginnen sie nun schnell zu lernen, nämlich Konsequenzen aus eigenen sozialen Vergleichsprozessen zu ziehen. In diesem Zeitraum dürfte auch die Häufigkeit leistungsbezogener Rückmeldungen seitens der Lehrkraft zunehmen.

An dieser Stelle erscheint es aber trotzdem sinnvoll, einmal einen Blick auf die Notenverteilung in den Hauptfächern zu werfen (Abb. VI.8 - VI.10), wobei wir uns auf die Grundschule beschränken, da die Noten in Gymnasium und Hauptschule nicht miteinander vergleichbar sind. Denn schließlich dürften die Noten maßgeblich dazu beitragen, wie günstig oder ungünstig sich jemand innerhalb der jeweiligen Klasse einschätzt.

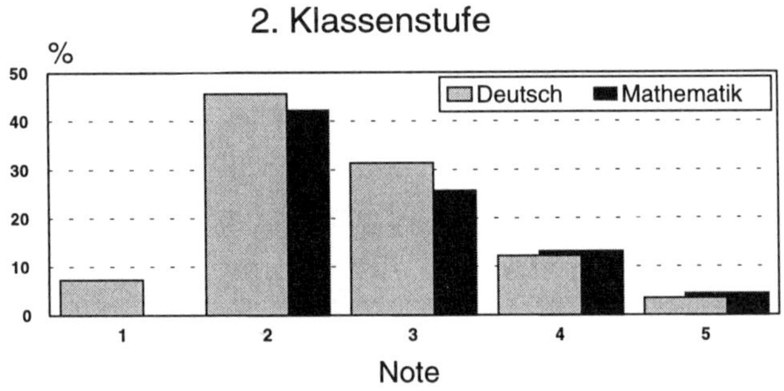

Abb. VI.8

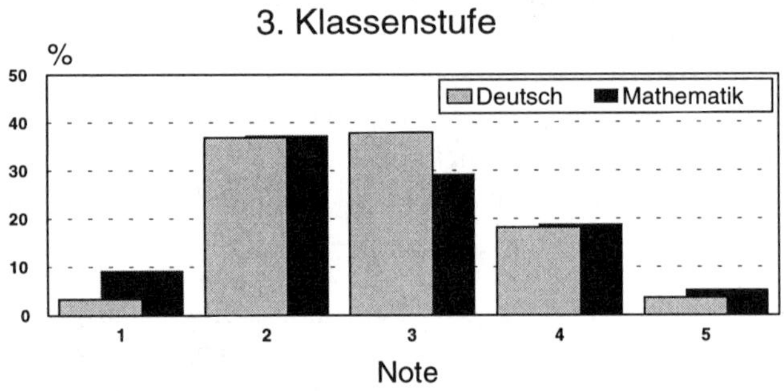

Abb. VI.9

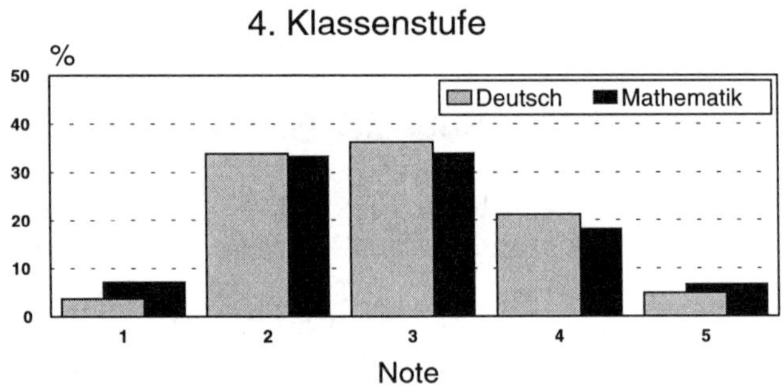

Abb. VI.10

Abbildungen VI.8 – VI.10: Notenverteilung in der 2., 3. und 4. Klassenstufe.

Ein Blick auf die Verteilung der Schulnoten zeigt – für Lehrer und Lehrerinnen der Grundschule bestimmt nicht überraschend – daß bessere Noten sehr viel häufiger vorkommen als schlechtere: Die "2" überwiegt ganz klar gegenüber der "4". Unter diesen Umständen gewinnt die ebenfalls schiefe Verteilung der Selbsteinschätzungen (siehe Abb. VI.4 - VI.7) an Plausibilität, denn in beiden Fällen - Noten und Selbsteinschätzungen - dominieren überdurchschnittliche Urteile - bei den Noten sind dies die "1" und die "2". Eklatant bleibt jedoch noch immer die Diskrepanz zwischen dem Prozentsatz der Kinder, die sich für "am besten" halten - in der 1. Klasse sind dies immerhin 60 Prozent - und dem prozentualen Anteil der "Einser" in dem jeweiligen Fach.

Abwärtsentwicklung des Fähigkeitsselbstkonzeptes: Globaler Trend oder differentielle Entwicklungsverläufe?

Bisher wurde so getan, als handele es sich bei der skizzierten Verlaufsgestalt des Fähigkeitsselbstbildes um einen für alle Schüler gleichermaßen gültigen Trend. Ein Blick auf die erhebliche Streubreite zwischen den verschiedenen individuellen Entwicklungsverläufen macht jedoch klar, daß sich hinter der in den Abbildungen VI.2 und VI.3 dargestellten durchschnittlichen Verlaufsgestalt vielfältige individuelle Verlaufsformen verbergen dürften.

Wir wollen nun die Ebene der durchschnittlichen Verlaufsanalyse und damit den Blickwinkel der traditionellen Entwicklungspsychologie verlassen, die sich überwiegend für universelle, d.h. für viele Personen gleichermaßen geltende Verläufe interessiert und interindividuelle Unterschiede eher als Störfaktor ansieht, und uns dem Blickwinkel der "differentiellen Entwicklungspsychologie" zuwenden. Hier geht es gerade um die Beschreibung und Erklärung dieser interindividuellen Unterschiede: Findet man zum Beispiel bei Jungen gegenüber Mädchen und bei späteren Gymnasiasten, verglichen mit späteren Hauptschülern unterschiedliche Verläufe der Selbstkonzeptentwicklung?

Um mit den Geschlechtsunterschieden zu beginnen: Die Abbildungen VI.11 und VI.12 zeigen den Verlauf des Fähigkeitsselbstkonzeptes, getrennt für die Bereiche Deutsch und Mathematik.

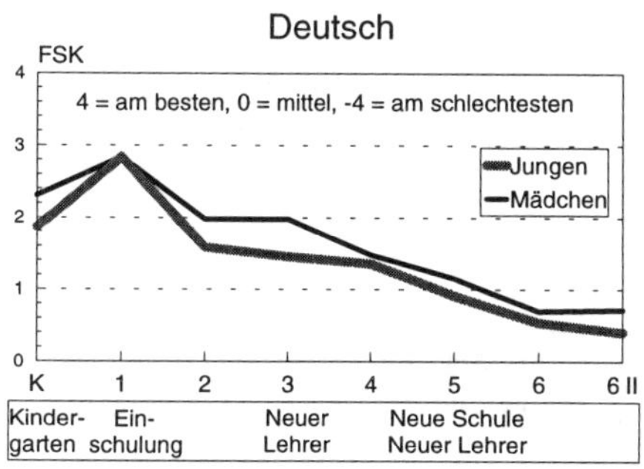

Abb. VI.11

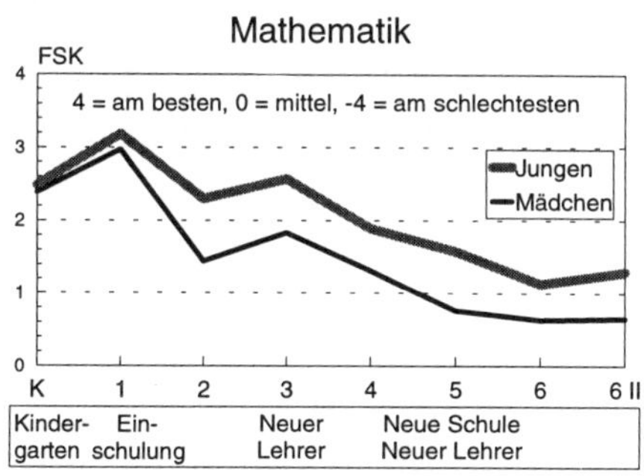

Abb. VI.12

Abbildungen VI.11 und VI.12: Entwicklung des Fähigkeitsselbstbildes (FSK) in Deutsch und in Mathematik: Geschlechtsunterschiede.

Daß es nützlich ist, beide Fächer zu unterscheiden, zeigt sich in dem gegenläufigen Muster, das wir finden und das verborgen geblieben wäre, wenn man beide Selbsteinschätzungen nicht unterschieden hätte. Im Kindergarten und noch in der 1. Klassenstufe schätzen Mädchen ihren Leistungsstand in Mathematik als ebenso gut ein wie Jungen; ab der 2. Klassenstufe beurteilen die Mädchen dagegen ihren Leistungsstand erheblich ungünstiger. Gerade umgekehrt verhält es sich im Fach Deutsch, nur daß die Unterschiede hier erheblich geringer sind. Wie ist das zu erklären? Liegt die günstigere Selbsteinschätzung der Jungen im Fach Mathematik vielleicht einfach daran, daß sie eben auch real (Zeugnisnoten, Schulleistungstests) die besseren Leistungen aufweisen? Dies ist nur bedingt der Fall, wie eine Analyse der Leistungsdaten zeigt: Jungen weisen zu Beginn der Grundschule tatsächlich ein höheres Leistungsniveau in Mathematik auf; diese Geschlechtsunterschiede werden jedoch während der Grundschule (besonders im Bereich der Arithmetik) immer geringer und sind am Ende der 6. Klasse völlig nivelliert. Anders in Deutsch, wo sich Jungen und Mädchen zu Beginn der Grundschulzeit auf gleichem Niveau befinden, während am Ende der Grundschule die Mädchen ein höheres Leistungsniveau aufweisen.

In den Abbildungen VI.13 und VI.14 wird eine andere differentielle Fragestellung aufgegriffen und nach der Schulbiographie differenziert, d.h. es werden diejenigen Gruppen einander gegenübergestellt, die ab der 5. Klasse auf das Gymnasium wechseln und jene, die auf der Hauptschule bleiben.

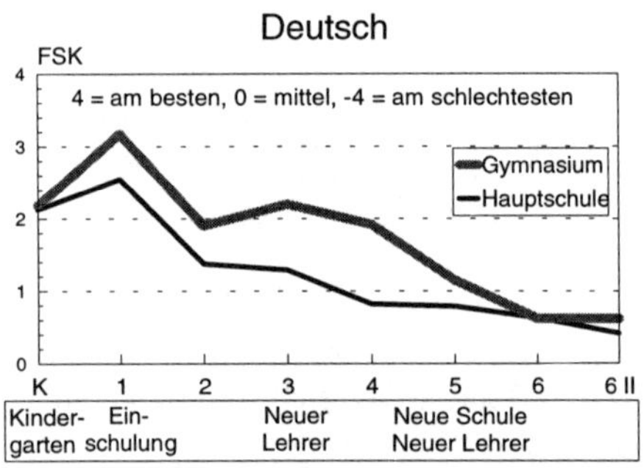

Abb. VI.13

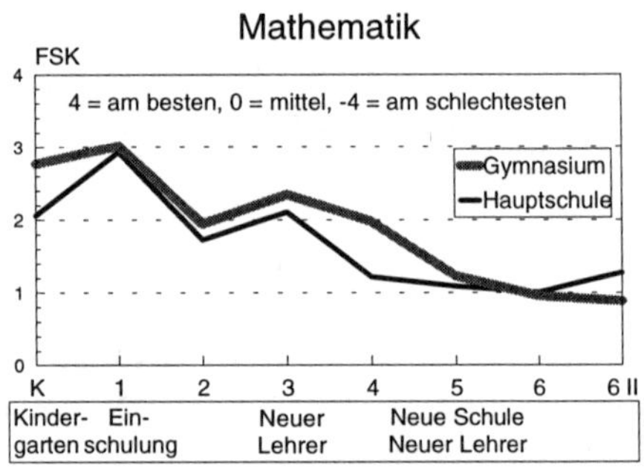

Abb. VI.14

Abbildungen VI.13 und VI.14: Entwicklung des Fähigkeitsselbstbildes (FSK) in Deutsch und in Mathematik: Unterschiede zwischen (späteren) Hauptschülern und Gymnasiasten.

In Deutsch (in schwächerem Ausmaße gilt dies auch für Mathematik) findet man während der Grundschulzeit bei den Schülern, die ab der 5. Klasse ins Gymnasium wechseln, eine günstigere Selbsteinschätzung. Daß sich diese geringen Unterschiede während der 5. und 6. Klasse nivellieren, kann kaum überraschen, denn mit dem Übertritt von der Grundschule in eine andere Schulform (Gymnasium oder Hauptschule) ist in jedem Falle eine Veränderung der Bezugsgruppe verbunden. Da die im LOGIK-Interview geforderten Urteile zur Selbsteinschätzung auf einem sozialen Vergleich *innerhalb der jeweiligen Schulklasse* basieren, entfällt auf diese Weise natürlich der Vorteil der Gymnasiasten: Obwohl deren Leistungen im Durchschnitt sicher über denen der Hauptschüler liegen und sie sich, verglichen mit dem gesamten Altersjahrgang, mit gutem Recht als leistungsstärker einschätzen könnten, wirkt sich dieser Vorteil bei einem sozialen Vergleich mit eingeschränkter Reichweite, nämlich der aktuellen Schulklasse, nicht auf das Fähigkeitsselbstkonzept aus. Dieser Effekt ist in der Psychologie oft untersucht worden und "Bezugsgruppeneffekt" oder "relative Deprivation vs. relative Gratifikation" genannt worden. Eine eindrückliche Metapher ist die vom "großen Frosch im kleinen Teich" gegenüber dem "kleinen Frosch im großen Teich": Je nachdem, ob man (= ein Frosch) sich mit einer sehr leistungsstarken (= großer Teich) oder einer leistungsschwachen Gruppe (= kleiner Teich) vergleicht, ist die *relative* Position entweder sehr gut ("großer Frosch") oder schlecht ("kleiner Frosch"). Anders ausgedrückt: Wechselt ein zuvor durchschnittlicher Schüler auf ein Eliteschule, mag er dort Schlußlicht sein ("relative Deprivation"), besucht er dagegen eine Schule mit minimalen Anforderungen ("relative Gratifikation"), mag er dort zu den besten Schülern zählen ("Unter den Blinden ist der Einäugige König").

Daß das Muster der "Abwärtsentwicklung" des Fähigkeitsselbstkonzeptes auch eine ganz andere Gestalt als diejenige des durch die beiden "Knicke" unterbrochenen kontinuierlichen Abwärtstrends aufweisen kann, wird in Abbildung VI.15 nachhaltig bestätigt.

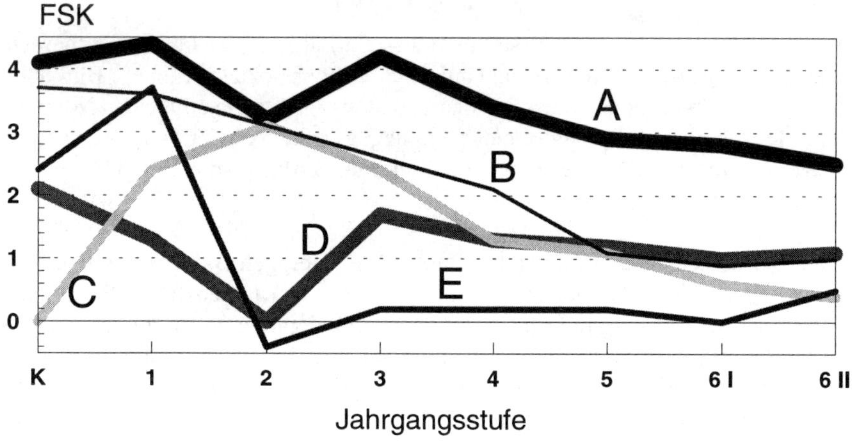

Abbildung VI.15: Entwicklung des mathematischen Fähigkeitsselbstbildes (FSK): Verschiedene Verlaufsgestalten (A-E).

Grundlage dieser Abbildung ist ein statistisches Verfahren ("Clusteranalyse"), das die Vielfalt individueller Entwicklungen (hier: im Bereich Mathematik) in Gruppen zusammenfaßt, die sich hinsichtlich der Gestalt ihres Entwicklungsverlaufs ähnlich sind.

Hier zeigt sich, daß sich hinter dem "durchschnittlichen" Verlaufsbild einige charakteristische Gestalten verbergen: vom "Doppelknick" in Gruppe A, der völlig kontinuierlichen

Abwärtsentwicklung bei Gruppe B, einer Gruppe mit einem Maximum nicht in der ersten, sondern erst in der zweiten Klasse (!) bei Gruppe C, einem radikalen Abfall von der 1. zur 2. Klassenstufe bei Gruppe E bis zu Gruppe D mit "Erholungseffekt" in der 3. Klassenstufe, aber ohne den charakteristischen "Gipfel" maximaler Selbsteinschätzung in der 1. Klassenstufe. Die detaillierte Analyse dieser verschiedenen "Cluster" würde an dieser Stelle allerdings zu weit führen.

Positionsstabilität der Selbstkonzepte

Wegen der sehr geringen Zahl von Längsschnittstudien über einen größeren Zeitraum hinweg weiß man zur Zeit noch sehr wenig darüber, in welchem Maße die Rangordnung interindividueller Unterschiede im Niveau des Fähigkeitsselbstkonzeptes - man spricht hier von "Positionsstabilität" - erhalten bleibt. Erfaßt wird die zeitliche Stabilität mit Hilfe von Korrelationskoeffizienten. Vereinfacht ausgedrückt bedeutet der maximale Wert von 1.0, daß die Reihenfolge der Personen (beginnend bei der Person mit dem niedrigsten und endend mit der Person mit dem günstigsten Selbstkonzept) von einem Jahr auf das andere komplett erhalten bleibt. Ein Wert von 0.0 heißt dagegen, daß kein systematischer Zusammenhang zwischen der Rangordnung der Personen zu Beginn und nach einem Jahr besteht.

Intuitiv plausibel wäre es, wenn diese Positionsstabilität in dem Maße zunehmen würde, in dem sich als Ergebnis schulischer und außerschulischer Sozialisation ein Bild der eigenen Stärken und Schwächen herauskristallisiert und festigt. Da die erhaltenen Noten für die Selbsteinschätzungen von Belang sein dürften, liegt es nahe, von der Positionsstabilität der schulischen Leistungen auszugehen und die Stabilität der korrespondierenden Selbstkonzepte daran zu messen.

Abbildung VI.16 zeigt die Stabilitäten (= Höhe des jeweiligen Balkens, der den Korrelationskoeffizienten veranschaulichen soll) für die einzelnen Klassenstufen. Wie man sieht, ist die Stabilität der Leistung in Deutsch zwischen Kindergarten und 1. Klasse naheliegenderweise noch sehr gering, im Bereich Mathematik aber immerhin schon beachtenswert. Grundlage dieser Stabilitätsberechnungen sind im *Kindergartenalter* die Auskünfte der Kindergärtnerinnen sowie der Mütter über spezifische Kenntnisse im Bereich Mathematik (z.B. Zahlen kennen, Zählen können, Rechnen) und Deutsch (z.B. Buchstabenkenntnis, Lesen) in der *Schule* die Angaben der Lehrer/innen: Einschätzungen der fachlichen Kompetenz der Kinder (in der 1. Klasse) und die Noten in den Hauptfächern (ab der 2. Klasse). Bereits ab der 1. Klassenstufe ist, wie Abbildung VI.15 zeigt, eine enorm hohe Positionsstabilität der Leistungen zu verzeichnen, die bis zum Ende der Grundschulzeit auf einem konstant hohen Niveau bleibt. Dies ist um so bemerkenswerter, als in Bayern, wie zuvor bereits erwähnt, zwischen der 2. und 3. Jahrgangsstufe in allen Klassen die Lehrkraft wechselt. Die damit verbundene Diskontinuität in der pädagogischen Orientierung und in den Bewertungskriterien für die Schülerbeurteilung, die als Erklärung für den Wiederanstieg des Fähigkeitsselbstkonzeptes herangezogen werden kann - bewirkt jedoch offensichtlich keinen Bruch der Leistungsstabilität. In Mathematik bleibt das Niveau der Stabilität völlig erhalten; im Fach Deutsch kommt es zu einem Absinken, das jedoch seinem Ausmaß nach zu gering ist, um interpretationsfähig zu sein. Daß dagegen der Wechsel der Schulform nach der 4. Klasse (Übergang auf das Gymnasium bzw. Verbleib auf der Hauptschule) infolge des Wechsels der Bezugsgruppe mit einem markanten Bruch der Stabilität verbunden ist, leuchtet unmittelbar ein. Im großen und ganzen gilt demnach für die gesamte Grundschulzeit: Wer bereits in der 1. Klasse sehr gute Leistungen in einem Fach zeigt, wird mit hoher Wahrscheinlichkeit auch 3 Jahre später an der Leistungsspitze stehen; für Leistungsschwache, die am Ende der Rangreihe stehen, gilt dies entsprechend. Die Rangordnung der Leistungen innerhalb einer Klasse bleibt also im Durchschnitt während der Grundschulzeit weitgehend erhalten.

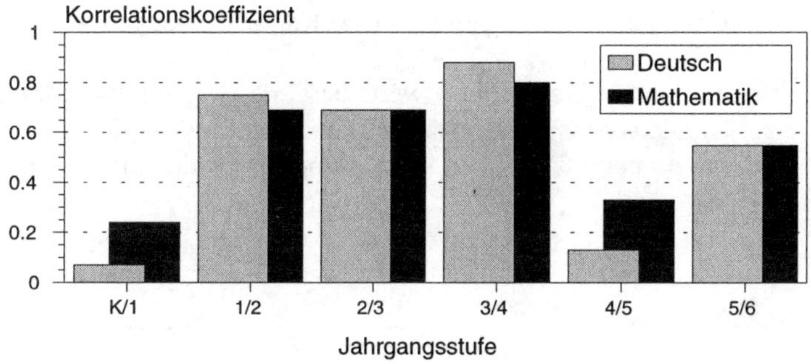

Abbildung VI.16: Entwicklung der Stabilität der Schulleistungsunterschiede.

Ganz anders dagegen das Bild der korrespondierenden Fähigkeitsselbstkonzepte in Abbildung VI.17: Ab Beginn der Grundschule ist ein Trend zur stetigen Zunahme der Stabilität der Selbstkonzepte zu verzeichnen, lediglich der schwer erklärbare Abfall des mathematischen Selbstkonzeptes beim Übergang von der 5. auf die 6. Klassenstufe stört dieses Bild. Die im Vergleich zum Folgejahr etwas höhere Stabilität der Selbstkonzepte vom Kindergarten zur 1. Klasse hat erhebungstechnische Gründe, auf die hier nicht näher eingegangen werden soll. Der weitgehend stetige Zuwachs der Stabilität interindividueller Un-

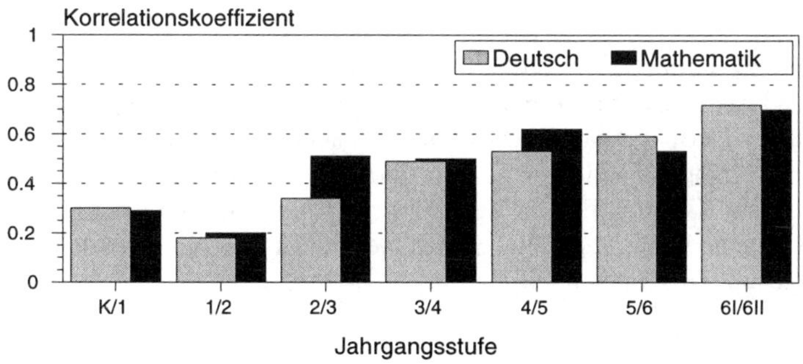

Abbildung VI.17: Entwicklung der Stabilität der Selbstkonzeptunterschiede.

terschiede (d.h. der *Positionsstabilität*) legt die Deutung nahe, daß der *Lehrerwechsel* nach der 2. Klassenstufe offenbar kein "kritisches Lebensereignis" für die Schülerinnen und Schüler darstellt. Er führt zwar (siehe Abb. VI.1 und VI.2) zu einer vorübergehenden Erhöhung des Niveaus der Schüler-Selbsteinschätzung, läßt aber die interne Rangordnung der Klasse im Durchschnitt weitgehend unangetastet. Im Durchschnitt? Ja, denn was bisher berichtet wurde, sind Zusammenhänge, die über alle Schüler in allen 49 Klassen gemittelt wurden. So nötig und berechtigt eine solche Auswertungsstrategie in der Regel auch sein mag – denn uns liegt ja weniger an Erkenntnissen über eine spezifische Klasse X, sondern an verallgemeinerbaren Erkenntnissen – so sehr scheint jedoch auch der Hinweis angebracht, daß sich hinter dieser *durchschnittlichen* Stabilität sehr verschiedene Einzelschicksale von Schülern und Schülerinnen verbergen können, die detailliertere Analysen erforderlich machen, welche jedoch den Rahmen dieses Kapitels sprengen würden.

Eine Sichtweise, die sich auf Durchschnitswerte beschränkt, kann das Vorurteil fördern, die Stabilität des Fähigkeitsselbstkonzept sei in allen Schulklassen gleich oder zumindest sehr ähnlich. Daß davon keine Rede sein kann, demonstriert das Ergebnismuster in Abbildung VI.18.

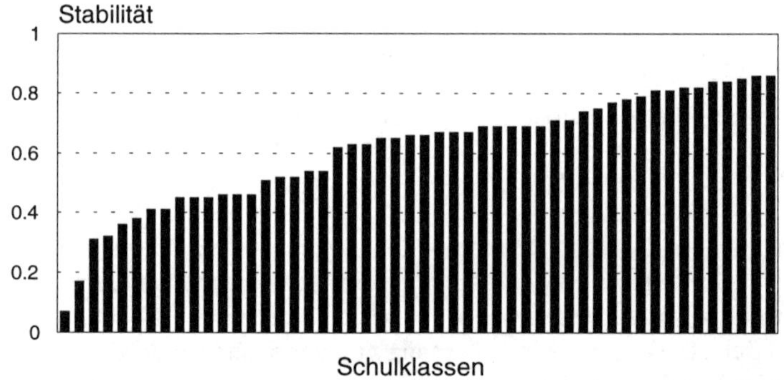

Abbildung VI.18: Klassenunterschiede in der Stabilität des mathematischen Fähigkeitsselbstkonzeptes von der 2. auf die 3. Klassenstufe.

Hinter der durchschnittlichen Stabilität (hier: des mathematischen Selbstkonzeptes von der 2. auf die 3. Klassenstufe) verbirgt sich eine große Vielfalt: In einigen Klassen bleibt die Rangordnung fast perfekt erhalten, während sie in anderen nahezu völlig umgestürzt wird. Wie diese Klassenunterschiede zu erklären sind – liegt es am Ausmaß der Diskrepanz im Unterrichtsstil, am Klassenklima, an der Leistungsbeurteilung aufeinanderfolgender Lehrer/innen? – ist eine hochinteressante Frage, der wir in künftigen Analysen der LOGIK-Daten noch genauer nachgehen wollen.

Wie genau sind Fähigkeitsselbsteinschätzungen?

Von "Genauigkeit" war bereits im ersten Abschnitt die Rede gewesen: Daß die durchschnittliche Selbsteinschätzung (gemittelt über alle Kinder) im positiven Bereich liegt (d.h. deutlich größer als Null ist), wurde als Hinweis dafür gewertet, daß sich Schüler/innen eher überschätzen als unterschätzen. Man kann das Problem der Genauigkeit (Fachwort: "Veridikalität") der *Selbsteinschätzungen* jedoch viel direkter angehen, indem man die Selbsteinschätzung des individuellen Leistungsstandes daran mißt, ob sie mit dem realen Leistungsstand korrespondiert. Letzterer wurde durch das Urteil der Lehrkräfte (im Kindergarten durch die kombinierten Einschätzungen von Kindergärtnerin und Mutter) erhoben. Abbildung VI.19 zeigt die Ergebnisse.

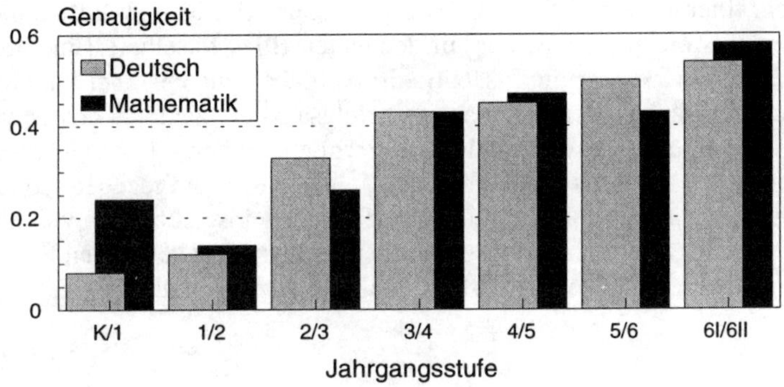

Abbildung VI.19: Entwicklung der Genauigkeit der Selbstkonzepte vom Kindergarten bis zum Ende der 6. Klassenstufe.

Mit Ausnahme der unerwartet hohen Urteilsübereinstimmung in der Vorschulzeit und einem Abfall in der 5. Klassenstufe (nach dem Wechsel der Schulform) im Bereich Mathematik zeigt sich hier im großen und ganzen ein Zuwachs an Genauigkeit, wobei der Beginn der Notengebung in der 2. Klassenstufe, insbesondere im Fach Deutsch, für einen besonders markanten Zuwachs sorgt. Wie bereits zuvor angedeutet, dürften an diesem Zuwachs der Genauigkeit mehrere Faktoren beteiligt sein, insbesondere die zunehmend besser entwickelte Fähigkeit der Schüler, ihre reale Leistungssituation zu erkennen und die im Laufe der Schulzeit zunehmende Wichtigkeit von Leistung, Wettbewerb und Schulerfolg.

Auch hier, bei der Übereinstimmung zwischen Schulleistungen und korrespondierendem Selbstkonzept, muß wieder betont werden, daß das berichtete Maß ein Durchschnittswert ist. Dahinter verbirgt sich eine Vielfalt von interindividuellen Unterschieden, und es zeigen sich auch erhebliche Unterschiede zwischen verschiedenen Klassen. Im Fach Mathematik beispielsweise reicht das Spektrum der klassenspezifischen Korrelationen in der dritten Klassenstufe von 0.1 bis 0.6, und in der 4. Klassenstufe von 0.1 bis 0.7. Besonders niedrig waren die Zusammenhänge in Klassen, in denen rein fachlichen Lernzielen ein geringeres

Gewicht zukommt und die den Schülern größere Freiheiten einräumen – diese schaffen Platz für subjektive "Leistungsnischen" auch für ansonsten leistungsschwächere Schüler, was zu einer Entkoppelung von realem Leistungsstand und entsprechender Selbstwahrnehmung beiträgt.

Nun könnte man fragen, was denn eigentlich für die Entwicklung günstiger ist: Wenn Kinder ihre eigenen Leistungen unterschätzen, wenn sie sie realistisch, einschätzen, oder wenn sie sich für leistungsstärker halten als es der aktuellen Lage entspricht. Intuitiv plausibel wäre die Meinung, eine präzise Orientierung über die eigene Position in der Leistungshierarchie der Klasse müßte eigentlich am günstigsten sein. Unsere weiterführenden Analysen zeigen jedoch, daß dies nicht zutrifft. Im Gegenteil: Eine realistische Einschätzung – und erst recht eine Unterschätzung – scheinen eher ungünstig für die weitere psychosoziale Entwicklung zu sein. Am günstigsten ist es, wenn sich Kinder mäßig überschätzen, sich also mehr (hier: eine günstigere Leistungsposition) zutrauen als es den momentanen Verhältnissen entspricht. Dies ist nur auf den ersten Blick rätselhaft. Eine optimistische Selbsteinschätzung wirkt wie ein Zusatzmotor: Aufgaben, die bei einer realitätsangemessenen Selbsteinschätzung eigentlich mangels Erfolgsaussicht gar nicht erst begonnen würden, werden bei einer leicht optimistisch verzerrten Selbsteinschätzung trotzdem angepackt; bei auftretenden Schwierigkeiten wird nicht gleich aufgegeben, sondern länger durchgehalten ("Persistenz"). Erst dann, wenn die Selbsteinschätzungen viel höher als die realen Leistungsmöglichkeiten sind, so daß man von einem regelrechten Realitätsverlust sprechen kann, muß man erwarten, daß Selbstüberschätzungen ungünstige Folgen haben.

Zusammenspiel von Fähigkeitsselbstkonzept und Schulleistung

Es gibt eine ebenso anhaltende wie ungelöste Kontroverse um die Frage, welche Wirkungsrichtung stärker ist: die Beeinflussung der Fähigkeitsselbstkonzepte durch die vorangegangenen Schulleistungen oder umgekehrt: die Beeinflussung der Schulleistungen durch die Fähigkeitsselbstkonzepte. Hierzu liegen inzwischen einige Längsschnittuntersuchungen vor, die notwendig sind, um der Frage überhaupt nachgehen zu können. Die Mehrzahl dieser Studien, die sich allerdings ganz überwiegend auf ältere Kinder (ab Sekundarstufe I) beziehen, brachte zutage, daß beide Wirkungsrichtungen von Belang sind, wobei der Einfluß der Schulleistung auf das Fähigkeitsselbstbild allerdings etwas stärker ist als umgekehrt.

Die Ergebnisse für das Grundschulalter sind in Abbildung VI.20 dargestellt, wobei wir allerdings aus statistischen Gründen die etwas größere, mit der LOGIK-Studie eng vernetzte SCHOLASTIK-Studie zugrunde gelegt haben (SCHOLASTIK ist die Abkürzung für "Schulorganisierte Lernangebote und Sozialisation von Talenten, Interessen und Kompetenzen"; siehe Weinert & Helmke, 1997). Ohne an dieser Stelle technische Details darzustellen, geht es bei der zugrunde liegenden statistischen Methode im Prinzip darum, die Stärke der kausalen Wirkungsrichtungen in Form sogenannter "Pfadkoeffizienten" zu bestimmen. Das Ergebnis ist in Abbildung VI.20 dargestellt.

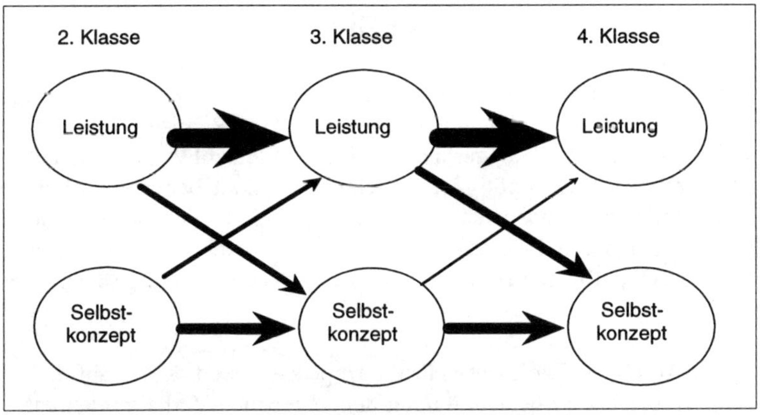

Abbildung VI.20: Wechselseitige Beeinflussung von Fähigkeitsselbstbild und Mathematikleistung.

Die Kreise symbolisieren die zu drei aufeinanderfolgenden Zeitpunkten während der Grundschulzeit gemessenen Schulleistungen (wir haben für die Abbildung diejenigen im Fach Mathematik zugrunde gelegt und dabei einen kombinierten Wert aus den Zeugnisnoten und den Schulleistungstests gebildet) und die entsprechenden Fähigkeitsselbstkonzepte. Die Pfeile symbolisieren Wirkungen von den zeitlich vorangehenden auf die zeitlich folgenden Merkmale, wobei die Stärke der Wirkungen durch die Dicke der Pfeile repräsentiert ist. Die waagerechten Pfeile stellen nichts anderes als die zuvor bereits besprochenen Positionsstabilitäten dar. Für die Ausgangsfragestellung sind vor allem die diagonalen Pfeile bedeutend, und hier fällt auf, daß es sich um ein asymmetrisches Muster handelt: Das Fähigkeitsselbstkonzept wird in wesentlich stärkerem Maße vom jeweils vorangegangenen Leistungsstand beeinflußt als umgekehrt. Wie ist das zu erklären? Daß sich die individuellen Selbsteinschätzungen stark an den realen Leistungen - erfaßt durch Tests und Noten - orientieren, ist selbstverständlich, so daß die diagonalen Wirkungspfade von der Schulleistung auf das zeitliche nachfolgende Fähigkeitsselbstkonzept keiner näheren Erklärung bedürfen. Warum aber hat das Fähigkeitsselbstkonzept einen nur so schwachen Einfluß auf die Schulleistung? Möglicherweise liegt dies daran, daß die zugrundeliegenden Wirkungsmechanismen - verglichen mit dem direkten Effekt des Leistungsstandes auf dessen subjektive Einschätzung - komplex sind. Ein hohes Fähigkeitsselbstkonzept führt ja nicht "direkt" zu einer günstigeren Leistung, sondern erst mit Hilfe dazwischenliegender Mechanismen: Je günstiger das Fähigkeitsselbstkonzept ist, (a) desto schneller werden schwierige Aufgaben in Angriff genommen, (b) desto eher überwindet man störende Selbstzweifel in Leistungssituationen, und (c) desto weniger läßt man sich durch auftretende Probleme bei der Aufgabenbearbeitung entmutigen. Diese Prozesse, die in komplexer Wechselwirkung zueinander stehen können (z.B. sich wechselseitig kompensieren oder aufschaukeln), beeinflussen nun ihrerseits die zu erbringende schulische Leistung, wobei nicht nur die selbstkonzeptabhängige Anstrengung von Wichtigkeit ist, sondern auch das Niveau der relevanten Vorkenntnisse und die Höhe der Intelligenz.

Fazit

Eines der Hauptergebnisse dieses Kapitels ist, daß es einerseits einen durchschnittlichen Trend im Sinne der Entwicklung von Optimisten zum Realisten gibt, daß sich hinter dieser durchschnittlichen Verlaufsgestalt jedoch eine Vielzahl von individuellen Gestaltunterschieden verbirgt. Daß es nötig ist, verschiedene Inhaltsbereiche - Mathematik und Deutsch - zu differenzieren, haben besonders eindrücklich die unterschiedlichen Entwicklungsverläufe bei Jungen und Mädchen gezeigt. Die Entwicklung vom "Optimisten zum Realisten" ist also viel differenzierter und komplexer, als es die griffige Titelzeile erwarten läßt.

Letztlich ist der Abfall des Fähigkeitsselbstkonzeptes - soweit es sich auf die eigene Leistungsposition in der Klasse bezieht - unter den gegebenen Verhältnissen auf Dauer unvermeidbar. Solange wir in einer Leistungsgesellschaft leben und es Schule als institutionalisierte Form des Lernens in Form von Jahrgangsklassen gibt, wird es nicht nur Leistungsgefälle, Konkurrenz und Wettbewerb, sondern immer auch Gewinner und Verlierer geben. Denn definitionsgemäß kann in einer Schulklasse - als der wichtigsten sozialen Bezugsgruppe - nur die Hälfte der Klasse überdurchschnittlich sein und können nur einige wenige zu den besten zählen. Welchen Stellenwert solche Leistungsvergleiche haben und in welchem Ausmaße andere, nicht-kognitive Ziele des Schulunterrichts gefördert werden - z.B. Kooperation und Fairness, Selbständigkeit und Selbstregulation, soziales und interkulturelles Lernen - , dies hängt ganz wesentlich von der Persönlichkeit der Lehrkraft, der Unterrichtsgestaltung sowie von der Art der Leistungsbewertung ab.

Wenn aber der Abbau des optimistisch überhöhten Fähigkeitsselbstbildes im Verlauf der schulischen Sozialisation sowieso nicht aufzuhalten ist, sollte man diesen Prozeß nicht beschleunigen? Nein, denn die optimistische Einschätzung der eigenen Kompetenzen ist ein Zeichen von psychosozialer Gesundheit, - nicht nur bei Kindern, sondern auch bei Erwachsenen. Es ist kein Zufall, daß man in der Sozialpsychologie und in der Psychopathologie von "depressivem Realismus" spricht. Selbstverständlich gibt es viele Sachverhalte, bei denen tatsächlich eine präzise und korrekte Einschätzung der eigenen Möglichkeiten und Grenzen sinnvoll oder sogar lebensnotwendig ist. Wer zum Beispiel einen Ertrinkenden retten will, sollte genau wissen, ob und wie gut er selbst schwimmen kann.

In den meisten Schulfächern dürfte jedoch eine *maßvolle* Überschätzung der eigenen Leistungsfähigkeit günstig sein, weil sie die Inangriffnahme von Leistungsanforderungen und das Durchhaltevermögen bei auftretenden Schwierigkeiten fördert. Eine weit überhöhte Selbsteinschätzung allerdings kann dazu führen, daß die notwendigen Lernanstrengungen gar nicht mehr unternommen werden, weil der Lernerfolg für selbstverständlich gehalten wird (vgl. ausführlicher: Helmke, 1991, 1992, in Druck; Weinert & Helmke, 1997).

Kapitel VII

Zum Verständnis von Moral – Entwicklungen in der Kindheit

Gertrud Nunner-Winkler

Stand der Forschung

Zum kindlichen Moralverständnis liegen unterschiedliche Beschreibungen vor. *Kohlberg* (1974) hat ein Stufenmodell der Entwicklung des moralischen Bewußtseins erarbeitet, bei dem das Verständnis der Geltung moralischer Normen und der Motive für Normbefolgung einander genau entsprechen: Auf dem 'präkonventionellen Niveau', d.h. etwa bis zum Alter von 10-11 Jahren, würden Kinder glauben, Normen seien verbindlich, weil sie von Autoritäten gesetzt und mit Sanktionen ausgestattet sind und würden befolgt, um Strafen zu vermeiden oder Vorteile zu erringen. Auf dem 'konventionellen Niveau', das für die meisten Erwachsenen charakteristisch ist, gründe die Gültigkeit von Normen in ihrer tatsächlichen Verbreitung: Normen seien richtig, weil sie in der eigenen Gruppe bzw. Gesellschaft für richtig gehalten werden und man befolge sie, um akzeptiert zu werden, oder ein schlechtes Gewissen zu vermeiden. Erst auf 'postkonventionellem Niveau', das nur sehr wenige Menschen erreichen, werde Einsicht zum Bestimmungsgrund von Moral: Moralische Grundprinzipien wie Gleichheit, Gerechtigkeit, Achtung vor der Würde der Person, gelten, weil sie menschliches Zusammenleben ermöglichen und diese Einsicht sei dann auch die Triebfeder für moralisches Handeln. Kohlberg hat dieses Stufenmodell aus seinen empirischen Untersuchungen gewonnen: Die Probanden wurden bei moralischen Dilemmata über ihre Handlungsentscheidung und deren Begründung befragt. Am bekanntesten ist das sogenannte 'Heinz-Dilemma' geworden:

> Heinzens Frau ist todkrank. Es gibt nur ein Medikament, das sie retten kann. Der Apotheker, der es entwickelt hat, verlangt dafür sehr viel mehr Geld, als Heinz aufbringen kann. Was soll Heinz tun? Warum soll er so handeln?

Jüngere Kinder sagen entweder, Heinz solle das Medikament stehlen, weil er seine Frau noch brauchen kann, oder aber er solle nicht einbrechen, weil er sonst ins Gefängnis kommt. Die meisten Erwachsenen verweisen auf Pflichten – auf die Pflicht des Ehemannes, für seine Frau zu sorgen, oder auf die Pflicht des Staatsbürgers, geltende Gesetze zu befolgen. Nur postkonventionell Befragte suchen nach einer für alle Betroffenen zustimmungsfähigen Lösung. Sie argumentieren etwa wie folgt: Das Leben genießt Vorrang vor materiellem Gewinn – auch der Apotheker würde, wenn er sich selbst in die Lage der todkranken Frau versetzt, einen Einbruch befürworten.

Insbesondere Kohlbergs Beschreibung des präkonventionellen Niveaus geriet unter Kritik. So wurde die These, Kinder seien allein von Nutzenerwägungen motiviert, durch Beobachtungsstudien in der *Altruismusforschung* in Frage gestellt. Uneigennützig und spontan nämlich sind Kinder schon von früh an bereit, mit anderen zu teilen, sie zu trösten, ihnen zu helfen.

Auch die These, Kinder würden Normgeltung aus Strafandrohungen und der Macht von Autoritäten ableiten, wurde – und zwar insbesondere durch Untersuchungen von *Turiel* (1983) – in Frage gestellt. Turiel legte Kindern unterschiedliche Arten von Regeln vor:

- Klugheitsregeln, z.B. man soll nach dem Essen seine Zähne putzen;

- Spielregeln, z.B. nur wer eine Sechs würfelt, darf beim Mensch-Ärgere-Dich-Nicht auf's Spielfeld;
- konventionelle Regeln, z.B. man darf Spaghetti nicht mit Fingern essen;
- moralische Regeln, z.B. man darf ein anderes Kind nicht schlagen.

Für jede dieser Regeln fragte er:

> "Stell dir vor, es gibt eine Familie, eine Schule, ein Land, da erlaubt der Vater, der Direktor, der König, daß man die Zähne nicht putzt, daß man ohne Sechs rein kann, daß man Spaghetti mit Fingern essen oder daß man ein anderes Kind schlagen darf. Ist es richtig, wenn man das dann tut?"

Es zeigte sich, daß Kinder schon früh diese Regelarten unterscheiden: Wer seine Zähne nicht putzt, hat selber Schuld, wenn er Karies bekommt. Wer seine Figur ohne eine Sechs gewürfelt zu haben aufs Spielfeld setzt, spielt ein anderes Spiel. Wenn es in einer Familie, in einem Land üblich ist, Spaghetti mit Fingern zu essen, so ist dies in Ordnung. Aber: Auch wenn der Vater, der Direktor, der König es erlaubten - ein anderes Kind darf man nicht schlagen, denn das tut weh - "nicht einmal Gott darf das". Kinder haben also schon früh ein Verständnis der autoritäts- und strafunabhängigen, d.h. der 'intrinsischen' Gültigkeit einfacher moralischer Regeln.

Einige Autoren fügten beide Befunde zusammen. Sie entwarfen ein Bild vom Kind als moralisch bereits voll entwickelt und kompetent: Es verstünde die intrinsische Gültigkeit moralischer Normen und befolge sie aus Einsicht und nicht aus bloßer Strafangst oder einem Interesse an Vorteilsmaximierung (vgl. Keller & Edelstein, 1993).

Wie lassen sich diese widersprüchlichen, aber doch durch entsprechende Forschungen jeweils gestützten Befunde zur Deckung bringen (vgl. Tabelle VII.1)? Zunächst ist festzustellen, daß die Forscher verschiedene Erhebungsmethoden verwendeten. Kohlberg erfragte Handlungsempfehlungen für moralische Dilemmata. Turiel erfragte den Geltungsgrund moralischer Normen. Die Altruismusforschung beobachtete spontanes Verhalten.

Tabelle VII.1
Positionen zum frühkindlichen Moralverständnis

	Kohlberg	**Turiel**	**Altruismus-Forschung**
Moral. Wissen Normen gelten	aufgrund von Strafandrohung	straf- und autoritätsunabhängig	---
Moral. Motivation Normen werden befolgt	wg. Strafandrohung/ Vorteilsmaximierung	---	selbstlos aus Mitleid
Erhebungsmethode	Erfragen von Handlungsempfehlungen (Was <u>soll</u> man tun?)	Erfragen von Normbegründungen (Warum <u>darf</u> man nicht...?)	Beobachtung von spontanen Verhaltensweisen (Was <u>tun</u> Kinder tatsächlich?)

Nun wäre es sehr wohl möglich, daß Kinder zwar, wie Turiel nachwies, die Geltung von Normen angemessen verstehen. Bevor es ihnen aber persönlich wichtig geworden ist, diese Normen auch im eigenen Handeln zu befolgen - anders gesagt: bevor sie moralische Motivation aufgebaut haben - mögen sie die Handlungsempfehlungen, die Kohlberg erfragte, rein pragmatisch an Nützlichkeitserwägungen orientieren. Ebenso wäre denkbar, daß Kinder zwar - wie dies in der Altruismusforschung beobachtet wurde - zu selbstlosen Handlungen fähig und bereit sind, aber nur solange diese Handlungen ihren spontanen Neigungen entsprechen. Will man diese möglichen Deutungen überprüfen, so muß man moralisches Wissen (um die Geltung von Normen und deren Begründungen) und moralische Motivation (als Bereitschaft, moralisches Wissen auch handlungsleitend zu machen) getrennt erheben. Zugleich gilt es, spontane Neigungen zu kontrollieren. Dies wurde im Rahmen der LOGIK-Untersuchung versucht. Im folgenden werden einige der zentralen Forschungsergebnisse berichtet (umfassendere Darstellungen finden sich in Nunner-Winkler, 1996 und in Druck).

Erhebungsmethoden

Im Alter von 4, 6 und 8 Jahren wurden den Kindern einfache Bildgeschichten (vgl. Tab. VII.2 und Abb.VII.1) vorgelegt, in denen der Geschichtenheld - entsprechend dem Geschlecht des befragten Kindes ein Junge oder ein Mädchen - sich in einem moralischen Konflikt befindet: Er gerät in Versuchung, einfache moralische Normen zu übertreten, um eigene Bedürfnisse zu befriedigen. Folgende Geschichten wurden vorgelegt[4]:

(1) Diebstahl - Der Geschichtenheld überlegt, einem Kameraden heimlich Süßigkeiten zu entwenden (vgl. Tabelle VII.2).

(2) Cola teilen - Bei einem Ausflug an einem heißen Sommertag zieht der Geschichtenheld eine Dose Cola aus der Tasche. Ein anderes Kind bittet, trinken zu dürfen, da es sehr durstig sei.

(3) Preis teilen - Zwei Kinder bauen um die Wette. Wer kann einen höheren Turm bauen? Ein drittes Kind ist Schiedsrichter. Beide Türme sind gleich hoch. Der Schiedsrichter aber wendet sich einem Kind zu und erklärt: Du hast gewonnen! und gibt ihm den Preis.

(4) Helfen - Die Kinder backen Plätzchen um die Wette. Wer schafft die meisten? Als die Kindergärtnerin allen erklärte, wie es am besten geht, war ein Kind nicht da. Es geht zu einem anderen Kind und bittet um Hilfe.

Für die 8jährigen wurden die Vorgaben inhaltlich leicht abgewandelt, die Struktur der Geschichten jedoch blieb erhalten: So ging es nunmehr um den Diebstahl von kleinen Faschingsartikeln, um einen Wettkampf beim Hochspringen und um Hilfestellung beim Lösen von Rechenaufgaben.

---

[4] Die Geschichten haben Beate Sodian und ich gemeinsam entwickelt.

Tabelle VII.2
Beispiel: Geschichte 1 – Diebstahl[5]

Bild 1: Das ist der Florian und das ist der Thomas.
Sie sind in der Garderobe im Kindergarten und ziehen ihre Anoraks aus. Da zieht der Thomas eine kleine Tüte gebrannter Mandeln aus der Anoraktasche, hält sie hoch und sagt: Schau mal, die hat mir meine Tante mitgebracht. Florian ißt gebrannte Mandeln furchtbar gern.

Bild 2: Später kommt Florian allein wieder durch den Garderobenraum, in dem Thomas seinen Anorak mit den gebrannten Mandeln gelassen hat.

(Kontrollfrage für Geschichtenverständnis:)
Was meinst du, will Florian die Mandeln haben?

(**Versuchungssituation: MORALISCHES WISSEN**)
(**NORMKENNTNIS**)
Darf man die Mandeln nehmen oder darf man das nicht?

(**NORMBEGRÜNDUNG**)
Warum? / Warum nicht?

(**Falls: Man darf nicht –**
Hinweis, um zu verhindern, daß Kinder negative Helden erfinden:)
Florian weiß auch, daß man das nicht darf.

Bild 3: Florian geht zu Thomas' Kleiderhaken, holt die Tüte aus dem Anorak heraus und steckt sie ein. Dann geht er wieder zum Gruppenraum. Niemand hat das gesehen.

Bild 4: Gleich darauf gehen die Kinder zum Spielen nach draußen. Thomas zieht seinen Anorak an und bemerkt, daß die Mandeln weg sind. Er weiß nicht, wohin sie verschwunden sind. Da ist Thomas traurig.

(**Nach der Übertretung: MORALISCHE MOTIVATION**)
(**EMOTIONSZUSCHREIBUNG**)
Was glaubst du, wie Florian sich fühlt?

(**EMOTIONSBEGRÜNDUNG**)
Warum?

Bei allen Geschichten wurde zunächst – in der Versuchungssituation – das *moralische Wissen*, also Normkenntnis und Normbegründung erfragt:

(1) Darf man die Süßigkeit nehmen oder darf man das nicht tun? Warum?

(2) Sollte der Geschichtenheld seine Cola teilen oder braucht er das nicht zu tun? Warum?

---

[5] Den Mädchen wurden Bildgeschichten mit weiblichen Beteiligten vorgelegt.

(3) Sollte er den ihm zugesprochenen Preis teilen oder braucht er das nicht zu tun? Warum?

(4) Sollte man helfen oder braucht man das nicht zu tun? Warum?

Sodann wurde gezeigt, daß der Geschichtenheld die Norm übertritt, um seine eigenen Bedürfnisse zu befriedigen: Er entwendet die Süßigkeiten, trinkt sein Cola alleine aus, behält den Preis für sich und hilft nicht.

Nach der Normübertretung sollte die *moralische Motivation* durch folgende Fragen erhoben werden:

"Wie fühlt sich der Geschichtenheld?"
"Warum fühlt er sich so?"

Die Idee, moralische Motivation durch Emotionszuschreibung zu einem hypothetischen Übeltäter zu erfassen, ist aus einem kognitivistischen Emotionsverständnis abgeleitet (Montada, 1993). Danach gelten Emotionen als zwar rasche und globale, gleichwohl aber kognitiv gehaltvolle Urteile über die subjektive Bedeutsamkeit von Sachverhalten. Um dies an einem Beispiel zu illustrieren: Wenn X ihren Liebhaber Arm in Arm mit einer attraktiven jungen Frau sieht, wird sie mit Eifersucht, Wut, Trauer, Zorn reagieren. Erfährt sie, daß es sich um seine Schwester handelt, d.h. ändert sich der kognitive Gehalt ihres Urteils, so verschwindet die Emotion. War sie ihres Liebhabers aber bereits überdrüssig geworden, so mag an die Stelle negativer Emotionen vielleicht gar Erleichterung treten. Intensität und Richtung der Emotion also zeigen die subjektive Bedeutsamkeit des beurteilten Sachverhalts an. Im vorliegenden Kontext: Durch ihre Emotionszuschreibung, also durch die Aussage, der Geschichtenheld fühle sich gut bzw. fühle sich schlecht, zeigen die Kinder an, welchem der beiden zutreffenden Sachverhalte der Geschichtenheld ihrer Meinung nach mehr Bedeutung beimißt: der Tatsache, daß er eine Norm übertreten oder daß er seine Bedürfnisse befriedigt hat. Zugleich geben sie damit zu erkennen, wie wichtig ihnen selbst Normbefolgung ist: zumindest jüngere Kinder (bis ca. 6-7 Jahre) schreiben nämlich Geschichtenhelden die gleichen Gefühle zu, die sie selbst in den entsprechenden Situationen empfinden. Durch die Emotionsbegründungen erklären die Kinder sodann, welche konkreten Erwägungen aus ihrer Sicht Normbefolgung oder Übertretung motivieren.

Alle Antworten der Kinder wurden auf Tonband aufgezeichnet und transkribiert. Sodann wurden die vorgetragenen Überlegungen und Argumente zur Begründung der Normen bzw. der Erwartung einer negativen Emotion in folgende (aus dem Material selbst gewonnene) Kategorien eingeordnet:

- ***Sanktionsorientierung***, d.h. alle Vor- und Nachteile, die sich für den Täter ergeben, z.B.: "Die anderen mögen ihn nicht mehr; die anderen helfen ihm das nächste Mal auch nicht; sie kommt ins Gefängnis; die Mutter oder die Lehrerin schimpft oder lobt ihn."

- ***Opferorientierung***, d.h. alle Hinweise auf die Bedürfnisse, Wünsche oder möglichen Schädigungen des betrogenen oder bedürftigen Kindes, z.B.: "Der ist traurig; der verdurstet; der möchte auch einen Preis haben; die will auch viele Plätzchen backen."

- ***Regelgeltung***, d.h. der Bezug auf die Tatsache, daß es verbindliche Normen gibt, z.B.: "Stehlen darf man nicht; man sollte helfen; man sollte teilen."

- ***Bewertung***, d.h. alle negativen oder positiven Etikettierungen der Tat oder des Täters, z.B.: "Stehlen ist gemein; der ist ein Dieb; die ist geizig; das ist total unfair."

1

2

3

4

Abbildung VII.1: Bildvorlagen zu Geschichte 1 – Diebstahl.

Ergebnisse

Moralisches Wissen

In Abbildung VII.2 sind die Ergebnisse zum moralischen Wissen zusammengefaßt. Die Höhe der Säulen gibt den Prozentsatz der Kinder an, die im Alter von 4, 6 und 8 Jahren die entsprechenden Normen für verpflichtend hielten. Die Einteilungen im Säuleninneren zeigen an, wie häufig die unterschiedenen Begründungen vorgetragen wurden.

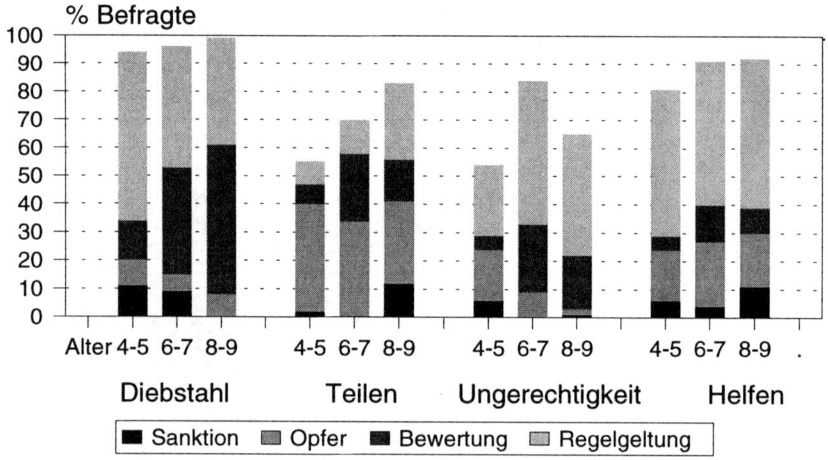

Abbildung VII.2: Prozentsatz der Kinder, die die Norm für gültig erachten und begründen.

Normkenntnis. Bereits mit 4-5 Jahren wissen so gut wie alle Kinder, daß Stehlen falsch ist; spätestens mit 8-9 Jahren glauben die meisten (zwischen 85-95%) auch, daß man in den vorgelegten Situation helfen und teilen sollte.

Normbegründung. In ihren Begründungen für die Gültigkeit der vorgelegten einfachen moralischen Normen benennen nur wenige Kinder (über alle Geschichten und Altersstufen hinweg maximal 12%) Sanktionen, d.h. Vor- und Nachteile, die dem Täter aus seinem Tun erwachsen. Mit Ausnahme von Geschichte 2 (Cola teilen) verweisen die Kinder mit überwältigender Mehrheit auf die Tatsache, daß es eine verpflichtende Norm gibt, oder sie geben eine negative Bewertung der Tat oder des Täters ab. Nur wenige (zwischen 2-18%) beziehen sich auf die Bedürfnisse des 'Opfers', d.h. des bestohlenen, benachteiligten oder hilfsbedürftigen Kindes. Die Cola-Geschichte hingegen zeigt ein anderes Bild. Hier sind es über 2/3 der jüngeren und noch immer fast 1/3 der älteren Kinder, die die Bedürfnisse des Bittstellers als Begründung für die Verpflichtung zu teilen anführen.

Kinder wissen also schon früh um die Geltung einfacher moralischer Normen. Zugleich ist ihr ***Normverständnis***:

- ***intrinsisch***: D.h. sie verstehen, daß Normen eine kategorische Gültigkeit genießen, die nicht an autoritative Setzung oder an Strafandrohung gebunden ist. Dies deckt sich mit den (experimentell sorgfältiger kontrollierten) Erhebungen Turiels und widerspricht Kohlbergs Beschreibung des kindlichen Normverständnisses.

- ***situationsspezifisch differenziert***: Zumindest die älteren Kinder machen trotz der Oberflächenähnlichkeiten zwischen den beiden Geschichten, in denen es ums Teilen geht, klare Unterschiede: Beim Cola-teilen begründen sie die moralische Verpflichtung mit den Bedürfnissen des Bittstellers; beim Teilen des Preises schreiben sie dem Fairness-Gebot eine kategorische Gültigkeit zu: Unabhängig von den Bedürfnissen des Benachteiligten ist es falsch, auf seine Kosten von einer Ungerechtigkeit zu profitieren. Dies entspricht dem Moralverständnis Erwachsener: Auch einen Reichen, der unter dem Verlust kaum litte, zu bestehlen, erachten wir als falsch, denn Stehlen darf man (im Normalfall) nicht. Einen Dürstenden aber zu tränken ist moralische Pflicht - weil und nur weil er durstig ist. Kinder entwickeln also schon früh ein an Rechten und Pflichten orientiertes Moralverständnis: Es gibt individuelle Rechte (in der Diebstahl-Geschichte: das Recht auf eigenen Besitz; in der Preis-Geschichte: das Recht, nicht betrogen zu werden), die eine von Nützlichkeitserwägungen unabhängige kategorische Verbindlichkeit genießen.

- ***zwingend gültig nur unter Normalbedingungen***: Zumindest ältere Kinder verstehen, daß wir heute Ausnahmen als rechtfertigbar erachten, wenn die Übertretung einer Regel unparteilich beurteilt weniger Schaden verursacht als ihre strikte Befolgung. An einem Ergebnis aus der Befragung der Kinder im Alter von 10-11 Jahren sei dies illustriert. Den Kindern war folgende Rahmengeschichte vorgegeben worden[6]:

  > "Stell dir vor, ihr habt zusammen eine Party gefeiert und euch verabredet, daß ihr am nächsten Tag zusammen aufräumt."

  Es wurden dann unterschiedliche Szenarien[7] mit den Kindern diskutiert:

  "Am nächsten Tag

  - möchtest du lieber etwas anderes tun (z.B. schwimmen gehen/mit einem Freund spielen);

  - findet ein einmaliges besonderes Ereignis statt, an dem du unbedingt teilnehmen möchtest (z.B. ein Fußball-Länderspiel/eine Zirkus- oder Ballettaufführung);

---

[6] Die Geschichte wurde zusammen mit Angelika Weber entwickelt.

[7] In einem kurzen Vorinterview wurden die Kinder nach ihrer Lieblingsbeschäftigung, einem für sie besonders attraktiven Ereignis oder Kursangebot gefragt. Diese individuellen Angaben wurden dann in die vorgegebenen Szenarien eingefügt, um zu sichern, daß die Versuchung, das Versprechen zu brechen, für alle gleich stark war.

- willst du dich zu einem zweiwöchigen Ferienkurs (z.B. Schach/Computer/Reiten) anmelden und man kann dies nur an diesem Tag;
- triffst du auf dem Weg zum Aufräumen ein kleines Kind, das sich verirrt hat und du erwägst, es nach Hause zu begleiten."

Die Frage lautete stets:

"Findest du es richtig, wenn du nicht zum Aufräumen gehst, weil du ....? Warum?"

Abbildung VII.3 zeigt den Prozentsatz der Kinder, die den Bruch des Versprechens in den einzelnen Situationen für richtig erachteten: So gut wie alle verurteilten die Normübertretung, wenn sie nur der persönlichen Bedürfnisbefriedigung dient. Unter besonderen Umständen jedoch (einmaliges Ereignis/Verwirklichung längerfristiger eigener Ziele) finden sich einige bereit, eine Ausnahme zuzugestehen, wobei sie allerdings zum Teil explizit um Verständnis bei den anderen nachsuchen bzw. Wiedergutmachung anbieten ("Ich würde die fragen; ich würde das nächste Mal mehr machen."). Geht es allerdings darum, das verirrte Kind heimzubegleiten, sind fast alle Kinder entschieden der Meinung, daß das Hilfeleistungsgebot Vorrang habe, auch wenn das bedeutet, daß man ein Versprechen bricht. ("Es ist schlimmer, wenn das Kind und seine Eltern sich ängstigen als wenn beim Aufräumen einer weniger mitmacht. Die anderen werden das verstehen, sie würden in dieser Situation genauso handeln.") In diesem Urteil spiegelt sich die Verbreitung einer Verantwortungsethik wider, die den Menschen nicht nur für das rechte Tun, sondern auch für die daraus erwachsenden Folgen verantwortlich hält.

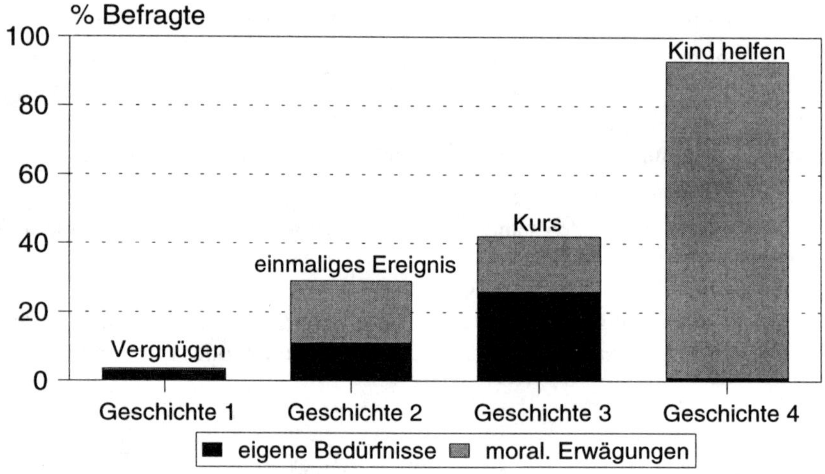

Abbildung VII.3: Prozentsatz der 10-11jährigen Kinder, die einen Versprechensbruch befürworten und begründen.

Moralische Motivation

Wie oben kurz begründet, sollten die Emotionszuschreibungen zu einem hypothetischen Übeltäter die eigene moralische Motivation anzeigen: wer erwartet, der Geschichtenheld werde sich schlecht fühlen, gibt zu erkennen, daß er die Normübertretung für bedeutsamer erachtet als die Bedürfnisbefriedigung und umgekehrt. Wie beantworten die Kinder die Frage nach der Emotionszuschreibung?

In Abbildung VII.4 findet sich der Prozentsatz der 4-5jährigen Kinder, die angeben, der Geschichtenheld werde sich schlecht fühlen.

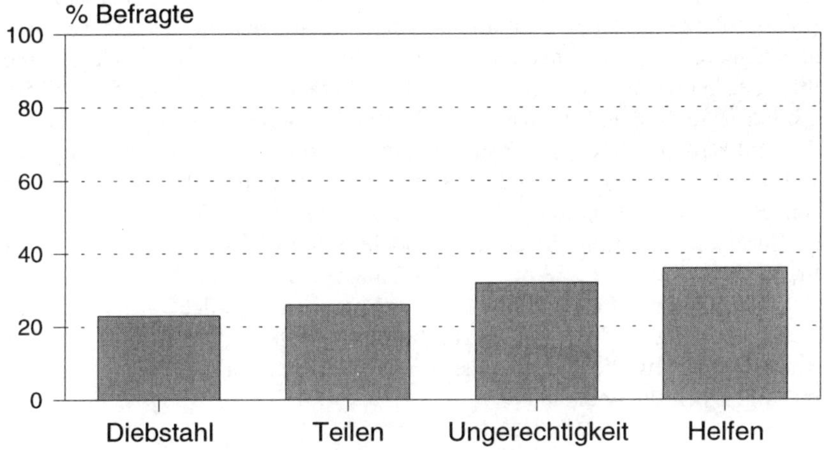

Abbildung VII.4: Prozentsatz der 4-5jährigen Kinder, die erwarten, der hypothetische Übeltäter werde sich schlecht fühlen.

Emotionszuschreibung. Wie sich zeigt, erwarten jüngere Kinder mit überwältigender Mehrheit (fast 80% bei der Diebstahl-Geschichte), daß der Geschichtenheld sich gut fühlen werde, nachdem er eine Regel übertreten hat, um deren Geltung sie selbst nur allzu gut wissen, und deren Begründung sie nur allzu gut verstehen. Konkret sieht der Interviewablauf etwa wie folgt aus: Unmittelbar nachdem die Kinder im Brustton der Überzeugung erklärt haben, "Stehlen darf man nicht, das ist ganz gemein, das ist echt unfair", antworten sie auf die Frage, wie der Dieb sich fühle, "der fühlt sich gut – die Süßigkeiten schmecken klasse, weißt du".

Dies ist ein überraschendes Ergebnis. Ältere Kinder und Erwachsene erwarten nämlich, daß sich schlecht fühlen werde, wer sich eines Vergehens schuldig gemacht hat. Aus diesem Grunde haben wir (Nunner-Winkler & Sodian, 1988) versucht zu klären, ob es sich um ein robustes, d.h. um ein wiederholbares Ergebnis oder aber um einen bloßen Zufallsbefund handelt. Auch haben wir versucht zu verstehen, wie es zu diesem Ergebnis kommt. Zu diesem Zwecke haben wir zusätzlich einige kleinere Querschnitterhebungen mit anderen Kindern durchgeführt, um unterschiedliche mögliche Erklärungen zu überprüfen. So etwa könnte es sein, daß jüngere Kinder allgemein jedem, dem nicht soeben selbst etwas Schlimmes widerfahren ist, eine positive Grundgestimmtheit unterstellen. So legten wir eine Geschichte vor, in der der Held der Diebstahl-Versuchung widersteht. Wie fühlt er sich? "Schlecht, weil er die Süßigkeiten nicht hat". Es könnte sein, daß es die konkrete Handgreiflichkeit der Verlockung ist (gebrannte Mandeln duften köstlich), die im Konfliktfall die trockene, abstrakte Norm aussticht. Auch könnte sein, daß für jüngere Kinder das Entwenden von Süßigkeiten nur ein "Kavaliersdelikt" ist. So legten wir eine Geschichte vor, in der der Held ein anderes Kind, das er ärgern will, von der Schaukel stößt, ohne einen handgreiflichen Nutzen daraus zu ziehen - er selbst nämlich will gar nicht schaukeln, da ihm davon immer schlecht wird. Wie fühlt er sich? "Gut, es ist schön, wenn man den bluten sieht." Dieser Anschein geballter Amoral, der unseren alltagsweltlichen Intuitionen widerspricht, führte uns zu der Vermutung, Kinder verstünden die Bedeutung von moralbezogenen Emotionsbezeichnungen nicht richtig. So fragten wir, wie ein Geschichtenheld sich fühle, der beobachtet, wie ein anderes Kind sich verletzt ("Schlecht, weil das sich wehgetan hat."); der ein anderes Kind versehentlich verletzt ("Schlecht, weil er das nicht wollte."); und schließlich, der das Kind verletzt, das er ärgern will ("Gut, dem hat er es gezeigt."). Die (kindliche) Verwendung von Emotionsbegriffen läßt sich also wie folgt verstehen: Kinder erwarten, daß sich gut fühlen werde, wer erfolgreich tut, was er will (also die Süßigkeiten nimmt, die er haben möchte) und sich schlecht fühlen werde, wer nicht tut, was er will (also etwa die Süßigkeiten nicht entwendet, die er haben will) oder aber tut, was er nicht will (also etwa ein anderes Kind versehentlich verletzt). Nach dieser Interpretation lassen sich die Emotionszuschreibungen als Ausdruck der kindlichen Willensbestimmung deuten. Die Richtung der Emotion zeigt an, was der Geschichtenheld (was das Kind) eigentlich tun will.

Diese Überlegungen liefern eine erste empirische Unterstützung der zunächst rein theoretisch abgeleiteten Strategie, Emotionszuschreibungen als Meßinstrument für moralische Motivation zu nutzen. Für die jüngeren Kinder ließ sich die Vermutung, Emotionszuschreibungen zu einem hypothetischen Übeltäter zeigten die eigene moralische Motivation an, auch *experimentell* bestätigen (vgl. Asendorpf & Nunner-Winkler, 1992): Etwa die Hälfte der Kinder (126) wurde in Gruppen von je drei einander unbekannten Jungen bzw. Mädchen eingeteilt. Die Versuchsleiterin bot jeder dieser Gruppen unterschiedlich attraktive Beschäftigungsmöglichkeiten an: Ein Kind könne durch ein Guckloch in einer Filmbox lustige Slapstickfilme ansehen, ein anderes Kind könne durch ein Kaleidoskop schauen; dem dritten Kind bliebe dann nur, die beiden anderen bei ihren Aktivitäten zu beobachten. Die Kinder sollten sich selbst einigen, wer was tun dürfe. Die folgenden Verhandlungsprozesse verliefen in den verschiedenen Gruppen sehr unterschiedlich. In einigen kam es nach einem Austausch von nur 4-5 Äußerungen bereits zu einer Einigung. In anderen Gruppen gab es ein längeres Hin und Her, das in Form von verbalen Streitereien: "Ich will die Filme sehen." - "Nein, ich will die Filme sehen." - "Nein, ich" - "ich" - "ich" etc. oder auch kleineren Handgreiflichkeiten (Grapschen nach dem Kaleidoskop, Wegschubsen eines anderen Kindes von der Filmbox etc.) ausgetragen wurde. In einer Gruppe kam es überhaupt nicht zu einer Einigung - die vorgegebene Zeit verstrich, ohne daß irgend ein Kind die Filme anschauen oder durch das Kaleidoskop sehen konnte. Die Heftigkeit der Auseinandersetzungen war von der Zusammensetzung der Gruppe abhängig. Je mehr Kinder in der Gruppe 'schüchtern' waren und/oder durchgehend dem hypothetischen Übeltäter negative Emotionen zugeschrieben hatten, desto reibungsloser und friedlicher verlief die Abstimmungsprozedur. Die Konzessionsbereitschaft war also durch zwei unterschiedliche Erwägungen motiviert: Zurückhaltung aus Schüchternheit oder aber aus Rücksichtnahme auf die Bedürfnisse anderer. Die Gruppe, die zu keiner Einigung fand, enthielt nur "nicht-schüchterne" Kinder, die nicht ein einziges Mal erwartet hatten, daß einer sich nach einer normwidrigen Bedürfnisbefriedigung schlecht fühlen werde.

Die Ergebnisse dieser Zusatzstudie belegen, daß bei jüngeren Kindern Emotionszuschreibungen zu hypothetischen Übeltätern tatsächlich moralische Motivation erfassen. Die Emotionszuschreibungen leisteten nämlich einen wesentlichen Erklärungsbeitrag zum Verhalten in der realen Versuchungssituation. Wer erwartete, daß einer sich nach einer Übertretung schlecht fühlen werde, war deutlich eher dazu bereit, die Verteilung begehrter Chancen mit anderen fair auszuhandeln, statt die eigenen Wünsche auf Kosten anderer egoistisch durchzusetzen. Zugleich aber zeigte sich auch, daß Handeln in Konfliktsituationen nicht durch moralische Motivation allein bestimmt ist. Der Verzicht auf eine eher rücksichtslose Durchsetzung der eigenen Interessen kann auch von anderen Persönlichkeitsmerkmalen (hier etwa der eigenen Schüchternheit) oder aber den Situationsbedingungen (hier etwa der Nachgiebigkeit der beiden anderen Gruppenmitglieder) abhängen.

Mit dem Alter nimmt die Zahl negativer Emotionszuschreibungen zu einem hypothetischen Übeltäter zu. Mit 8-9 Jahren geben zwischen 48% (Geschichte 4 - Helfen) und 77% (Geschichte 1 - Diebstahl) an, der Geschichtenheld werde sich schlecht fühlen. Im Alter von 10-11 Jahren erwarteten 96%, daß sich schlecht fühlen werde, wer ein Versprechen ohne guten Grund bricht. In höherem Alter allerdings zeigen negative Emotionszuschreibungen nicht länger mehr eigene moralische Motivation an. Ältere Kinder werden nämlich zu selbstreflexiver Rollenübernahme fähig: Sie erkennen, daß der Interviewer sie aufgrund ihrer Antworten bewerten könnte. Daher sagen sie nicht mehr quasi naiv, wie sie selbst sich wirklich fühlen würden, sondern geben die Antwort, von der sie wissen, daß sie die moralisch angemessenere Reaktion ist, d.h. sie geben die sozial erwünschte Antwort, um sich in einem guten Lichte darzustellen.

Emotionsbegründung. Unbeschadet der Frage, ob die Zuschreibung negativer Emotionen tatsächlich (wie bei jüngeren Kindern) die eigene moralische Motivation oder nur (wie bei älteren Kindern) die wünschenswerte moralische Haltung widerspiegelt - in jedem Fall gilt, daß die Begründungen für negative Gefühle nach einer Übertretung Rückschlüsse auf die Motive zulassen, die entweder tatsächlich das Handeln der Kinder anleiten oder die von ihnen als angemessene Beweggründe für moralisches Handeln angenommen werden.

Welche Erwägungen nun motivieren aus der Sicht der Kinder Normbefolgung tatsächlich oder sollten sie zumindest motivieren? Abbildung VII.5 gibt die Häufigkeit der Begründungen für eine negative Emotionserwartung wieder. Wie sich zeigt, haben weder Sanktionsangst bzw. bloße Nutzenkalküle noch aber Mitleid eine große Bedeutung. Über alle Geschichten und Altersstufen hinweg benannten höchstens jeweils 18% der Kinder Konsequenzen für den Täter (Strafe/Belohnungen) bzw. für das 'Opfer' (Mitleid). Geschichtenunabhängig gaben die meisten Kinder rein moralische Begründungen: Der Übeltäter fühlt sich schlecht, weil, was er tat, unrecht oder falsch war, weil er anders hätte handeln sollen, weil er sich als Bösewicht erwies.

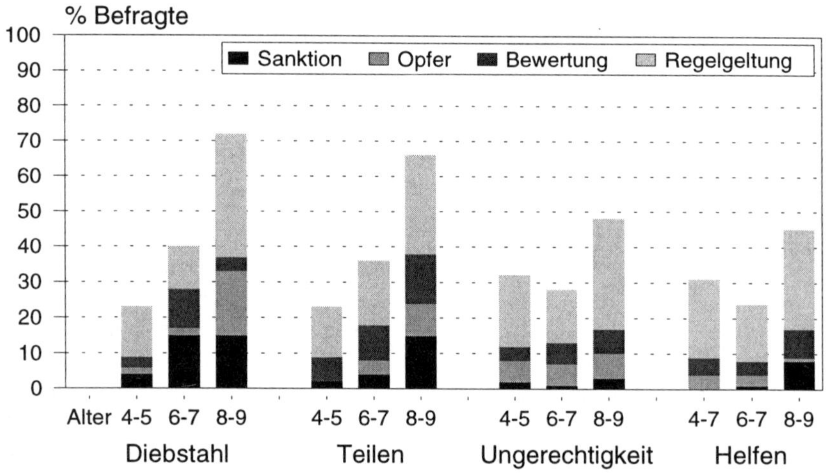

Abbildung VII.5: Prozentsatz der Kinder, die dem Übeltäter eine negative Emotion zuschreiben und begründen.

Diesen Ergebnissen zufolge also ist ***moralische Motivation:***

- ***intrinsisch***, d.h. es ist ein Bestreben, das Rechte zu tun, nicht um Nachteile (etwa Strafe, soziale Ablehnung, Vergeltung mit Gleichem) zu vermeiden oder Vorteile (etwa Lob, soziale Akzeptanz bzw. Reputation, Gegenleistungen) zu erringen, sondern weil es das Rechte ist.

- ***formal***: Was in moralischen Konflikten jeweils das Rechte ist, muß in einem abgetrennten, konkret kontextbezogenen Urteilsprozeß je situativ ermittelt werden. In der Cola-Geschichte etwa sollte man teilen, weil der Bittsteller sonst Schaden litte, in der Preis-Geschichte hingegen, weil Ungerechtigkeit intolerabel ist. Diese inhaltlichen Unterschiede in den Begründungen für das moralisch Gebotene spiegeln sich aber in der Motivstruktur nicht wider: Auch in der Cola-Geschichte ist Teilen nicht durch Mitleid oder Empathie motiviert, sondern durch die Anerkennung der Verbindlichkeit des Gebotenen - Kantisch gesprochen: durch Achtung vor dem Gesetz.

- ein ***Metabedürfnis***: An den Antworten zur Helfer-Geschichte läßt sich dieses Konzept erläutern. In dieser Geschichte war eine zusätzliche Figur eingeführt worden: Nachdem der Geschichtenheld die Hilfe verweigert hatte, wendet sich der Bittsteller an ein anderes Kind; dieses hilft. Emotionszuschreibungen wurden nun sowohl zum Nicht-Helfer wie zum Helfer erfragt: "Dieses Kind wollte sich nicht stören lassen. Es hat nicht geholfen und viele Plätzchen gebacken. Wie fühlt es sich? - Dieses Kind hat geholfen und nur wenige Plätzchen gebacken. Wie fühlt es sich?" Im Alter von 6-7 Jahren produzierten etliche Kinder (19%) ein moralisches Zuschreibungsmuster: Der Helfer fühlt sich gut, weil er half; der Nicht-Helfer fühlt sich schlecht, weil er hätte helfen sollen;

bei weiteren 26% ergaben die Antworten ein unmoralisches Muster: Der Nicht-Helfer fühlt sich gut, weil er viele, der Helfer schlecht, weil er nur wenige Plätzchen gebacken hat. Die meisten Antworten (32%) aber spiegeln wider, was ich 'heile Welt' nennen möchte: Jeder fühlt sich gut, weil jeder tat, was er wollte – der Helfer half, der Nicht-Helfer erbrachte eine hohe Leistung. Nun ist anderen zu helfen, weil man dazu eine Neigung verspürt, zweifellos 'gut'. Moralische Motivation aber läßt sich daran noch nicht sicher ablesen. Diese ist erst verbürgt, wenn einer das Gebotene tut, nicht nur, wenn er gerade Lust dazu hat, sondern auch dann, wenn es seinen spontanen Neigungen zuwider läuft. Ein Metabedürfnis ist die Bereitschaft und Fähigkeit zu spontanen Impulsen und Bedürfnissen Stellung zu nehmen und nur jene auszuagieren, die mit den eigenen willentlichen Selbstfestlegungen verträglich sind; bei einem moralischen Metabedürfnis sind dies moralbezogene Selbstbindungen. Moralische Motivation läßt sich danach als Filter verstehen, der nur akzeptable Impulse passieren läßt.

Schlußfolgerungen

Lernprozesse

Nach den vorgelegten Ergebnissen ist moralische Entwicklung als *zweistufiger Lernprozeß* zu begreifen. Schon früh erwerben Kinder universell ein Wissen um einfache moralische Normen und verstehen ihre kategorische, d.h. straf- und autoritätsunabhängige Gültigkeit. Moralische Motivation aber wird erst in einem zweiten Lernprozeß aufgebaut, den die Kinder unterschiedlich schnell und unterschiedlich erfolgreich durchlaufen. Andere, hier nicht dargestellte Ergebnisse legen die Vermutung nahe, daß bis zum Alter von 10-11 Jahren erst etwa gut ein Drittel der Kinder moralische Motivation verläßlich aufgebaut hat, d.h. die Befolgung moralischer Normen zu einem wichtigen Anliegen, zu einem persönlichen Ziel gemacht hat. Stellt man dieses Auseinanderklaffen der beiden moralischen Lernprozesse, einmal des universellen frühen Wissenserwerbs, zum anderen des differentiellen, späteren Motivaufbaus in Rechnung, so lassen sich die eingangs skizzierten Widersprüche zwischen den vorliegenden Beschreibungen des kindlichen Moralverständnisses unter Bezug auf die jeweils verwendeten Methoden aufklären. *Turiel* untersuchte das Regelverständnis und darüber verfügen Kinder schon früh. *Kohlberg* hingegen erfragte Handlungsempfehlungen. Kinder, für die Moral (noch) keine persönliche Bedeutsamkeit gewonnen hat, die also moralische Motivation (noch) nicht aufgebaut haben, orientieren diese Ratschläge an Klugheitserwägungen und raten zu tun, was am meisten nützt oder am wenigsten schadet. In der *Altruismusforschung* wird spontanes Verhalten beobachtet. Unstrittig sind Kinder zu Mitleid fähig und auch uneigennützig zu fürsorglichen Handlungen bereit, dann, wenn sie dies wollen. Auch Alltagserfahrungen bestätigen diese Beobachtungen der Altruismusforschung und die in der vorliegenden Untersuchung häufig geäußerte Erwartung, der Helfer werde sich wohlfühlen, ist ein weiterer Beleg. Ebenso unstrittig aber sind Kinder auch zu amoralisch egoistischer Interessendurchsetzung auf Kosten anderer fähig. Wiederum zeigt sich dies im Alltagsleben sowie in den hier berichteten Daten an der offen und freimütig geäußerten Erwartung ungetrübter Freude angesichts eigener Bedürfnisbefriedigung ungeachtet des zugleich dem Opfer zugefügten Leids. Anders formuliert: Von 'Natur aus' sind Kinder weder völlig gut (und würden durch die schädlichen Einflüsse der Gesellschaft erst verdorben) noch völlig schlecht (und bedürften daher des sozialen Zwangs, um überhaupt zur Kooperation fähig zu werden). Von 'Natur aus' – besser: von Geburt an – sind Kinder zu beidem fähig, zu Mitgefühl, Empathie und selbstloser Hilfsbereitschaft wie auch zu eigensüchtig rücksichtsloser Durchsetzung eigener Interessen auf Kosten anderer. Moralische Motivation bedeutet die Fähigkeit, zu diesen spontanen altruistischen wie egoistischen Impulsen Stellung nehmen zu können und nur in Übereinstimmung mit den Impulsen zu handeln, die mit dem je moralisch Gebotenen verträglich sind.

Lernmechanismen

Die Tatsache, daß Moral in zwei getrennten Lernprozessen erworben wird, spricht dafür, daß unterschiedliche Lernmechanismen am Werke sind. Diese wurden nicht direkt untersucht. Es lassen sich aber aus den Daten und anderen Forschungsergebnissen zumindest einige spekulative Überlegungen ableiten. *Moralisches Wissen* wird einmal durch direkte Unterweisung erworben. Darauf deuten folgende, allerdings eher selten gegebene Antworten auf die Frage nach der Normbegründung hin: "Das darf man nicht." "Das tut man nicht." "Das gehört sich nicht." Zum anderen lesen Kinder moralische Normen an ihrer sozialen Umwelt ab. So etwa fanden Nucci und Lee (1993) in Verhaltensbeobachtungen in Kindergärten und Familien, daß die Erziehungspersonen sich auf Aushandlungsprozesse mit den Kindern einließen, wenn konventionelle Normen, etwa Bekleidungsvorschriften, Tischmanieren etc. strittig waren. Ging es aber um die Übertretung moralischer Normen, etwa die Verletzung anderer Kinder, so beharrten sie auf der kategorischen Gültigkeit von Verboten: "Andere schlagen gibt es nicht. Das tut weh."

Schließlich aber – und dies scheint ein besonders bedeutsamer Lernmechanismus – lesen Kinder Normen auch am Sprachgebrauch ab, an der inhaltlichen Bedeutung von Begriffen, wie an der Art ihrer Verwendung in konkreten Äußerungen. 'Sprachspiele' – so Wittgenstein – spiegeln die Praktiken der Gruppe wider und Wertungen gehören unauflöslich zur Bedeutung bestimmter Worte. 'Mord' etwa bezeichnet einen verwerflichen Akt der Tötung. Für entschuldbare oder rechtfertigbare Fälle von Tötung verwenden wir andere Begriffe, so etwa fahrlässige Tötung, Tötung aus Notwehr, Tötung im Krieg, Attentat. Der soziale Wandel in unserem Moralverständnis findet denn auch folgerichtig seinen Niederschlag im Verschwinden bestimmter Begriffe (z.B. 'vorehelicher Geschlechtsverkehr') oder im Auftauchen neuer Begrifflichkeiten (z.B. 'Vergewaltigung in der Ehe'). Daß Kinder tatsächlich zunächst einfach das moralische 'Sprachspiel' ihrer Umgebung und damit ein Wissen um moralische Grundgebote erwerben, zeigen die häufig auftauchenden Begründungen der folgenden Art: "Das ist Diebstahl!" "Der ist ein Dieb!" Kinder verstehen, daß die Unerlaubtheit Teil der Bedeutung des mit dem Wort Diebstahl bezeichneten Sachverhalts ist und erkennen das Ausmaß der Verwerflichkeit am Grad der Empörung, die in der Äußerung mitschwingt. Eines zusätzlichen Verweises auf Strafen bedarf es nicht, ganz im Gegenteil, würde dieser die Verbindlichkeit eher mindern. So sagen wir etwa mit spontanem Entsetzen und Abscheu: "Das ist Mord!" und zeigen damit die unaufhebbare Schlechtigkeit der Handlung an. Wir sagen nicht: "Mord ist strafbar, da steht Gefängnis drauf."

Die Tatsache aber, daß Kinder schon früh das zentrale Moment moralischer Normen, nämlich ihre kategorische Verbindlichkeit verstehen, bedeutet keineswegs, daß sie moralisch schon vollendet Wissende sind. Um nämlich moralische Normen in konkreten Situationen anwenden, um angemessene und unangemessene Ausnahmen von konkreten Geboten unterscheiden zu können, bedarf es einerseits noch des Aufbaus komplexer inhaltlicher Wissenssysteme, andererseits der Entwicklung kognitiver Strukturen: Man muß wissen, welche konkreten Folgen unterschiedliche Handlungen jeweils zeitigen, um dem Prinzip unparteilicher Schadensminimierung Rechnung tragen zu können. Und man muß ganz allgemein den eigenen Zeithorizont erweitert und ein Verständnis für verlängerte Folgeketten, für Nebenfolgen oder mögliche Rückwirkungen entwickelt haben. Insbesondere bedarf es auch einer Entfaltung zur Fähigkeit der Rollenübernahme. Kinder meinen nämlich zunächst, die Welt sei so wie sie selbst sie sehen. Erst allmählich beginnen sie zu erkennen, daß die Perspektiven verschiedener Personen differieren können, daß man wechselseitig um solche Unterschiede in der Weltsicht wissen kann und daß trotz solcher Unterschiede in der Weltsicht Verständigung möglich ist. Ein jeder nämlich unterstellt dem anderen eine intersubjektiv geteilte Rationalität, d.h. man nimmt an, der andere würde - wäre er nur in der gleichen Lage -, die Dinge ähnlich sehen wie man selbst sie sieht. Sofern der Kern von Moral die Vermeidung der Schädigung anderer ist, ist gerade diese Fähigkeit zur Perspektivenübernahme unerläßlich. Nur wenn einer zu erkennen vermag, welche Kosten und Verletzungen sich für andere aus den eigenen Handlungsentscheidungen ergeben, ist das Ziel eines fairen Ausgleichs von Interessen und Bedürfnissen überhaupt erreichbar.

Für den Aufbau *moralischer Motivation* scheint zweierlei wichtig: Zum einen, daß die bedeutsamen Bezugspersonen (etwa die Eltern) dem Kind warm und akzeptierend begegnen, zum anderen, daß sie selbst der Dimension des Moralischen eine große Bedeutung beimessen. Letzteres zeigt sich an dem Ausmaß, in dem ihre Beziehungen - untereinander wie auch zu den Kindern - getragen sind von wechselseitiger Achtung der Person, der Anerkennung der je konkreten Bedürfnisse und der Bereitschaft, in Konflikten zustimmungsfähige Lösungen auszuhandeln.

... und die Moral von der Geschicht'?

Mehrere Momente an der so beschriebenen Entwicklung des Moralverständnisses sind bemerkenswert. Zum einen verbürgt die Tatsache, daß alle Kinder schon früh die in ihrer Kultur gültigen Normen angemessen begreifen, daß es eine geteilte Basis moralischer Grundüberzeugungen gibt, die an sprachliche Etikettierungspraktiken gekoppelt ist. An dieses gemeinsame Wissen läßt sich in öffentlichen Debatten anknüpfen: Ist erst einmal klargestellt, daß Alkohol am Steuer 'Gefährdung von Menschenleben', Steuerhinterziehung 'Betrug' an den anderen Steuerzahlern bedeutet, so hat die beschönigende Rede vom bloßen 'Kavaliersdelikt' ausgedient.

Zum anderen scheint bedeutsam zu sein, daß die beschriebene moralische Motivation eine formale Struktur hat. Sie ist demnach nicht - wie von der Altruismusforschung unterstellt - identisch mit spontanem Mitleid oder Empathie. Dies ist wichtig für moderne Gesellschaften, in denen es viele Normen zu befolgen gilt, deren Übertretung keine konkrete Person merklich treffen würde. Ein einzelner Versicherungsbetrug etwa schädigt nur die Gesamtheit aller Versicherten (und damit jeden einzelnen kaum spürbar) und gehäufte Betrügereien gefährden nur die Institution der Versicherung. Durch Mitleid wäre in solch anonymisierten Situationen Normbefolgung nicht zu motivieren. Auch bedeutet eine formale Motivstruktur, daß Urteilsbildung und Handlungsbereitschaft entkoppelt sind. Anders als dies von manchen Theoretikern angenommen wird, sind nicht bestimmte Inhalte oder konkrete Regeln in der Person ein für alle mal fest verankert. Vielmehr ist die Person gehalten, jeweils neu zu entscheiden, was unter den je gegebenen Kontextbedingungen angemessen ist. Auch dies ist wichtig für moderne Gesellschaften, in denen die Wissensbasis sich ständig erweitert, sich auch immer wieder verändert.

Zugleich aber birgt eine rein formale Motivstruktur auch Gefahren in sich, dann nämlich, wenn das Urteil fehlgeleitet ist. So etwa vermeinen manche Terroristen anfänglich durchaus 'Gutes' zu tun, indem sie sich für die Entrechteten einzusetzen suchen. Dabei aber nehmen sie ebenso selbstgerecht wie mitleidslos den Tod vieler Menschen in Kauf.

Resümierend läßt sich also festhalten: Ohne moralische Motivation bleibt moralisches Wissen folgenlos. Ohne Urteilsvermögen aber ist moralisches Engagement blind, gegebenenfalls zerstörerisch. Unbeschadet der empirischen Korrekturen an Kohlbergs Theorie der Entwicklung des moralischen Bewußtseins, in deren Tradition die hier berichtete Untersuchung steht, bleibt somit sein zentrales Anliegen, nämlich die Betonung der Bedeutsamkeit von Urteilsfähigkeit für Moral gewahrt. Moralische Urteilsfähigkeit aber läßt sich fördern, läßt sich schulen – durch offene Diskurse unter allen potentiell Betroffenen, durch Einbindung in Entscheidungen und konkrete Verantwortlichkeiten, durch das Aufzeigen der Bedingungen nicht nur eines verträglichen Zusammenlebens im Nahbereichs, sondern auch der Funktionsfähigkeit sozialer Systeme.

Kapitel VIII

Die Entwicklung sozialer Kompetenzen, Motive und Verhaltensweisen

Jens B. Asendorpf

Gerade bei jungen Kindern fallen individuelle Besonderheiten im sozialen Verhalten besonders ins Auge: warum ist das eine Kind ruhig und angepaßt, während das andere über die Stränge schlägt; warum geht das eine unbefangen auf Fremde zu, während das andere lange braucht, um ihnen gegenüber warm zu werden; warum ist das eine in der Gruppe so beliebt, während das andere abgelehnt wird? Diese drei Bereiche der "sozialen Persönlichkeit" - Aggressivität, Schüchternheit und Beliebtheit - sind inzwischen so gut psychologisch untersucht, daß wissenschaftlich gesicherte Erkenntnisse vorliegen, die über alltägliches Erfahrungswissen weit hinausführen.

Es wäre kaum möglich, dies hier für alle drei Bereiche der sozialen Persönlichkeit ausreichend deutlich zu machen. Es wäre auch der LOGIK-Studie nicht angemessen, in der sich die Beobachtung des sozialen Verhaltens schwerpunktmäßig auf schüchternes Verhalten richtete, weil dieses Verhalten bei Beginn der LOGIK-Studie besonders wenig psychologisch erforscht war. Deshalb beschränkt sich dieses Kapitel auf eine - dafür recht detaillierte - Schilderung der Ergebnisse zu Schüchternheit; am Ende wird dann kurz auf die Frage eingegangen, was sich von den Ergebnissen zu Schüchternheit auf andere Bereiche der Persönlichkeitsentwicklung verallgemeinern läßt.

Schüchternheit – Was ist das?

"Schüchternheit" ist zunächst einmal ein schillernder Begriff der Alltagspsychologie, also der "intuitiven" Psychologie, die jeder von uns im Kopf hat, ob er nun Psychologe ist oder nicht. Ein Teil dieser Alltagspsychologie besteht aus Eigenschaftsbegriffen, mit denen wir Mitmenschen klassifizieren. Als "schüchtern" bezeichnen wir Menschen, die sich im sozialen Kontakt ungewöhnlich zurückhalten, und zwar nicht, weil sie einfach kein Interesse an anderen haben, sondern weil sie Hemmungen haben, in Kontakt mit anderen zu kommen. Der Unterschied ist nicht ganz einfach festzustellen, weil die Hemmungen sich im Verhalten oft nur subtil offenbaren. Typisch für Schüchterne ist z.B., daß sie auf Partys gehen, sich dort aber beobachtend am Rande des Geschehens aufhalten und von sich aus niemanden ansprechen, den sie nicht kennen; werden sie angesprochen, lassen sie sich gerne ins Gespräch ziehen, auch wenn sie dabei anfangs einen unsicheren Eindruck machen. Man hat das Gefühl, daß sie nur langsam auftauen.

Motivational betrachtet handelt es sich bei Schüchternheit also nicht etwa um soziales Desinteresse, sondern um soziale Gehemmtheit: Schüchterne würden gerne in Kontakt kommen, trauen sich aber nicht. Psychologen sprechen hier von einem "Annäherungs-Vermeidungs-Konflikt": die Annäherungstendenz aufgrund normaler sozialer Bedürfnisse steht in Konflikt mit einer ungewöhnlich stark ausgeprägten Hemmung, sich anderen gegenüber zu öffnen. Der Gegensatz zu Schüchternheit ist deshalb nicht lebhafte Geselligkeit, sondern Distanzlosigkeit: die Abwesenheit jeglicher Hemmung.

Emotional betrachtet unterscheidet sich Schüchternheit von schlichtem sozialen Desinteresse auch im Erleben: Desinteressierte langweilen sich in Gegenwart anderer, Schüchterne fühlen sich "irgendwie unangenehm - gehemmt, verklemmt". Dieses Gefühl, nicht aus der eigenen Haut herauszukommen, ist eine leichte Form sozialer Angst, die aber meist nicht als Angst wahrgenommen wird; nur bei sehr starker Hemmung berichten Schüchterne spontan über Angstgefühle. Diese diffuse subjektive Wahrnehmung der eigenen Gefühlslage bei akuter Schüchternheit und die Schwierigkeit, die Hemmung auf etwas klar Definierbares zu beziehen, machen das Schillernde am Begriff der Schüchternheit aus. Angst vor einem Schäferhund ist eine verständliche Reaktion, aber warum haben viele Menschen Fremden gegenüber oder in großen Gruppen Schwierigkeiten, den Mund aufzumachen? Die anderen beißen doch nicht!

Schüchternheit bei Kindern

Um den Ursachen für die Hemmungen Schüchterner auf die Spur zu kommen, sind Kinder besonders gut geeignet. Nicht nur, weil es plausibel scheint, daß die Wurzeln der Schüchternheit von Erwachsenen zumindest zum Teil in der Kindheit zu suchen sind, sondern weil sich Schüchternheit bei Kindern direkter im Verhalten zeigt. Viele schüchterne Erwachsene sind dagegen in der Lage, ihre Hemmung zu überspielen (nur manchmal erkennbar an einer verkrampften Bemühtheit oder an einer künstlich wirkenden Überschwenglichkeit), was die Erkennung von Schüchternheit im Verhalten erschwert.

Darüber hinaus ist starke Schüchternheit nicht nur bei Jugendlichen und Erwachsenen ein Problem, sondern schon bei Kindern, wenn sie das auch nicht so formulieren können wie Ältere. Verschärft wird das Problem dadurch, daß die Schüchternheit der "Mauerblümchen" entweder übersehen wird, weil diese Kinder unauffällig und angepaßt wirken, oder daß sie nicht ernst genommen wird. Aufforderungen wie "Nun sei nicht so schüchtern, gib der Tante die Hand!" sind ganz und gar nicht hilfreich, sondern verstärken die Hemmungen nur noch unnötigerweise. Denn die Hemmungen bei Schüchternheit können durch guten Willen nicht überwunden werden, weil sie auf tief sitzenden Ängsten beruhen. Solche Aufforderungen machen deshalb dem schüchternen Kind die Unfähigkeit zu "normalem" Verhalten erst so richtig deutlich und verstärken dadurch seine Hemmungen noch zusätzlich.

Wir untersuchten also Schüchternheit in der LOGIK-Studie vor allem, weil dieses Phänomen für Kinder und Erwachsene zwar psychologisch wichtig, aber wissenschaftlich bisher wenig verstanden ist, und weil es als Problem von Kindern leicht übersehen wird und deshalb auch von der Psychologie eher vernachlässigt wurde, obwohl Schüchternheit bei Kindern einfacher zu erkennen ist als bei Erwachsenen.

Unsere Untersuchungen wurden durch drei grundlegende Überlegungen geleitet. Erstens zeigt sich Schüchternheit in verschiedenen sozialen Situationen. Befragungen schüchterner Erwachsener ergaben, daß sie sich vor allem in drei Situationen akut schüchtern fühlen: Konfrontation mit Fremden, großen Gruppen und Autoritätspersonen. Enge Bezugspersonen wie die eigenen Eltern, der Partner oder alte Freunde scheinen dagegen nur selten Schüchternheit hervorzurufen. Systematischere Untersuchungen ergaben, daß sich diese situative Vielfalt auf zwei Faktoren reduzieren läßt: je *unbekannter* die Anwesenden sind und je stärker man sich von ihnen persönlich *bewertet fühlt* – hinsichtlich Sympathie, eigener Leistungen oder moralischer Kriterien –, desto stärker ist die Hemmung bei Schüchternen.

Wir vermuteten deshalb, daß dies auch bei Kindern der Fall sein könnte. Deshalb war es wichtig, die LOGIK-Kinder im Umgang mit fremden Erwachsenen und Kindern zu beobachten, aber als "Kontrollbedingung" auch mit Bekannten; und auch ihre Schüchternheit im Kontakt mit Gruppenmitgliedern im Kindergarten und mit Klassenkameraden in der Schule zu erfassen, denn wie aus anderen psychologischen Studien bekannt war, spielt die Bewertung durch Gleichaltrige - Akzeptanz oder Ablehnung - schon ab dem Kindergartenalter eine wichtige Rolle für das Selbstwertgefühl von Kindern.

Zweitens war es uns wichtig, Schüchternheit sowohl durch direkte Beobachtung des Verhaltens als auch durch Urteile wichtiger Bezugspersonen (Eltern, Erzieher, Lehrer) zu erfassen, um so einerseits die "objektive" psychologische Diagnose am subjektiven Urteil wichtiger Bezugspersonen sichern zu können und andererseits durch detaillierte Verhaltensbeobachtung über diese Urteile hinausgehen zu können, um so den Ursachen für Schüchternheit besser auf die Spur zu kommen.

Und drittens war aus anderen Untersuchungen bekannt, daß die subjektive Seite der kindlichen Schüchternheit - das Erleben der betroffenen Kinder - erst ab dem Alter von etwa 8 Jahren zuverlässig erfaßt werden kann. Frühere Befragungen von Kindern stoßen auf das Problem, daß das Selbstkonzept noch zu diffus entwickelt und stark optimistisch verzerrt ist (vgl. Kap. VI). Erstkläßler halten sich meist noch für die Besten in der Klasse; - und das in jeder Hinsicht; erst langsam entwickeln sie ein weniger grandioses, realistischeres Bild ihrer individuellen Stärken und Schwächen. Etwa ab der 2. Klasse aber gewinnt ihr Bild von sich selbst und ihren Altersgenossen an Schärfe, und von da ab war es uns wichtig, auch die subjektive Seite der kindlichen Schüchternheit zu erfassen.

Im folgenden wird über die Ergebnisse unserer neunjährigen Studien zur kindlichen Schüchternheit berichtet. Gegliedert ist die Darstellung nicht nach Altersstufen oder einzelnen speziellen Untersuchungsverfahren, sondern nach inhaltlichen Fragestellungen und den zugehörigen Ergebnissen. Anschließend wird das Bild über Schüchternheit im Kindesalter und seine Bedeutung für das Erwachsenenalter durch Ergebnisse anderer psychologischer Studien abgerundet. Abschließend werden praktische Konsequenzen für Eltern und Erzieher schüchterner Kinder und einige offene Forschungsfragen diskutiert.

Wie äußert sich Schüchternheit im kindlichen Verhalten?

Wenn die These stimmt, daß Schüchternheit ein Annäherungs-Vermeidungs-Konflikt zugrundeliegt, sollte sich Schüchternheit in *ambivalentem Kontaktverhalten* zeigen: Vermeidungstendenzen sollten gleichzeitig mit Annäherungstendenzen beobachtbar sein. Dies traf in der LOGIK-Studie zumindest im Kindergartenalter zu. Drei Beispiele ambivalenten Kontaktverhaltens sollen das illustrieren.

Kontaktaufnahme mit einer fremden Erwachsenen

Alle 2 Jahre wurden die Kinder mit einer ihnen unbekannten Mitarbeiterin zusammengebracht. Die Situation war so gestaltet, daß die Kinder Interesse haben mußten, Kontakt zur Fremden aufzunehmen. Dazu mußten sie aber selbst aktiv werden, weil die Fremde sich bewußt passiv verhielt.

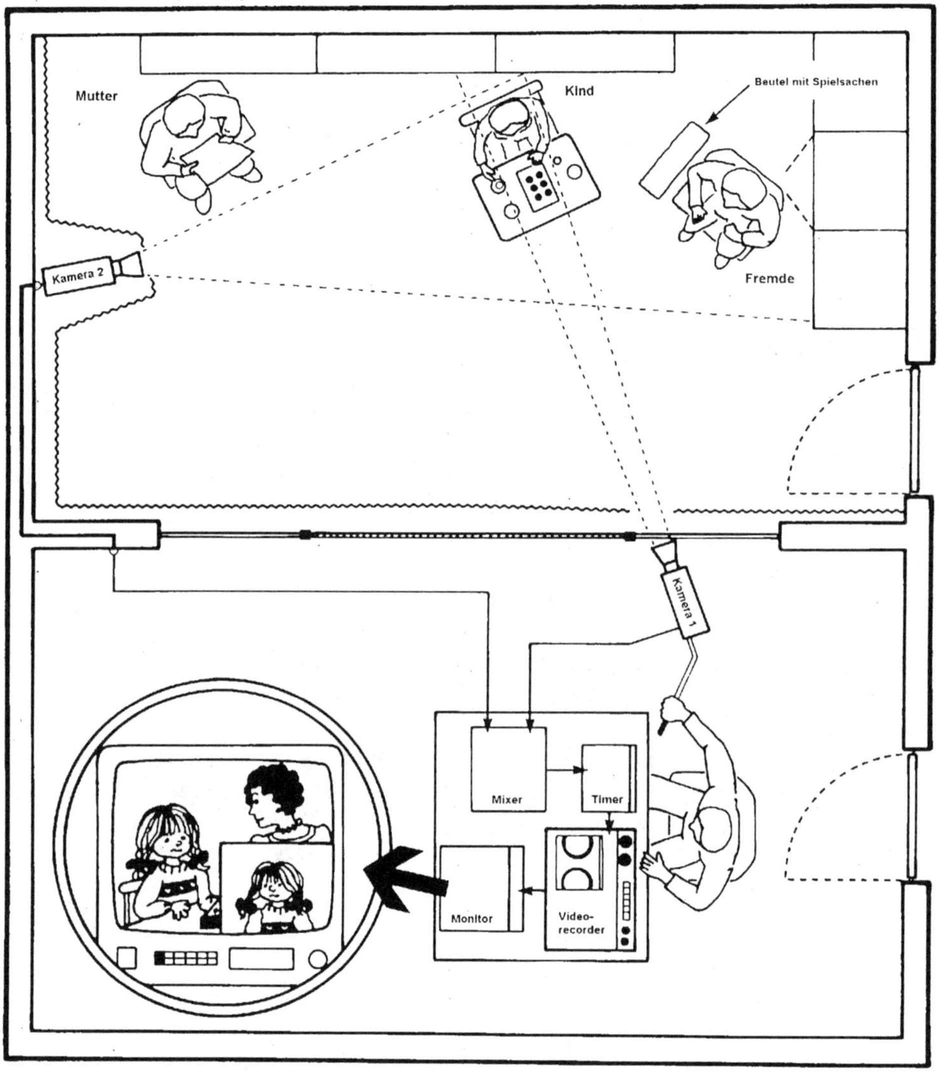

Abbildung VIII.1: Aufbau des Experiments mit einer fremden Erwachsenen im Alter von 3 Jahren.

In der ersten derartigen Situation, als die Kinder 3-4 Jahre alt waren, wurden sie z.B. mit einem Elternteil in einen Beobachtungsraum gebracht, wo sie an einen Kindertisch gesetzt wurden, auf dem sich äußerst langweiliges Spielzeug befand: eine Spielzeugkasse aus Holz, deren Teile festgeklebt waren, und wenige Sachen zum Einkaufen. Deshalb begannen die Kinder sich nach etwa 2 Minuten zu langweilen: Sie schauten sich im Raum um und rutschten auf dem Stuhl hin und her. Die Eltern waren gebeten worden, das Kind nicht zu beachten; von dort her war also auch nichts Interessantes zu erwarten. Abbildung VIII.1 zeigt den Aufbau des Experiments.

In diesem Moment betrat die Mitarbeiterin das Zimmer, in der Hand eine durchsichtige Plastiktüte voll interessanten Spielzeugs. Sie grüßte Kind und Elternteil sehr kurz, setzte sich in die Nähe des Kindes und begann genüßlich, die einzelnen Spielsachen auszupacken und anzuschauen. Zwischendurch lächelte sie kurz das Kind an, sagte aber nichts zu ihm. Das ganze wurde gefilmt. Am Blickverhalten der Kinder war klar erkennbar, daß *alle* von den Spielsachen fasziniert waren, d.h. alle zeigten eine Annäherungstendenz in ihrem Verhalten.

Die Kinder unterschieden sich aber stark in ihrer Vermeidungstendenz: einige Kinder sprachen die Fremde sofort an, die daraufhin mit ihnen und mit den Spielsachen spielte. Bei anderen war die Hemmschwelle höher: sie brauchten einige Zeit, bis sie sich trauten, die Unbekannte anzusprechen. Nur 25% der Kinder schafften es innerhalb von 3 Minuten. Um die anderen nicht zu sehr zu quälen, sprach die Mitarbeiterin die "Stummen" nach genau 3 Minuten an und versuchte nach besten Kräften, sie mit Hilfe des Spielzeugs in ein Gespräch zu verwickeln. Bei 41% gelang aber auch dies nicht innerhalb der nächsten 2 Minuten.

Die Kinder unterschieden sich also in dieser Situation nicht in ihrer Annäherungstendenz, wohl aber in ihrer Vermeidungstendenz. Die Zeit bis zur ersten unaufgeforderten Äußerung – also bis zum Ansprechen der Fremden oder, wenn diese nach 3 Minuten den Kontakt initiierte, bis zur ersten Äußerung, die nicht nur eine Antwort auf eine Frage der Fremden war – schien deshalb ein gutes Maß für die Schüchternheit der Kinder zu sein: je später sie "auftauten", desto stärker ihre Schüchternheit. Befragungen der Eltern ergaben, daß diese Messung von Schüchternheit gut mit deren Schüchternheitsurteil übereinstimmte.

Spiel mit einem fremden Kind

Im zweiten Jahr der Studie wurden die Kinder nicht mit einer fremden Erwachsenen, sondern mit einem unbekannten Gleichaltrigen gleichen Geschlechts zusammengebracht: die Kinder der LOGIK-Studie wurden paarweise so eingeladen, daß sie sich nicht kannten. Ein Elternteil jedes Kindes saß wiederum passiv im Raum, abgetrennt durch Blumenbänke von einem Spielfeld. Dort waren diverse Spielzeuge verstreut, z.B. Autos, Puppen und ein Spielzeughaus mit Mobiliar. Die Kinder wurden gleichzeitig auf das Spielfeld gebracht und 15 Minuten lang gefilmt. Abbildung VIII.2 zeigt den Aufbau dieses Experiments.

Wiederum sollten die Kinder Interesse haben, Kontakt mit dem unbekannten Kind aufzunehmen, weil die Eltern beschäftigt waren und alleine spielen auf die Dauer langweilig ist. Die Zeit bis zur ersten an den Partner gerichteten sprachlichen oder nichtsprachlichen *Aufforderung*, etwas zu tun oder zu unterlassen, schien ein brauchbares Maß der Schüchternheit in dieser Situation zu sein, das sich auch gut mit dem Schüchternheitsmaß gegenüber der fremden Erwachsenen vergleichen ließ. Oft handelte es sich um eine nichtsprachliche Initiative, z.B. das auffordernde Hinhalten von Spielzeug. Einige Kinder richteten schon nach Sekunden eine Aufforderung an das andere Kind, die meisten erst im Verlauf

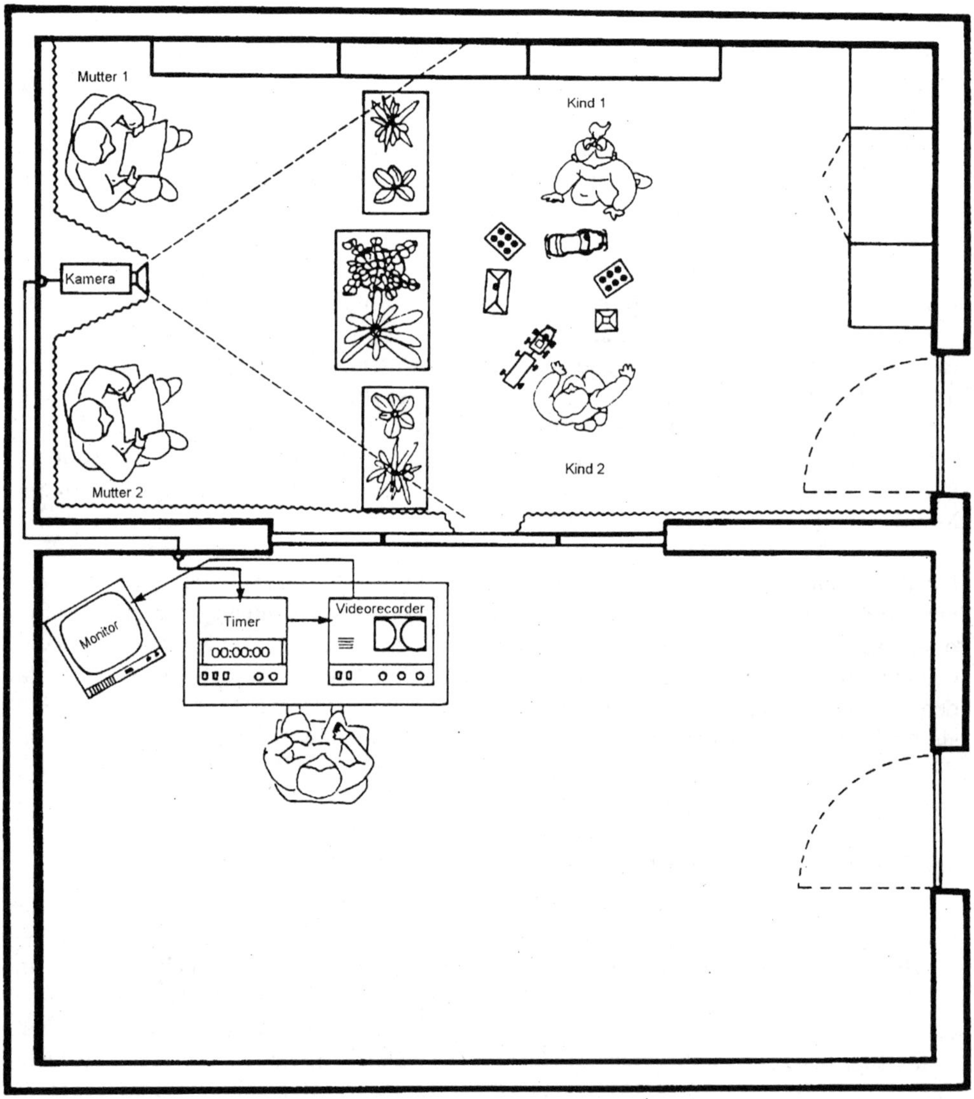

Abbildung VIII.2: Aufbau des Experiments mit einem fremden Kind im Alter von 4 Jahren.

der 15 Minuten Beobachtungszeit, und etwa ein Drittel der Kinder schaffte es nicht, ihre Hemmschwelle zu überwinden, obwohl *alle* durch häufiges Hinsehen Interesse am Partner signalisierten.

Auch diese Messung von Schüchternheit stimmte gut mit dem Schüchternheitsurteil der Eltern überein. Weitere Auswertungen der Filme im 10-Sekunden-Takt ergaben, daß schüchterne Kinder im Alter von 4-5 Jahren besonders oft unbeschäftigt waren, d.h. weder spielten noch sich unterhielten, und den Partner oft ansahen ohne zu sprechen. Sie spielten *nicht* häufiger alleine als nichtschüchterne Kinder (auch nicht seltener), sondern zeigten ihre typischen Verhaltensweisen auf Kosten von Zusammenspiel und Gespräch. Es handelte sich also nicht um soziales Desinteresse (dann hätten sie einfach mehr alleine gespielt), sondern um einen Konflikt zwischen Annäherungstendenz (deshalb häufiges Ansehen des Partners) und Meidungstendenz, der häufig in blockiertem Spiel (Unbeschäftigtsein) resultierte.

Freispiel im Kindergarten

Daß Schüchternheit an blockierten Annäherungsversuchen erkennbar ist, wurde am deutlichsten in einer dritten untersuchten Situation: dem Freispiel in der Kindergartengruppe. Es handelt sich dabei um eine vormittags in allen Kindergärten regelmäßig stattfindende, etwa einstündige Phase, in der die Erzieher die Kinder im Gruppenraum "frei" spielen lassen, d.h. keine gemeinsamen Aktivitäten gestalten und möglichst nicht ins Spiel der Kinder eingreifen. In diesen unstrukturierten Situationen werden Persönlichkeitsunterschiede zwischen den Kindern besonders deutlich.

Etwa 3-5 Monate nach Beginn des Kindergartens beobachteten trainierte Mitarbeiter drei Wochen lang das Verhalten der Kinder im Freispiel. Aufgezeichnet wurde jede Kontaktinitiative der Kinder; zudem wurde die Art der Initiative und ihr Erfolg registriert (die Partner reagierten darauf positiv, gar nicht oder wiesen die Initiative aktiv zurück). Typische Kontaktinitiativen waren Imitation des Spiels anderer (dieses "stille Einklinken" ins Spiel anderer war eine besonders erfolgreiche Methode der Kontaktaufnahme), nichtsprachliche und sprachliche Aufforderungen sowie Stören des Spiels anderer. Zusätzlich wurde *gehemmte Annäherung* registriert: räumliche Annäherung an einen möglichen Spielpartner oder eine Gruppe, kurz vorher stoppen und für mindestens 3 Sekunden zuschauen ohne zu sprechen. 17% aller Kontaktinitiativen war gehemmt, was damit zusammenhängt, daß das Aufnehmen von Kontakt in diesem Alter ein schwieriges Unterfangen ist: nur 59% der Initiativen wurden positiv beantwortet, 32% wurden ignoriert und 8% wurden abgelehnt.

Der *Prozentanteil gehemmter Annäherungen unter allen Kontaktinitiativen* erwies sich als ein sinnvolles Maß der Schüchternheit. Dieser Anteil ist nämlich unabhängig von der Anzahl der Kontaktinitiativen insgesamt, die eher Auskunft über die Annäherungstendenz der Kinder gibt. Der Prozentanteil gehemmter Kontaktinitiativen stimmte gut mit dem Erzieherurteil über die Schüchternheit des Kindes überein.

Da es sich bei der LOGIK-Studie um eine Längsschnittuntersuchung handelt, in der das Verhalten derselben Kinder immer wieder beobachtet wurde, ließ sich die Frage klären, ob sich die *Form* des schüchternen Verhaltens mit zunehmendem Alter verändert. Die Konfrontation mit der fremden Erwachsenen wurde im Abstand von 2 Jahren viermal in ähnlicher Form durchgeführt, das Spiel mit unbekannten Gleichaltrigen zweimal, und die Beobachtung des Kontaktverhaltens dreimal. Die oben beschriebenen Schüchternheitsmaße erwiesen sich auch in den höheren Altersgruppen als sinnvoll, gemessen am ebenfalls immer wieder erhobenen Urteil der Eltern bzw. Erzieher.

Dennoch veränderte sich die Form des schüchternen Verhaltens: der direkte Ausdruck des Annäherungs-Vermeidungs-Konflikts wich zunehmend einem "stillen" Verhalten, das immer schwerer von sozialem Desinteresse zu unterscheiden war. Das wurde z.B. im Spiel mit einem unbekannten Kind daran deutlich, daß Schüchternheit zunehmend durch Alleinspiel charakterisiert war. Genauere Analysen des Spielverhaltens zeigten, daß schüchterne Kinder mit wachsendem Alter ihren anfänglichen Annäherungs-Vermeidungs-Konflikt dem fremden Kind gegenüber schneller dadurch auflösten, daß sie sich ins Alleinspiel zurückzogen. Auch die Identifikation von schüchternem Verhalten im Gespräch mit einer fremden Erwachsenen gelang schwerer: Was bei den 3-4jährigen unmittelbar zu sehen war, war bei den 9-10jährigen auch zu bemerken, aber nur bei genauer Analyse.

Das hängt einerseits mit der zunehmenden Fähigkeit der Kinder zusammen, Hemmungen bewußt zu überspielen, andererseits aber wohl auch mit einer besonderen Schwierigkeit von Längsschnittstudien zum Thema Schüchternheit gegenüber Fremden. Es ist nämlich nicht nur die Unbekanntheit der Fremden, die Schüchterne hemmt, sondern auch die Unbekanntheit der gesamten Situation; der Entwicklungspsychologe Jerome Kagan spricht deshalb auch ganz zutreffend von "inhibition toward the unfamiliar" - Gehemmtheit gegenüber dem Unbekannten. Zwar wurden die LOGIK-Kinder immer wieder mit einer Unbekannten konfrontiert, aber sie kannten das ganze Ambiente zunehmend besser: Institut, Raum und Art der Experimente waren ihnen immer besser vertraut. Das dürfte dazu beigetragen haben, daß sich die maximale Schüchternheit aller Kinder und damit auch die Unterschiede der Kinder in ihrer Schüchternheit mit wachsendem Alter verringerten.

Schüchternheit und Ungeselligkeit

Wie die drei Beispiele schüchternen Verhaltens deutlich machen, äußert sich Schüchternheit in konflikthaftem, ambivalentem Verhalten *im Kontakt* mit anderen. Ungeselligkeit (soziales Desinteresse) dagegen sollte sich in einer verminderten Tendenz äußern, Kontakte mit anderen zu *suchen*. Dieser Überlegung lag einer Ergänzungsstudie der LOGIK-Untersuchung zugrunde, in der wir versuchten, Schüchternheit und Ungeselligkeit voneinander abzugrenzen. Dazu befragten wir zunächst 197 Eltern Münchner Zweitkläßler nach deren Schüchternheit Unbekannten gegenüber (z.B. "Ihr Kind ist schüchtern fremden Erwachsenen gegenüber") und nach ihrer Ungeselligkeit (z.B. "Ihr Kind spielt lieber allein als mit anderen Kindern") indem sie zu beurteilen hatten, wie gut oder schlecht bestimmte vorgegebene Feststellungen für ihr Kind charakteristisch sind. Aufgrund der Antworten wurden 41 Kinder so ausgelesen, daß sie entweder sehr hohe oder sehr niedrige Werte in Schüchternheit oder Ungeselligkeit hatten.

Diesen Kindern wurde (mit Einwilligung der Eltern und der Kinder) an 7 Schultagen morgens eine Art Walkman umgehängt, der mit einem Mikrophon verbunden war, das - unauffällig mit einem Halstuch verdeckt - am Kehlkopf befestigt wurde. Dieser Apparat zeichnete jede Lautäußerung der Kinder tagsüber auf; abends wurde er wieder abgenommen. Ein Computerprogramm identifizierte aus den Aufzeichnungen dieses Apparats alle Gespräche des Kindes und seine prozentuale Beteiligung am Gespräch - also ob es den Großteil selber bestritt oder eher wortkarg war. Gleichzeitig führten die Eltern ein minutengenaues Protokoll über die Schulstunden, die Pausen und die Zeiten am Nachmittag, in denen das Kind mit anderen zusammen war.

Wie erwartet unterschieden sich die ungeselligen Kinder von geselligen nicht in ihrem Sprechverhalten während der Gespräche, sondern in ihrer Gesprächshäufigkeit: sie hatten am Nachmittag *weniger Gespräche*. Die Schüchternen hatten nachmittags *genauso viele* Gespräche wie die Nichtschüchternen und beteiligten sich an Gesprächen mit Familienangehörigen oder guten Bekannten genauso intensiv. Wenn jedoch die Gespräche in Anwesenheit eines Fremden oder in größeren Gruppen stattfanden (z.B. Schulhof, Spielplatz, Geburtstagsfeier), *beteiligten sie sich deutlich weniger am Gespräch.* Ungeselligkeit äußert sich also in geringer Kontakthäufigkeit, Schüchternheit in geringer Gesprächsbeteiligung während "kritischer" Kontakte mit Fremden oder Gruppen. Letzteres dürfte an der Gehemmtheit Unbekannten gegenüber liegen (größere Gruppen enthalten üblicherweise einige wenig bekannte Personen).

Diese sehr aufwendige Studie (deshalb wurde sie den LOGIK-Kindern nicht zugemutet) konnte also zeigen, daß sich Ungeselligkeit von Schüchternheit klar im Alltagsverhalten trennen läßt. Gleichzeitig belegt sie, daß Eltern Schüchternheit deutlich von Ungeselligkeit unterscheiden können.

Ist Schüchternheit eine stabile Persönlichkeitseigenschaft?

Würde sich die Schüchternheit eines Kindes bei Wiederholungsmessungen in ähnlichen Situationen laufend ändern, handelte es sich lediglich um eine flüchtige Stimmung und wäre damit recht bedeutungslos für die Persönlichkeitsentwicklung. Ist Schüchternheit also ein stabiles Persönlichkeitsmerkmal, das Vorhersagen des zukünftigen Erlebens und Verhaltens ermöglicht? Die LOGIK-Studie ist aufgrund ihrer Länge und der Vielzahl der Wiederholungsmessungen die bisher umfassendste Studie im Kindesalter, die diese Frage nach der Stabilität von Schüchternheit beantworten kann. Tabelle VIII.1 zeigt Ergebnisse zur Stabilität von Schüchternheit gegenüber *Unbekannten.*

Die Stabilität eines Persönlichkeitsmerkmals läßt sich quantifizieren, indem die *Rangfolge der Kinder* in dem Merkmal - hier Schüchternheit gegenüber Unbekannten - zu zwei Zeitpunkten bestimmt und dann die Ähnlichkeit der beiden Rangfolgen durch eine Zahl - die *Korrelation der Rangfolgen* - ausgedrückt wird. Wie bereits mehrfach erwähnt, besagt eine Korrelation von 1, daß die Rangfolgen exakt gleich sind, d.h. das schüchternste Kind zu einem Zeitpunkt ist auch das schüchternste zu einem anderen Zeitpunkt, ein anderes

Kind ist das zweitschüchternste zu beiden Zeitpunkten usw.; in diesem Fall läßt sich also die spätere Schüchternheit aus der früheren exakt vorhersagen. Je geringer die Korrelation ist, desto schlechter ist diese Vorhersage möglich, weil immer mehr Kinder ihre Rangplätze immer stärker wechseln; bei einer Korrelation von Null ist keinerlei Vorhersage mehr möglich.

Tabelle VIII.1
Stabilität von Schüchternheit gegenüber Unbekannten über einen Zeitraum von acht Jahren.

	Alter					
Alter	4 Jahre, K	5 Jahre, E	6 Jahre, K	7 Jahre, E	9 Jahre, E	11 Jahre, E
3 Jahre, E	0,68	0,75	0,64	0,64	0,56	0,39
4 Jahre, K		0,63	0,56	0,62	0,44	0,42
5 Jahre, E			0,67	0,66	0,39	0,32
6 Jahre, K				0,63	0,51	0,48
7 Jahre, E					0,51	0,47
9 Jahre, E						0,65

Anmerkung: Angegeben sind Korrelationen zwischen den Schüchternheits-Rangfolgen der einzelnen Meßzeitpunkte.
E = Schüchtern gegenüber fremden Erwachsenen (Beobachtung + Elternurteil; für 11jährige nur Elternurteil).
K = Schüchtern gegenüber fremden Kindern (Beobachtung + Elternurteil).

Tabelle VIII.1 zeigt ein typisches Bild für die Entwicklung von Persönlichkeitsmerkmalen im Kindesalter: die Korrelationen sind mittelhoch bis hoch und nehmen mit zunehmendem zeitlichen Abstand der Messungen ab, bleiben aber selbst über 8 Jahre hinweg noch besser als der Zufall. Die Stabilitäten in Tabelle VIII.1 sind etwa so hoch wie die Stabilitäten, die man für Aggressivität oder den Intelligenzquotienten (IQ) findet. Sie sind hoch genug, um von einem Persönlichkeitsmerkmal zu sprechen, sind aber auch niedrig genug, um Persönlichkeitsveränderungen bei einigen Kindern nicht auszuschließen.

Für Schüchternheit in der *Kindergartengruppe* ergaben sich deutlich niedrigere Stabilitäten, und zwar sowohl für die Verhaltensbeobachtung als auch für die Erzieherurteile. Besonders gering war die Stabilität vom 1. zum 3. Kindergartenjahr. Als wir jedoch den Klassenlehrer in der 1. Klasse nach der Schüchternheit der Kinder befragten und diese Rangreihe in Beziehung zu den Rangreihen im Kindergarten setzten, ergab sich der zunächst überraschende Befund, daß die Stabilität zwischen dem *letzten* Kindergartenjahr und der

1. Klasse (ein Abstand von einem Jahr also) viel geringer war als die zwischen dem 1. Kindergartenjahr und der 1. Klasse (ein Abstand von drei Jahren). Das widerspricht der Regel, daß die Stabilität mit wachsendem zeitlichen Abstand der Messungen sinkt (vgl. auch Tabelle VIII.1). Erklärbar wird dieser Befund dann, wenn wir den sozialen Kontext der Schüchternheits-Messungen betrachten: sind sich das erste Jahr im Kindergarten und das erste Jahr in der Grundschule in bestimmter Hinsicht ähnlicher als das letzte Kindergartenjahr und die 1. Klasse?

Zwei Formen kindlicher Schüchternheit

Das 1. Jahr im Kindergarten und die 1. Klasse haben gemeinsam, daß die Kinder sich in einer neuen sozialen Gruppe befinden, in der sie anfangs fast nur von Fremden umgeben sind. Die Situation ähnelt also den Situationen im Institut, in denen die Kinder mit fremden Erwachsenen bzw. Kindern zusammengebracht wurden. Tatsächlich erwiesen sich die Rangfolgen der Schüchternheit in allen diesen Situationen als recht ähnlich. Das weist darauf hin, daß sie im wesentlichen auf ein und demselben Persönlichkeitsmerkmal beruhten: Fremden-Schüchternheit, wobei unvertraute Situationen eingeschlossen sind, *Gehemmtheit gegenüber dem Unbekannten* im Sinne von Kagan also (s.o.).

Gehemmtheit gegenüber dem Unbekannten ist ein gutes Beispiel für ein *Temperamentsmerkmal*: Es handelt sich um eine schon früh erkennbare Persönlichkeitseigenschaft, die nach den Untersuchungen von Kagan und Mitarbeitern ab dem 2. Lebensjahr diagnostizierbar und relativ stabil ist; derzeit wird nach noch früheren Indizien dieses Persönlichkeitsmerkmals im Verhalten von Säuglingen gefahndet. Es scheint sich dabei um ein relativ erfahrungsunabhängiges Merkmal zu handeln, denn wie gehemmt ein Kind auf Unbekanntes reagiert, scheint unabhängig vom Erziehungsstil der Eltern und vom Ausmaß des Kontakts mit anderen Menschen, insbesondere gleichaltrigen Kindern, zu sein. Möglicherweise handelt es sich um ein sehr fundamentales Merkmal der Informationsverarbeitung, das sich auch auf neurophysiologischer Ebene als individuelle Sensitivität gegenüber unbekannten Reizen festmachen läßt. Das gute Ansprechen sozialer Gehemmtheit auf bestimmte Medikamente – z.B. läßt sich Lampenfieber bei Prüfungen oder die Bühnenangst von Musikern gut durch Beta-Blocker beseitigen – spricht für diese Annahme.

Neben diesem Temperamentsmerkmal der Gehemmtheit gegenüber dem Unbekannten scheint es aber bei Kindern noch eine zweite, davon unabhängige Form der Schüchternheit zu geben; dies ist der vielleicht wichtigste Beitrag der LOGIK-Studie zum Thema Schüchternheit. Wir kamen dieser zweiten Form von Schüchternheit durch eine Beobachtung im Kindergarten auf die Spur. Der Anteil der gehemmten Kontaktinitiativen nahm im Verlauf der drei Kindergartenjahre nicht ab, wie man eigentlich erwarten sollte; er blieb vielmehr fast gleich. Das wäre erstaunlich, wenn Kinder nur dann gehemmt reagierten, wenn sie Unbekanntem begegnen, denn mit der Zeit sollten ihnen die Mitglieder ihrer Gruppe und die ganze Kindergartensituation immer vertrauter werden. Ihre Schüchternheit in der Gruppe und damit der Anteil ihrer gehemmten Kontaktaufnahmen sollte also deutlich abnehmen. Das war aber nicht der Fall.

Diese Beobachtung legte die Annahme nahe, daß sich parallel zum Abbau der Gehemmtheit gegenüber dem Unbekannten bei einigen LOGIK-Kindern eine zweite, davon relativ unabhängige Form von Schüchternheit aufgebaut hatte. Die Ergebnisse der Befragungen von Erwachsenen legten nahe, daß es sich dabei um *Bewertungsangst* handeln könnte, also erlernte Angst davor, von anderen in der Gruppe ignoriert oder abgelehnt zu werden. Diese Annahme ließ sich insofern prüfen, als wir während der Freispiele im Kindergarten ja nicht nur die Art der Kontaktinitiativen beobachtet hatten, sondern auch den Erfolg eines jeden Kindes bei seinen Kontaktversuchen. Diese Erfolgsquote ist ein Indiz für die Akzeptanz eines Kindes durch die Gruppenmitglieder: abgelehnte Kinder sollten weniger erfolgreich sein als beliebte Kinder.

Deshalb setzten wir den Erfolg der Kinder bei Kontaktaufnahmeversuchen in der Kindergartengruppe in Beziehung zur beobachteten Schüchternheit in der Gruppe (wir korrelierten die entsprechenden Rangreihen miteinander). Im 1. Kindergartenjahr gab es keinen Zusammenhang, wohl aber im 2. und 3. Jahr: je weniger erfolgreich ein Kind in seinen Kontaktinitiativen war, desto schüchterner verhielt es sich. Nun sagt ein solcher Zusammenhang noch nichts über die Kausalitätsrichtung aus: Ablehnung könnte Schüchternheit aufgrund der schlechten Erfahrung hervorgerufen haben, aber umgekehrt könnten auch die Gruppenmitglieder schüchterne Kinder auf die Dauer abgelehnt haben. Daß eher das erstere der Fall war, wurde durch eine weitere Beobachtung nahegelegt: Ablehnung im 1. Kindergartenjahr sagte Schüchternheit im 2. Jahr vorher und Ablehnung im 2. Jahr Schüchternheit im 3., während die Umkehrung nicht galt: Schüchternheit im 2. bzw. 3. Jahr erlaubte keine "Vorhersage" für das vorausgehende Jahr.

Ablehnungserlebnisse scheinen also Kinder schüchtern gemacht zu haben. Vergleiche mit der beobachteten Schüchternheit gegenüber Unbekannten im Institut zeigten, daß Schüchternheit gegenüber unbekannten Kindern und Erwachsenen unabhängig von der Ablehnung in der Kindergartengruppe war und blieb. Kinder, die besonders schüchtern gegenüber Unbekannten waren, wurden also weder mehr noch weniger abgelehnt als andere, und Kinder, die aufgrund starker Ablehnung in der Gruppe im 2. und 3. Kindergartenjahr zu den schüchternsten in der Gruppe gehörten, reagierten weder vorher noch später besonders schüchtern gegenüber Unbekannten.

Damit scheint es bei Kindern *zwei Formen von Schüchternheit* zu geben: Gehemmtheit gegenüber dem Unbekannten und *Gehemmtheit aus Angst vor Ablehnung durch Gleichaltrige* aufgrund entsprechender Erfahrungen. In beiden Fällen reagieren Kinder schüchtern in sozialen Situationen, aber aus ganz unterschiedlichen Gründen. Im ersten Falle, weil sie temperamentsmäßig mit einem "schwachen Nervenkostüm" ausgestattet sind, so daß sie auf Unbekanntes mit Vermeidungstendenzen reagieren. Im zweiten Falle, weil sie aufgrund schlechter Erfahrungen die Erwartung gebildet haben, daß andere Kinder sie auch in Zukunft eher ignorieren oder ablehnen werden, – und das macht sie unsicher im sozialen Umgang mit Gleichaltrigen. Diese zweite Form von Schüchternheit beruht also – anders als die erste – auf bestimmten Lernerfahrungen.

Leider konnten wir diese zweite Form von Schüchternheit nur im Kindergarten nachweisen. Es wäre extrem aufwendig gewesen, Schüchternheit und Ablehnung durch Klassenkameraden ebenfalls durch Mitarbeiter direkt zu beobachten – etwa auf dem Pausenhof –, denn die LOGIK-Kinder, die sich anfangs auf wenige Kindergartengruppen verteilten, waren ab der Grundschulzeit auf zahlreiche Schulklassen verstreut. Alternativ hätten wir alle Mitschüler nach der Schüchternheit und Beliebtheit der LOGIK-Kinder fragen können, aber das erschien uns zu problematisch, da solche Befragungen bei Eltern und Lehrern sehr strittig sind (befürchtet wird, daß sie negative Einstellungen der Mitschüler publik machen und verstärken) und wir nicht das Risiko eingehen wollten, daß einige Kinder oder Eltern der LOGIK-Studie deshalb nicht mehr weiter mitmachen würden. Wir vermuten aber, daß auch in der Grundschulzeit ab der 2. Klasse ein Zusammenhang zwischen Ablehnungserlebnissen und Schüchternheit aufgrund von Bewertungsangst besteht.

Die Unterscheidung dieser zwei Formen von Schüchternheit macht auch verständlich, warum Schüchternheit in der 1. Klasse (beurteilt durch den Klassenlehrer) besser durch Schüchternheit im 1. Kindergartenjahr drei Jahre vorher vorhersagbar war als durch Schüchternheit im 3. Kindergartenjahr, also nur ein Jahr vorher: in den ersten beiden Fällen handelte es sich um Gehemmtheit gegenüber dem Unbekannten, im letzten Fall aber um Gehemmtheit aus Angst vor Ablehnung.

Ist Schüchternheit im Kindesalter problematisch?

Da es zwei Formen von Schüchternheit gibt, muß diese Frage getrennt für beide Formen gestellt und beantwortet werden. Zunächst prüften wir, ob Schüchternheit gegenüber Fremden wirklich nur auf Unbekannte begrenzt ist: dann wäre dieses Persönlichkeitsmerkmal ja kein so großes Problem, weil Kinder meistens mit Bekannten zusammen sind. Dazu nutzten wir zwei Kontrollexperimente, die wir im 2. und 3. Kindergartenjahr durchgeführt hatten. Dort hatten wir ähnlich wie im Institut zwei Kinder mit vorgegebenem Spielzeug frei miteinander spielen lassen: Dabei handelte es sich aber um Kinder, die einander gut kannten (aus derselben Kindergartengruppe); außerdem fand die Untersuchung im Kindergarten statt (also in vertrauter Umgebung). Als Schüchternheitsmaß diente auch hier die Zeit bis zur ersten an den Partner gerichteten Aufforderung.

Abbildung VIII.3 kontrastiert die Ergebnisse der beiden Spielsituationen mit unbekannten Kindern (links) mit den Resultaten für die bekannten Kinder (rechts). Verglichen wurden jeweils zwei Gruppen von Kindern: Kinder, die von ihren Eltern als besonders schüchtern eingeschätzt worden waren, und Kinder, die von den Eltern als unterdurchschnittlich schüchtern eingestuft worden waren.

Die linke Abbildung zeigt, daß im Verlauf der Beobachtungszeit von 15 Minuten nur 40% der von ihren Eltern als besonders schüchtern eingeschätzten Kinder eine Aufforderung an den unbekannten Partner richteten, während dies 90% der wenig schüchternen Kinder taten; schon nach 2 Minuten hatte die Mehrheit der wenig schüchternen Kinder eine erste Aufforderung an den Partner gerichtet. Die rechte Abbildung zeigt, daß dieser massive Unterschied zwischen sehr schüchternen und wenig schüchternen Kindern aber nur gegenüber unbekannten Kindern zu beobachten war. Gegenüber Kindern der eigenen Gruppe richteten mindestens 90% der nichtschüchternen *und* schüchternen Kinder eine Aufforderung an den Partner, und die Mehrheit der sehr schüchternen wie auch der wenig schüchternen Kinder tat dies bereits nach 2 Minuten. Schüchterne und wenig schüchterne Kinder unterschieden sich also in ihrem Kontaktverhalten gegenüber bekannten Kindern *nicht wesentlich.*

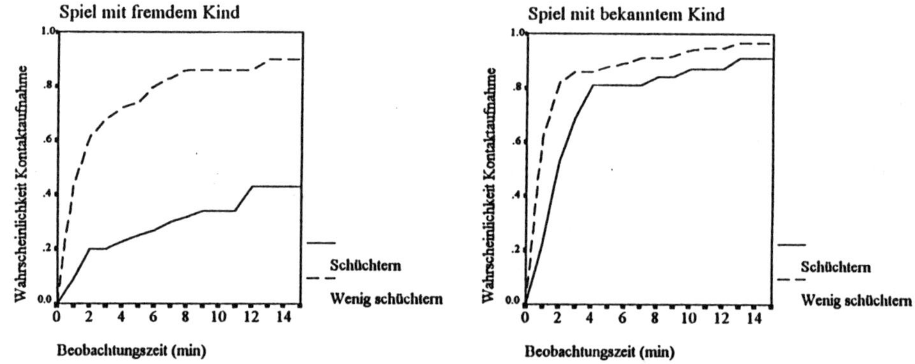

Abbildung VIII.3: Wahrscheinlichkeit für die Kontaktaufnahmen von schüchternen und wenig schüchternen Kindern in Abhängigkeit von der Zeit. *Links:* Spiel mit fremdem Kind. *Rechts:* Spiel mit bekanntem Kind.

Dies legt nahe, daß Schüchternheit gegenüber Unbekannten kein großes Problem für Kinder ist, weil sie nur selten auf Unbekannte treffen. Kinder, die aus Angst, von den Mitgliedern ihrer Kindergartengruppe abgelehnt zu werden, schüchtern reagieren, sollten eher unter ihrer Schüchternheit leiden, weil sie mit dieser Angst viel häufiger konfrontiert werden.

Wie aber sollten wir dies überprüfen? Direkte Fragen an die Kinder ("Leidest Du unter Schüchternheit?") wären bei jüngeren Kindern möglicherweise auf Unverständnis gestoßen, weil sie noch gar nicht wissen, was das Wort "Schüchternheit" bedeutet. Bei älteren Kindern wiederum hätten solche direkten Fragen möglicherweise Abwehr und damit falsche Antworten provoziert. Wir entschlossen uns daher, einen indirekten Test durchzuführen, indem wir das *Selbstwertgefühl* der Kinder im *sozialen Bereich* prüften, erfaßt durch die Zustimmung zu Fragen wie "Ich finde es ziemlich leicht, Freunde zu finden". Als Kontrollbedingung prüften wir auch das Selbstwertgefühl der Kinder im *schulischen Bereich,* erfaßt durch Fragen wie "Ich bin sehr gut in Klassenarbeiten". Aus früheren Studien war bekannt, daß sich das Selbstwertgefühl in diesen Bereichen zuverlässig erst ab der 2. Klasse erfragen läßt. Deshalb erfragten wir es in der 2., 3., 4. und 6. Klasse, also *nach* Beobachtung der zwei Formen von Schüchternheit im Kindergartenalter. Abbildung VIII.4 zeigt die Ergebnisse.

Die Abbildung links zeigt das soziale Selbstwertgefühl für die Kinder, die im 2. und 3. Kindergartenjahr durch besondere Schüchternheit in der *Kindergartengruppe* aufgefallen waren: sie hatten von der 2. bis zur 6. Klasse ein deutlich vermindertes Selbstwertgefühl im sozialen Bereich verglichen mit den wenig schüchternen Kindern. Im schulischen Selbstwertgefühl unterschieden sie sich aber *nicht* von wenig schüchternen Kindern.

Die Abbildung rechts zeigt das soziale Selbstwertgefühl für die Kinder, die im 2. und 3. Kindergartenjahr durch besondere Schüchternheit gegenüber *unbekannten* Kindern bzw. Erwachsenen aufgefallen waren. Ihr soziales Selbstwertgefühl war im Vergleich zu wenig schüchternen Kindern *nicht* beeinträchtigt, und auch im schulischen Selbstwertgefühl unterschieden sie sich *nicht* von den wenig schüchternen Kindern.

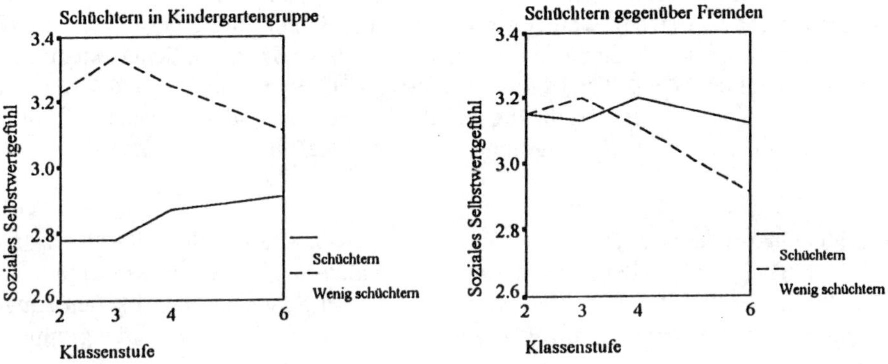

Abbildung VIII.4: Soziales Selbstwertgefühl in Abhängigkeit von Alter und Schüchternheit im Kindergarten. *Links:* Schüchternheit in der bekannten Kindergartengruppe (2. und 3. Kindergartenjahr). *Rechts:* Schüchternheit gegenüber Fremden.

Kinder, die Unbekannten gegenüber nur langsam auftauen, scheinen also später keine Selbstwertprobleme zu entwickeln, während Kinder, die aus Angst vor Ablehnung schüchtern in der vertrauten Kindergartengruppe sind, später Minderwertigkeitsgefühle im sozialen, nicht aber im schulischen Bereich entwickeln. Das ist gut verständlich: Kinder, die schon im Kindergarten abgelehnt werden, laufen aus denselben Gründen, oder weil sie es nicht anders erwarten, Gefahr, auch in der Grundschule abgelehnt zu werden, und aus dieser Ablehnungserfahrung erwachsen Minderwertigkeitsgefühle im sozialen Bereich, die das soziale Selbstwertgefühl schmälern. Auf das Selbstwertgefühl im schulischen Bereich hat das keinen Einfluß.

Nach diesen Ergebnissen ist also Schüchternheit in der vertrauten Gruppe aufgrund erlebter Ablehnung problematisch für die spätere Entwicklung des Selbstwertgefühls, Schüchternheit gegenüber Fremden aber nicht. Einschränkend muß jedoch hinzugefügt werden, daß derartige Aussagen in der Psychologie niemals auf jeden Einzelfall verallgemeinerbar sind, sondern – so wie Risikofaktoren in der Medizin – nur statistisch gelten. Es ist *wahrscheinlich*, daß abgelehnte Kinder später soziale Minderwertigkeitsgefühle entwickeln, aber einige abgelehnt-schüchterne Kinder werden sich trotzdem später durch ein stabiles Selbstbewußtsein auszeichnen; es ist *unwahrscheinlich*, daß Kinder, die Fremden gegenüber nur langsam auftauen, später ein vermindertes soziales Selbstwertgefühl aufweisen, aber bei einigen wird dies trotzdem der Fall sein. Langfristige Vorhersagen in der Persönlichkeitsentwicklung sind heute deutlich besser als der Zufall, aber bei weitem nicht perfekt.

Das ist auch nicht erstaunlich, wenn man sich klar macht, wie groß die Zahl der Faktoren ist, die auf die Persönlichkeitsentwicklung eines Kindes Einfluß nehmen können. Ob z.B. eine frühe Ablehnung in der Kindergartengruppe sich später selbstwertmindernd auswirkt, hängt davon ab, ob das Kind auch in der Grundschule abgelehnt wird – dies ist zwar wahrscheinlich, nicht aber sicher, weil Ablehnung in einer Schulklasse nicht nur von Persönlichkeitsmerkmalen des abgelehnten Kindes, sondern auch von Persönlichkeitsmerkmalen seiner Mitschüler und den äußerst komplexen Freundschaftsbeziehungen in der Klasse abhängt. So können sich z.B. abgelehnte Schüler befreunden und so gegenseitig stützen. Jeder Wechsel der Gleichaltrigengruppe birgt für Abgelehnte die Chance neuer Anerkennung.

Ganz allgemein hängt die Stabilität von Schüchternheit von der Stabilität der *sozialen Umwelt* ab. Dies wurde in der LOGIK-Studie am deutlichsten, als wir im Kindergartenalter die Stabilität der Rangfolgen in den Elternurteilen über Schüchternheit bei den Kindern untersuchten, deren soziale Umwelt instabil war, weil sie die Kindergartengruppe, die Erzieherin oder das Wohnviertel wechselten oder ihren besten Freund durch Wegzug verloren. Die Stabilität war bei diesen Kindern deutlich geringer als bei Kindern, deren soziale Umwelt stabil war. Stabilität der Persönlichkeit beruht auch auf der Stabilität der Umwelt.

Zudem hängt die Entwicklung von Schüchternheit davon ab, welche *anderen Kompetenzen* ein Kind hat. So fanden wir z.B. in der LOGIK-Studie, daß die Schüchternheit bei Kindern, die im Kindergartenalter eine hohe Testintelligenz aufwiesen (IQ) oder die von den Erziehern als besonders sozial kompetent eingeschätzt worden waren, im Verlauf der folgenden Jahre stärker abnahm als die Schüchternheit weniger intelligenter oder sozial kompetenter Kinder. Dies galt für beide Formen von Schüchternheit. Eine naheliegende Erklärung hierfür ist, daß die intelligenteren und die sozial geschickteren Kinder Techniken entwickelten, um besser mit den Auslösebedingungen ihrer Schüchternheit oder ihrer Schüchternheit selbst umzugehen. Ob Schüchternheit ein Problem für Kinder ist, hängt also auch davon ab, in welcher sozialen Umwelt die Kinder aufwachsen und wie die Kinder mit ihrer Schüchternheit umzugehen lernen.

Ist Schüchternheit genetisch beeinflußt?

Es dürfte deutlich geworden sein, daß Schüchternheit durch viele unterschiedliche Einflußfaktoren bestimmt ist, darunter auch Umweltfaktoren, die außerhalb der Kontrolle des

Kindes oder seiner Eltern sind (z.B. die Zusammensetzung der Gleichaltrigengruppe, Wegzug guter Freunde). Von daher scheint es äußerst unplausibel, daß Schüchternheit *ausschließlich* genetisch bedingt ist, und wenn Gene einen Einfluß haben, dann sollten es viele verschiedene sein, nicht nur eins.

In der LOGIK-Studie konnten wir den genetischen Einfluß auf Schüchternheit nicht untersuchen, denn dies erfordert den Vergleich von Adoptivkindern mit normalen Geschwistern oder den Vergleich ein- und zweieiiger Zwillinge: ein genetischer Einfluß offenbart sich in einer größeren Ähnlichkeit normaler Geschwister im Vergleich zu genetisch nicht verwandten Adoptivgeschwistern und in einer größeren Ähnlichkeit von genetisch identischen eineiigen Zwillingen im Vergleich zu zweieiigen Zwillingen, die nur zur Hälfte gleiche Gene haben.

Aus solchen Adoptiv- und Zwillingsstudien ist aber bekannt, daß zumindest das Temperamentsmerkmal Gehemmtheit gegenüber dem Unbekannten bei Kindern etwa gleich stark durch genetische und durch Umweltfaktoren beeinflußt ist. Die beobachtbaren Unterschiede zwischen Kindern in der Schüchternheit gegenüber Unbekannten sind also etwa zur Hälfte durch genetische Unterschiede zwischen den Kindern und zur anderen Hälfte durch Unterschiede in den kindlichen Umwelten bedingt. Dies ist eine Aussage über viele Kinder, die sich nicht auf ein einzelnes Kind beziehen läßt; im Einzelfall kann hohe Schüchternheit auch sehr stark genetisch oder sehr stark umweltbedingt sein. Schüchternheit aus Angst vor Ablehnung wurde bisher noch nicht hinsichtlich genetischer Mitbeteiligung untersucht (was durchaus plausibel erscheint, denn nicht alle abgelehnten Kinder werden schüchtern).

Gene und Umweltbedingungen spielen also bei Schüchternheit gegenüber Unbekannten bei Betrachtung vieler Kinder vermutlich eine ähnlich starke Rolle. Das ist bei vielen anderen Persönlichkeitsmerkmalen auch der Fall, z.B. bei Intelligenz, Aggressivität oder Hilfsbereitschaft. Wie auch bei anderen Persönlichkeitsmerkmalen ist aber bisher nichts Sicheres darüber bekannt, *welche* Gene und *welche Umweltbedingungen* Schüchternheit gegenüber Fremden beeinflussen. Gut untersucht wurden z.B. der Erziehungsstil von Eltern und die Geschwisterposition (Erstgeborenes, Zweitgeborenes usw.); in beiden Fällen ließ sich kein klarer Zusammenhang mit der Schüchternheit der Kinder belegen. Wir wissen derzeit einfach noch viel zu wenig darüber, wie Persönlichkeitsmerkmale durch das Zusammenspiel von spezifischen Genen und spezifischen Umweltbedingungen entstehen.

Was sind die langfristigen Konsequenzen kindlicher Schüchternheit?

Die LOGIK-Studie endete vorläufig mit dem 12. Lebensjahr der Kinder, deshalb gibt es keine Ergebnisse über die Konsequenzen kindlicher Schüchternheit im Erwachsenenalter. Es gibt aber zahlreiche retrospektive Studien, in denen Erwachsene über ihre Kindheit befragt wurden, doch sind deren Ergebnisse nicht klar interpretierbar, weil Kindheitserinnerungen stark durch Erlebnisse nach der Kindheit verzerrt werden. Es gibt jedoch zwei andere Längsschnittstudien, die den weiteren Verlauf der Entwicklung von Schüchternheit beleuchten. Die eine, die sogenannate "Berkeley Guidance Study", verfolgte die Entwicklung der 1928 in Berkeley, einem Vorort von San Francisco, geborenen Kinder bis zum Alter von 40 Jahren. Ihre Schüchternheit war im Alter von 8-10 Jahren aufgrund von Interviews mit den Müttern erfaßt worden und bezog sich überwiegend auf Schüchternheit gegenüber Unbekannten.

Interviews im Alter von 30 und 40 Jahren ergaben, daß schüchterne *Jungen* im Vergleich zu weniger schüchternen später ihre Ausbildung abschlossen, später ihre erste Stelle annahmen, später heirateten und später ihr erstes Kind bekamen, - also in jeder Beziehung "Spätentwickler" waren. Schüchterne *Mädchen* wiesen keine derartigen Verzögerungen im Lebenslauf auf, waren aber seltener berufstätig als nichtschüchterne Mädchen. Schüchterne beiderlei Geschlechts waren im Alter von 40 Jahren nicht häufiger psychiatrisch auffällig, erreichten einen gleich hohen sozialen Status und hatten ebenso stabile Ehen und ebenso viele Kinder wie wenig Schüchterne. Schüchterne Frauen dieser Generation scheinen besser in die traditionelle (passive) weibliche Rolle gepaßt zu haben als schüchterne Männer in die traditionelle (aktive) männliche Rolle. Ihre Hemmungen dem Unbekannten gegenüber scheinen es schüchternen Männern schwerer gemacht zu haben, eine Partnerin und einen Arbeitsplatz zu finden. Schüchterne Frauen dieser Generation hatten es offenbar leichter, eine ihnen gemäße Rolle im Leben zu finden, aber es könnte sein, daß die zunehmenden gesellschaftlichen Erwartungen an Frauen, mit Männern hinsichtlich Aktivität und Beruf gleichzuziehen, es schüchternen Frauen zunehmend erschweren, diese Ansprüche zu erfüllen.

Daß es sich bei Schüchternheit gegenüber dem Unbekannten häufig um eine Verzögerung der sozialen Entwicklung, nicht aber um eine allgemeine Kontaktunfähigkeit handelt, legt auch die Berliner Beziehungsstudie nahe; eine jüngst abgeschlossene Längsschnittstudie, in der die Entwicklung der sozialen Beziehungen von jungen Studierenden der Humboldt-Universität in Berlin während der ersten 18 Monate des Studiums intensiv untersucht wurde. Alle drei Monate wurden alle Beziehungen erfaßt, die den Studierenden wichtig waren; Schüchternheit wurde zu Beginn der Untersuchung erfragt. Abbildung VIII.5 zeigt die Zahl der ab Studienbeginn *neu geknüpften* Beziehungen zu Gleichaltrigen von schüchternen und nichtschüchternen Studierenden zu den 7 Meßzeitpunkten.

Es wird deutlich, daß die Schüchternen sich schwerer taten, neue Beziehungen aufzubauen. Andererseits wuchs ihr Beziehungsnetz über die ganzen 18 Monate hinweg stetig weiter, während es bei den wenig Schüchternen schon nach neun Monaten stagnierte. Leider konnte die Studie nicht weiter fortgeführt werden; es wäre interessant zu sehen, ob die Schüchternen langfristig genauso viele neue Beziehungen aufbauten wie die Nichtschüchternen.

Eins scheint jedenfalls klar: Schüchternheit gegenüber dem Unbekannten ist zwar ein recht stabiles Persönlichkeitsmerkmal, aber kein besonders problematisches; in einer Zeit, in der von manchen wieder die Vorzüge der Langsamkeit entdeckt werden, könnten die Verzögerungen im Lebenslauf Schüchterner sogar als besondere Lebensqualität bewertet werden (vgl. zum Thema "Schüchternheit": Asendorpf, 1994b; Zimbardo, 1994).

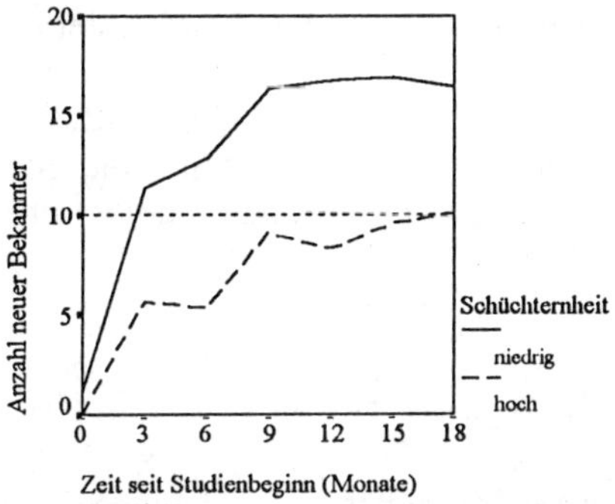

Abbildung VIII.5: Zahl neuer (seit Studienbeginn geknüpfter) Beziehungen zu Gleichaltrigen von schüchternen und wenig schüchternen Studierenden.

Was können Eltern tun, wenn ihr Kind schüchtern ist?

Zunächst sollten sie versuchen herauszufinden, ob es sich wirklich um Schüchternheit handelt oder lediglich um Ungeselligkeit. Nicht alle Kinder sind "von Natur aus" gesellig; schon im Kindergartenalter gibt es durchaus Kinder, die *gerne* viel alleine spielen, *ohne* Probleme zu haben. Schüchternheit äußert sich in konflikthaftem, ambivalentem Verhalten, das signalisiert, daß das Kind eigentlich Kontakt haben möchte, aber sich nicht traut.

Ein solches, im echten Sinn schüchternes Verhalten können Eltern vor allem gut im Kontakt mit Fremden beobachten, z.B. gegenüber einer Tante, die seit Jahren zum ersten Mal wieder zu Besuch kommt, oder auf dem Spielplatz, wenn das Kind mit unbekannten Kindern zusammen ist. Diese Gehemmtheit gegenüber dem Unbekannten ist meist kein Grund zur Beunruhigung; sie hat auch positive Seiten, z.B. Schutz vor Unfällen, weil diese Kinder meist generell vorsichtig sind.

Nur wenn die Gehemmtheit gegenüber dem Unbekannten so stark ist, daß sie das Knüpfen von Freundschaften oder das Erkunden neuer Umgebungen verhindert (z.B. wenn sich das Kind weigert, die familiäre Umgebung zu verlassen), sollten Eltern behutsam und auf *indirektem* Wege versuchen, es dem Kind zu erleichtern, seine Angst zu überwinden. "Machtworte" oder gar Verspotten verstärken die Schüchternheit nur noch. Das Knüpfen von Freundschaften können Eltern z.B. dadurch erleichtern, daß sie einzelne Klassenkameraden oder Nachbarskinder zu sich nach Hause zum Spielen einladen und geduldig abwarten, ob sich etwas entwickelt. *Gelegenheiten schaffen* und *Zeit geben* sind das Wichtigste, was Eltern schüchternen Kindern geben können.

Starke Kontaktschwierigkeiten von Kindern können aber auch auf *Ablehnungserlebnisse* im Kindergarten oder in der Schulklasse zurückgehen, vor allem dann, wenn das Kind sich fremden Erwachsenen gegenüber nicht besonders schüchtern verhält. Hier sollten sich die Eltern an die Erzieherin bzw. den Klassenlehrer wenden und versuchen gemeinsam herauszufinden, ob das Kind in der Gruppe abgelehnt wird und entsprechende Gegenmaßnahmen ergreifen (s.u.). Hilft das alles nichts, sollten die Eltern sich an eine Erziehungsberatungsstelle wenden, wo sie professionelle psychologische Hilfe erhalten können.

Was können Erzieher und Lehrer tun?

Vor allem: Sie sollten mehr auf die stillen "Mauerblümchen" in der Gruppe achten; dahinter kann sich ein wirkliches Problem verbergen. Störer erzwingen ihre Beachtung selbst; bei Schüchternen müssen die Pädagogen aktiv werden. Stille Kinder mit wenig Kontakt zu anderen müssen nicht unbedingt schüchtern sein; es kann sich lediglich um ungesellige Kinder handeln, die sich weniger für andere interessieren (s.o.).

Schüchternheit in den ersten Monaten in einer neuen Gruppe ist meist Gehemmtheit gegenüber dem Unbekannten und erfordert keine Maßnahmen; sie gibt sich meist von selbst mit zunehmender Vertrautheit. Schüchternheit in der vertrauten Gruppe dagegen ist ein Warnsignal, das ernst genommen werden *muß*. Hier sollte zunächst versucht werden herauszufinden, ob das Kind von den anderen nicht genügend beachtet oder gar abgelehnt wird, und warum das der Fall ist. Hierfür gibt es viele, ganz unterschiedliche Gründe wie mangelnde Durchsetzungsfähigkeit, körperliche Behinderung, ungewöhnlicher Dialekt, Ausländerstatus. Die Gründe können sowohl beim Kind als auch bei den Gruppenmitgliedern liegen.

Im ersteren Fall sind die Möglichkeiten von Erziehern und Lehrern sehr begrenzt; hier sind vor allem die Eltern gefordert (s.o.). Im zweiten Fall könnte versucht werden, Einfluß auf die ablehnende Haltung der Gruppenmitglieder zu nehmen, aber auch dies stößt in der Praxis schnell an Grenzen. Alternativ sollte ein Gruppenwechsel (z.B. Versetzung in eine Parallelklasse) erwogen werden, der dem Kind einen neuen Start ermöglicht. Oft ist es eine unglückliche Gruppenkonstellation oder eine unglückliche Kette von Ereignissen, die zur Ablehnung führt und die sich nach einem Gruppenwechsel nicht wiederholen muß.

Offene Fragen

Ungeklärt ist zum einen die schon angesprochene Frage nach den spezifischen genetischen und Umweltfaktoren, die Gehemmtheit gegenüber dem Unbekannten hervorrufen und zum anderen nach der neurophysiologischen Basis dieses Temperamentsmerkmals. Weithin unaufgeklärt ist aber auch die Entwicklung von Schüchternheit zwischen später Kindheit und frühem Erwachsenenalter. Während es im Kindesalter zwei klar unterscheidbare Formen von Schüchternheit gibt – Gehemmtheit gegenüber dem Unbekannten und Gehemmtheit aus Angst vor Ablehnung - scheinen diese beiden Formen im Erwachsenenalter *nicht* unterscheidbar zu sein. Traut man den Fragebogen-Antworten von Erwachsenen, so geht Schüchternheit gegenüber Fremden mit Bewertungsängsten einher und umgekehrt. Zumindest im Selbstkonzept der eigenen Persönlichkeit sind die beiden Schüchternheitsformen nicht mehr unterscheidbar.

Dies liegt möglicherweise an zwei ganz unterschiedlichen Generalisierungsprozessen im Jugendalter. Zum einen werden anfangs gruppenspezifische Bewertungsängste auf alle Mitmenschen verallgemeinert, eingeschlossen völlig Unbekannte. Zum anderen entwikkeln sich aus der Schwierigkeit, aufgrund von Gehemmtheit gegenüber dem Unbekannten mit dem unvertrauten anderen Geschlecht in Kontakt zu kommen, Zweifel an der eigenen Attraktivität als Mann bzw. Frau und werden dann verallgemeinert zu Bewertungsängsten gegenüber beliebigen Mitmenschen. Das ist bisher, wie gesagt, weitgehend Spekulation; Längsschnittstudien, die von der späten Kindheit bis ins frühe Erwachsenenalter führen, sind hier notwendig.

Was läßt sich von all dem auf andere Persönlichkeitsmerkmale verallgemeinern?

Nicht allzu viel, weil die Persönlichkeitsentwicklung je nach dem betrachteten Merkmal sehr unterschiedlich verlaufen kann. Wer z.B. in seiner Intelligenzentwicklung den Gleichaltrigen weit voraus ist, kann ihnen durchaus in der sozialen Entwicklung hinterherhinken, und auch im Bereich der sozialen Persönlichkeitsentwicklung gibt es viele ganz spezielle Entwicklungsphänomene. Einiges läßt sich dennoch von der Schüchternheitsentwicklung auf andere soziale Bereiche der Persönlichkeit verallgemeinern.

Erstens verbergen sich hinter scheinbar ähnlichen Verhaltensbesonderheiten oft sehr unterschiedliche Persönlichkeitsmerkmale. So wie schüchternes Verhalten auf Gehemmtheit gegenüber dem Unbekannten oder auf Angst vor Ablehnung beruhen kann, kann z.B. antisoziales Verhalten im Jugendalter auf einer sehr stabilen Form der Aggressivität beruhen, die sich schon im Kindesalter zeigt und sich ins Erwachsenenalter hinein fortsetzt (das ist glücklicherweise eher selten der Fall) *oder* auf dem (viel häufigeren) Versuch, dadurch Eindruck auf Gleichaltrige zu machen. Letzteres ist eher unproblematisch, weil die typische Antihaltung Jugendlicher der Erwachsenenwelt gegenüber in dem Maße schwindet, in dem sie selber erwachsen werden. Hinter dem gleichen Verhalten verbergen sich eben oft völlig unterschiedliche psychologische Ursachen.

Zweitens sind Persönlichkeitsmerkmale nur begrenzt stabil. Sie sind oft so stabil, daß sich aus ihnen Prognosen über die weitere Entwicklung in 10 Jahren machen lassen, die weitaus besser sind als die Vorhersagen der Wirtschaftswissenschaftler über den Konjunkturverlauf in den nächsten 2 Jahren oder der Meterologen über das Wetter in 2 Wochen. Sie sind aber nie so stabil, daß sich daraus genaue Vorhersagen über den Einzelfall machen ließen. Die Hinzunahme weiterer Faktoren verbessert die Vorhersage aber nur begrenzt (z.B. wenn die spätere Schüchternheit aus der jetzigen Schüchternheit, der Intelligenz und der sozialen

Kompetenz vorhergesagt wird). So wie beim Würfeln der Würfel wiederholt auf der Kippe steht, gibt es in den meisten Lebensläufen labile Punkte, wo das persönliche Schicksal "auf der Kippe" steht und sich den Prognosen der Psychologen widersetzt. Persönlichkeitsentwicklung ist in weiten Strecken regelhafte Notwendigkeit, gemischt mit einer beachtlichen Portion Zufall.

Und drittens gibt es keine einfachen Erklärungen für Persönlichkeitsmerkmale wie "strenger Vater - schüchternes Kind", "Erstgeborene sind schüchtern" oder "Gen XY macht schüchtern". Persönlichkeitseigenschaften sind immer ein Produkt des Zusammenspiels vieler unterschiedlicher Faktoren, meistens genetischer und Umweltfaktoren, und nur selten spielt das Erziehungsverhalten der Eltern allein eine ausschlaggebende Rolle. Deshalb sind Geschwister - bei genauerem Hinsehen sogar eineiige Zwillinge - unverwechselbar in ihrer Persönlichkeit. Keiner ist wie der andere.

Die LOGIK-Studie hat mit ihrem Beitrag zu einem besseren Verständnis kindlicher Schüchternheit das Geheimnis der menschlichen Persönlichkeitsentwicklung an einer wichtigen Stelle ein wenig lüften können. Viel mehr kann von einer einzelnen Studie nicht erwartet werden. Noch viele weitere Untersuchungen dieser Art sind notwendig, um ein einigermaßen vollständiges, wissenschaftlich fundiertes Bild der Persönlichkeitsentwicklung zu erhalten.

Kapitel IX

Das LOGIK-Projekt: Rückblicke, Einblicke und Ausblicke

Franz E. Weinert

Der im zweiten Kapitel dieses Buches gegebene Überblick über die Planung und Realisierung der LOGIK-Studie läßt bereits erkennen, daß es sich bei diesem Projekt um ein sehr langfristig angelegtes, umfangreiches und aufwendiges Forschungsvorhaben handelt. Am Ende der ersten Projektphase (1984 bis 1993; also ohne Berücksichtigung der zur Zeit laufenden Nachfolgestudie) stellt sich deshalb die Frage nach dem wissenschaftlichen Ertrag der Untersuchung. Für die Beantwortung dieser Frage dürfte es zweckmäßig sein, (a) die methodischen Besonderheiten des Projekts noch einmal kurz zu rekapitulieren; (b) einige wichtige Forschungsergebnisse im Überblick zusammenzustellen; und schließlich (c) deren wissenschaftlichen und praktischen Erkenntniswert abzuschätzen, um im Lichte der Projekterfahrungen einige Schlußfolgerungen für die prinzipiellen Möglichkeiten einer pädagogischen Nutzung entwicklungspsychologischer Befunde zu ziehen.

Was ist das Besondere an der LOGIK-Studie?

Psychologische Untersuchungsergebnisse sind in ihrem theoretischen Gehalt und in ihrer praktischen Nutzbarkeit stets beschränkt. Das wird in der öffentlichen Diskussion oft übersehen. Auf diese Weise werden empirische Befunde, die unter sehr speziellen Versuchsbedingungen gewonnen wurden, nicht selten in unzulässiger Weise verallgemeinert. Dadurch ergeben sich zwischen verschiedenen Studien *erwartungsgemäß* widersprüchliche Resultate, so daß man leicht den fatalen Eindruck einer gewissen Beliebigkeit psychologischer Aussagen gewinnen kann. Dazu tragen manche Wissenschaftler unbewußt oder bewußt bei, indem sie den Geltungsbereich und die Geltungsgrenzen ihrer Befunde nicht klar markieren. Um solche Mißverständnisse zu vermeiden, werden im folgenden einige methodische Besonderheiten des LOGIK-Projekts dargestellt:

(1) Wie repräsentativ ist die LOGIK-Studie?

Wenn an einer Längsschnittuntersuchung nur 200 Kinder teilnehmen, so drängt sich die Frage auf, ob die erhobenen Daten und die erzielten Ergebnisse für die Entwicklung aller Kinder aussagekräftig sind, – oder lediglich für deutsche, bayerische, vielleicht sogar nur für Münchner Heranwachsende eines bestimmten Geburtsjahrgangs Gültigkeit haben? Die damit aufgeworfene Frage ist schwierig und erlaubt keine einfache Antwort.

Was wurde getan, um die Repräsentativität der LOGIK-Stichprobe zu gewährleisten, so daß die empirischen Ergebnisse verallgemeinert werden dürfen:

- Aufgrund der verfügbaren statistischen Daten über die Wohnbevölkerung wählten wir in der Stadt und im Landkreis München eine größere Zahl von Kindergärten aus, die in ihrer Gesamtheit die sozialen, ökonomischen und beruflichen Verhältnisse des Münchner Raumes widerspiegeln. Es gelang durchwegs, sowohl die Träger der einzelnen Kindergärten als auch die an diesen Einrichtungen tätigen Kindergärtnerinnen für eine Mitarbeit an der Studie zu gewinnen.
- Ein zweites Planungsziel bestand darin, möglichst alle Kinder, die im Jahr 1983 als 3jährige in die ausgewählten Kindergärten aufgenommen wurden, für die Teilnahme

an der LOGIK-Studie zu rekrutieren. Voraussetzung dafür war natürlich das Einverständnis der Eltern. Auch diese Aufgabe konnte mit einem maximalen Erfolg gelöst werden.

- Schließlich ging es darum, die an der Untersuchung beteiligten Kinder und deren Eltern zu motivieren, über neun Jahre hinweg dem LOGIK-Projekt die Treue zu halten. Im zweiten Kapitel konnte bereits berichtet werden, daß im Verlauf der Studie nur wenige Kinder - vorwiegend durch Umzug der Eltern - ausgeschieden sind.

- Da von Anfang an geplant war, auch den Einfluß der Schule auf die individuelle Entwicklung zu studieren, mußte im Jahre 1986 für die Hälfte der LOGIK-Kinder die Möglichkeit geschaffen werden, sie zusammen mit ihren Klassenkameraden im alltäglichen Unterricht zu beobachten, zu testen und zu befragen. Durch die große Unterstützung des Bayerischen Staatsministerium für Unterricht, Kultus, Wissenschaft und Kunst, der Schulbehörden, der Rektoren, der Lehrer und der Eltern von über 1200 Schulanfängern in 54 Klassen konnte für einen Teil der LOGIK-Kinder auf eine repräsentative Schulstichprobe zurückgegriffen werden.

  Vielfältige und aufwendige Bemühungen waren also erforderlich, um eine LOGIK-Stichprobe zu gewinnen und zu erhalten, deren individuelle wie schulische Zusammensetzung zumindestens für die gleichaltrigen Münchner Kinder als repräsentativ gelten kann.

- Das aber ist für die erforderlichen wissenschaftlichen Ansprüche an eine Längsschnittuntersuchung dieser Art noch nicht genug! Glücklicherweise gibt es psychologische Testverfahren, die man mit Hilfe sehr großer Stichproben aus unterschiedlichen Gegenden Deutschlands und zum Teil auch aus verschiedenen Ländern "geeicht" hat, so daß man zum Beispiel überprüfen kann, ob die Verteilung der Intelligenztestleistungen in der Münchner Stichprobe mit den Werten der "Eichstichprobe" übereinstimmt. Auch das ist der Fall, so daß die bei den LOGIK-Kindern erhobenen Daten verallgemeinerbare wissenschaftliche Aussagen gestatten. Das gilt natürlich nicht für alle psychologischen Merkmale (z.B. nicht für muttersprachliche Dialekte, oder für lokal geprägte religiöse Überzeugungen). Solche regionalen Besonderheiten spielen jedoch für die wissenschaftlichen Fragestellungen des LOGIK-Projekts keine Rolle.

(2) Welche Erkenntnisse lassen sich aus dem LOGIK-Projekt als einer Längsschnittstudie gewinnen?

Ausdrücklich und ausführlich wurde in den ersten zwei Kapiteln, aber auch in vielen anderen Teilen des vorliegenden Buches darauf hingewiesen, daß Längsschnittuntersuchungen nicht nur Erkenntnisse über durchschnittliche Entwicklungsverläufe (z.B. der Intelligenz oder der Motivation) zulassen, sondern auch Einsichten in die individuelle Variabilität der Entwicklung und in die Stabilität früh beobachtbarer Unterschiede zwischen verschiedenen Kindern ermöglichen.

Die alltägliche Erfahrung, daß sich im Verlauf der Kindheit die meisten Fähigkeiten, Fertigkeiten und Leistungen zum Teil dramatisch verbessern, verstellt leicht den Blick darauf, daß sich die individuellen Unterschiede zwischen Kindern oft über Jahre hinweg als sehr stabil erweisen. Für welche Entwicklungsphänomene gilt dies in einem besonders starken und für welche in einem eher geringen Maße? Können spezielle schulische Konstellationen (z.B. eine positive Einstellung des Lehrers zu der pädagogischen Forderung nach Chancengleichheit für alle Schüler) die Leistungen in einer Klasse weitgehend egalisieren, ohne daß dies zu Lasten der guten Schüler geht? Besteht die Möglichkeit, daß schüchterne Kinder durch geeignete Erziehungsstrategien zu sozial durchsetzungsfähigen Individuen werden? Wie gut kann man bereits während der Grundschulzeit die Entwicklung in der Sekundarstufe vorhersagen? Vermutlich sind auch diese differentiellen Fragen zu generell, das heißt eigentlich für alle Schüler gestellt. Aus den Ergebnissen des LOGIK-Projekts geht jedoch hervor, daß die Antworten häufig nur für einen Teil der Kinder gelten.

(3) Warum wurden im LOGIK-Projekt verschiedene Entwicklungsphänomene berücksichtigt?

Die meisten Längsschnittuntersuchungen konzentrieren sich auf die Entwicklung eines einzelnen psychologischen Funktionsbereichs (z.B. der Intelligenz, des Gedächtnisses oder des sozialen Verhaltens). Damit werden selbstverständlich wichtige Forschungsaufgaben erfüllt. Ungeklärt bleiben jedoch die Zusammenhänge zwischen verschiedenen Entwicklungsfunktionen im Verlauf der Kindheit. Die gleichzeitige Erfassung von Veränderungen des Denkens, der Intelligenz, der verschiedenen Schulleistungen, der Motivation, des sozialen Verhaltens und der moralischen Einstellungen ermöglicht es, die Eigengesetzlichkeiten der einzelnen Entwicklungsbereiche (z.B. des Lesen Lernens), die wechselseitigen Zusammenhänge (z.B. zwischen Intelligenz- und Gedächtnisentwicklung) und die einseitigen Abhängigkeiten zwischen verschiedenen Entwicklungsmerkmalen (z.B. fachspezifische Leistungen und fachspezifisches Selbstvertrauen) zu analysieren. Die Erforschung der zum Teil unabhängigen und zum Teil wechselseitig abhängigen Entwicklungsverläufe ist nicht nur von großem wissenschaftlichen Interesse, sondern besitzt auch erhebliche praktische Bedeutung (etwa bei der Behandlung schulischer Lern- und Leistungsschwierigkeiten).

(4) Welchen Einfluß hat die Intensität der LOGIK-Studie auf die Art ihrer wissenschaftlichen Ergebnisse?

Manche Leser werden sich vielleicht fragen, ob es – unabhängig von der Repräsentativität der Stichprobe – für die Gültigkeit der wissenschaftlichen Befunde ausreicht, wenn nur 200 Kinder über einen längeren Zeitraum hinweg regelmäßig untersucht werden. Viele methodenkritische Überlegungen und Erfahrungen sprechen für die Angemessenheit einer solchen Stichprobengröße.

Darüber hinaus gab es für diese Wahl auch praktische Gründe. Auch wenn man unter günstigen institutionellen und finanziellen Rahmenbedingungen arbeitet (was in einem Max-Planck-Institut der Fall ist), so sind die verfügbaren Forschungsmittel doch so begrenzt, daß man sich entscheiden muß, eine große, extensive, aber notwendigerweise auch oberflächliche oder eine intensive, aber tieferschürfende Untersuchung durchzuführen. Wir wählten die zweite Variante. Um einige besonders wichtige wissenschaftliche Fragestellungen beantworten zu können, muß man nämlich unterschiedliche psychologische Methoden verwenden, die in ihrer Kombination sehr zeitaufwendig sind: Das reicht von der Beobachtung der Kinder sowohl in natürlichen Lebenssituationen (z.B. im Kindergarten und in der Schule) als auch unter den kontrollierten Bedingungen eines psychologischen Laboratoriums (mit Hilfe unterschiedlicher Testverfahren, Leistungsproben, Beurteilungsaufgaben, Selbstauskünften) bis hin zur Befragung anderer Personen (z.B. Eltern, Kindergärtnerinnen oder Lehrerinnen). Um eine solche Kombination verschiedener Forschungsmethoden systematisch einsetzen zu können, wurden alle Kinder jährlich dreimal in den Versuchsräumen des Max-Planck-Instituts für psychologische Forschung mehrere Stunden lang untersucht; darüber hinaus wurde die Hälfte der Kinder in den ersten drei Untersuchungsjahren bei vielfältigen Spielen im Kindergarten und während der vierjährigen Grundschulzeit im Unterricht beobachtet. Nur mit Hilfe einer solchen Vielfalt psychologischer Untersuchungsverfahren war es zum Beispiel möglich, die langfristige Stabilität schüchternen Verhaltens zu erkennen; die Diskrepanzen zwischen moralischen Urteilsfähigkeiten auf der einen und der moralischen Handlungsmotivation auf der anderen Seite zu analysieren; und Zusammenhänge zwischen den persönlichen Leistungsfortschritten und den Veränderungen des Selbstvertrauens zu studieren.

(5) Welche Rolle spielt die Schule für die kindliche Entwicklung?

Die Ergänzung der LOGIK-Studie durch das SCHOLASTIK-Projekt schaffte die erforderlichen Voraussetzungen, um den Einfluß des Unterrichts auf die Entwicklung der Kinder zu studieren. Das ist - wie bereits erwähnt - deshalb so wichtig, weil wir bewußt auf die Einbeziehung des häuslichen Milieus, der elterlichen Erziehungsstile und der kindlichen Nahumwelt (z.B. Nachbarn, Freunde, Medienkonsum) als potentielle Entwicklungsbedingungen verzichtet haben. Diese strategische Entscheidung war nicht Ausdruck einer Unterschätzung von Umwelteinflüssen auf die intellektuelle und persönliche Bildung des Kindes, sondern ausschließlich Folge der Unmöglichkeit, die Wirkungen von Erb- und Milieufaktoren so zu separieren, daß seriöse wissenschaftliche Aussagen möglich werden. Auch bei den LOGIK-Kindern waren nämlich erwartungsgemäß die biologischen Eltern auch durchwegs die Gestalter des häuslichen Milieus[8].

Im Vergleich dazu hat das Studium schulischer Einflüsse auf die kindliche Entwicklung den Vorteil, daß Kinder und Lehrer in der Regel genetisch nicht verwandt sind, daß es im öffentlichen Bildungswesen während der Grundschulzeit keine freie Entscheidung der Eltern gibt, welche Schule ihr Kind besuchen soll (so daß sich die soziale Struktur in den Schulklassen widerspiegelt), und daß in Bayern ein Lehrerwechsel zwischen der 2. und 3. Jahrgangsstufe obligatorisch ist (so daß die kindliche Entwicklung im Grundschulalter unter dem Einfluß von zwei verschiedenen Lehrkräften untersucht werden konnte). Man kann also von geradezu idealen naturgegebenen methodischen Voraussetzungen sprechen, gäbe es in den industrialisierten Staaten nicht ein notorisches Problem, das durchwegs zu

[8] Zur Zeit wird am Max-Planck-Institut für psychologische Forschung in München eine Studie mit ein- und zweieiigen Zwillingen durchgeführt, die 1937 von Prof. Gottschaldt mit damals 11jährigen Kindern begonnen wurde und im Augenblick mit den inzwischen über 70jährigen weitergeführt wird (vgl. Weinert & Geppert, Report 1 und 2).

einer Unterschätzung der Wirksamkeit schulischer Einflüsse auf die kindliche Entwicklung führt: Trotz der beobachtbaren Variabilität ist das Bildungswesen in Deutschland relativ homogen, weil die Standards der Lehrerausbildung, die staatlich verordneten Bildungspläne, die Ausstattung der Schulen und dic relativ übereinstimmenden Erwartungen der Öffentlichkeit gegenüber einem "guten Unterricht" dazu führen, daß die Ähnlichkeiten zwischen verschiedenen Schulklassen durchwegs größer sind als die klassenspezifischen Unterschiede. So belegen internationale Vergleichsuntersuchungen, daß die Effekte der Schule und des Unterrichts um so deutlicher ausfallen, je größer in einem Land die qualitativen Differenzen zwischen den einzelnen Schulen sind (vgl. zusammenfassend Helmke & Weinert, 1997). Trotzdem: Die Variationsbreite der Unterrichtsbedingungen und ihrer Wirkungen erwies sich in den 54 Klassen der SCHOLASTIK-Studie als hinreichend groß, um interessante Einsichten über die Zusammenhänge zwischen pädagogischen Einflußfaktoren und psychologischen Entwicklungmerkmalen zu gewinnen.

Eine Zusammenstellung wichtiger Befunde der LOGIK-Studie

Es ist naheliegend, daß die eben skizzierten Besonderheiten des LOGIK-Projekts auch zu den wissenschaftlich interessantesten Ergebnissen geführt haben. Natürlich lassen sich im Schlußkapitel nicht alle Resultate überblickshaft zusammenstellen, die es wert wären, hervorgehoben zu werden. Wir müssen uns vielmehr auf eine kleine Auswahl wichtiger Ergebnisse beschränken, wobei neben den in diesem Buch berichteten Befunden auch auf die Resultate zurückgegriffen wird, die an anderer Stelle ausführlich dargestellt sind (vgl. insbesondere Weinert & Helmke, 1997; Weinert & Schneider, in Druck). Bei der Auswahl der "Highlights" spielte nicht nur ihr wissenschaftlicher Wert, sondern auch ihr praktischer Erkenntnisgewinn eine Rolle.

(1) Alle Kinder verändern sich und doch bleiben viele Unterschiede zwischen ihnen gleich.

Wenn man bedenkt, wie sich die intellektuellen Fähigkeiten, das allgemeine Weltwissen und die durch Schulen vermittelten Kompetenzen im Verlauf der Kindheit verändern, so ist es erstaunlich, daß trotz dieses Wandels viele der im Vorschulalter beobachtbaren Differenzen zwischen Kindern in einem beachtlichen Ausmaß bestehen bleiben. Am deutlichsten zeigt sich dies im Phänomenbereich der Intelligenz, wenn man zu deren Messung geeignete Testverfahren verwendet. Eine ähnlich hohe Stabilität der individuellen Unterschiede findet man auch bei den Lese-, Rechtschreib- und Mathematikleistungen. Größere Veränderungen in der relativen Position eines Kindes innerhalb der jeweiligen Altersgruppe zeigen sich dagegen bei verschiedenen Gedächtnisleistungen, bei motivationalen Einstellungen und bei Kompetenzen zur Anpassung an neue Situationen. Also wäre ein gewisser pädagogischer Fatalismus die fatale Konsequenz der psychologischen Untersuchungsergebnisse? Dies würde zu einer völlig falschen Schlußfolgerung führen. Drei Gründe sind dafür maßgebend:

- Zum ersten handelt es sich bei der interindividuellen Stabilität um Durchschnittswerte. Es lassen sich aber Kinder identifizieren, die ihre Position im Vergleich zu den anderen

Gleichaltrigen beträchtlich verändern (also verbessern oder verschlechtern). Zur Zeit werden Analysen durchgeführt, um jene Kinder, die ihre Position besonders stark verändern oder sie fast völlig beibehalten, präziser zu charakterisieren und die äußeren wie inneren Bedingungen solcher Veränderungen genauer zu spezifizieren.

- Zum zweiten gibt es Leistungsbereiche, bei denen alle Kinder der Grundschule bestimmte Minimalziele erreichen oder erreichen sollten. Dazu gehören Lesen, Rechtschreiben, Mathematik und einige elementare Problemlösefähigkeiten. Wie die SCHOLASTIK-Befunde zeigen, wird diese pädagogisch besonders schwierige Aufgabe in einer großen Anzahl von Schulklassen erfolgreich bewältigt. Das geht nur zum Teil auf Kosten der guten, schnell lernenden Schüler. Einigen Lehrern gelingt es offensichtlich, durchschnittliche Leistungsfortschritte aller Schüler mit einer beachtlichen Reduzierung der Leistungsunterschiede zwischen den Kindern zu verbinden. Erstaunlicherweise ist dafür nicht entscheidend, wie das sozial-emotionale Klima in der Klasse beschaffen ist, ob der Lehrer stark individualisiert und welches Maß an Toleranz gegenüber langsam lernenden Schülern aufgebracht wird; entscheidend ist vielmehr, ob und inwieweit der Unterricht gut gegliedert, wohl organisiert und von durchsichtiger Klarheit ist, wie erfolgreich es dem Lehrer gelingt, die Schüler zum Lernen zu aktivieren, wie störungsarm der Unterricht verläuft und wie verschiedene Lehrmethoden miteinander kombiniert werden (Weinert & Helmke, 1996).

Was bedeutet diese Beobachtung für die Stabilität der kognitiven Unterschiede zwischen verschiedenen Kindern? Natürlich sind in den einzelnen Schulklassen auch bei einem "idealen Lehrer" die Fähigkeitsdifferenzen nicht beliebig veränderbar. Trotzdem besteht der Anspruch, daß sich bei einigen besonders wichtigen Lernzielen der Grundschule keine massiven Unterschiede zwischen den Schülern ergeben dürfen. Dabei ist eine Beobachtung von besonderem Interesse: Erfolgreicher Unterricht ist im Vergleich zu einer wenig erfolgreichen Lehre sowohl leistungsförderlich für alle als auch leistungsegalisierend in den basalen Kompetenzen. Lehrer, die sich in besonderer Weise an dem Ziel des "Chancenausgleichs" orientieren, erreichen in unserer Stichprobe oft weder die erwünschte Leistungsegalisierung noch die erforderlichen durchschnittlichen Leistungsfortschritte. Ihrem Unterricht fehlt es an Lernwirksamkeit.

- Zum dritten sind die Prognosen intellektueller Fähigkeitsdifferenzen, schulischer Leistungsunterschiede und motivationaler Tendenzen bei 12jährigen durch Meßwerte, die vor und während der Grundschulzeit erhoben wurden, zwar beachtlich, aber keineswegs perfekt. Die Vorhersagen späterer Erfolge und Mißerfolge sind besonders dann zutreffend, wenn es sich um Leistungen handelt, die sich aufgrund aufeinander aufbauender Lernvorgänge entwickeln (z.B. sprachgebundene Intelligenzleistungen; Arithmetikkenntnisse; Rechtschreibkompetenzen). In diesen Fällen gilt: Wer in einem früheren Lebensalter besser lernt, weiß auch mehr; wer mehr weiß, lernt später erfolgreicher! Ganz anders ist es bei psychischen Merkmalen, deren Veränderungen durch variable Entwicklungsbedingungen beeinflußt werden. Dazu gehören die nichtsprachliche Intelligenz, das allgemeine Wissen und viele Lerneinstellungen. Auch bei diesen Merkmalen findet man im Laufe der Zeit kaum eine radikale Veränderung der individuellen Unterschiede zwischen den Kindern; doch gibt es viele kleine Verschiebungen in den

Rangpositionen der Kinder. Verstärkte persönliche Anstrengungen, positiv wahrgenommene Leistungssteigerungen durch spezielle Lernhilfen, die Weckung von Interessen, der Ausgleich von Fähigkeitsdefiziten durch verstärkten Fleiß, oder ein Wechsel von sozialen Bezugsgruppen, gelegentlich auch mehr oder minder zufällige Erfolgserlebnisse können in vielen Fällen eine Änderung von individuellen Unterschieden bewirken.

(2) Die Entwicklung von Denk- und Gedächtniskompetenzen weist sowohl bei jedem einzelnen Kind als auch zwischen verschiedenen Kindern eine große Variabilität auf.

Wenn von der intellektuellen Entwicklung im Kindesalter gesprochen wird, stellen sich die meisten einen einheitlichen Prozeß vor. Diese Auffassung wird von vielen Entwicklungspsychologen geteilt. So spricht man in bewußter Parallelität zum Lebensalter vom Intelligenzalter und versteht darunter den durch Testverfahren erfaßbaren intellektuellen Entwicklungsstand, den ein Kind bis zu einem bestimmten Zeitpunkt seines Lebens erreicht hat. Von einer ganz anderen theoretischen Position aus betont auch Jean Piaget die Universalität (für alle Menschen geltend), die Einheitlichkeit und die Gleichzeitigkeit (des Denkens, Lernens, Gedächtnisses, der Sprache, des sozialen Verhaltens und des moralischen Urteilens) der kognitiven Entwicklung im Kindesalter.

Gegen diese Vorstellungen von einer homogenen kognitiven Entwicklung intellektueller Kompetenzen sprechen alle Befunde der LOGIK-Studie. Die in den Kapiteln III, IV, V und VII berichteten Ergebnisse belegen überzeugend, daß es sowohl in der intellektuellen Entwicklung des einzelnen Kindes als auch in der Genese individueller Unterschiede zwischen verschiedenen Kindern eine große Variationsbreite gibt. Betrachtet man zum Beispiel die Leistungen und Leistungsveränderungen bei verschiedenen Gedächtnisaufgaben, so bleibt als Gemeinsamkeit die triviale Aussage, daß sich alle Kinder bei allen Aufgaben verbessern. Wann und wie diese Leistungssteigerungen zwischen dem Vorschulalter und dem 12. Lebensjahr zustandekommen, hängt jedoch stark von den spezifischen Gedächtnisaufgaben ab (vgl. Kap. IV). Ähnliches gilt für unterschiedliche Denkfähigkeiten und Problemlösekompetenzen (Kap. III und V). Für diese große Heterogenität der kindlichen Entwicklung, die häufig zugunsten eines einheitlichen Gesamteindrucks unterschätzt wird, gibt es mehrere Gründe:

- Menschen unterscheiden sich nicht nur von der frühesten Kindheit an in der Summe ihrer intellektuellen Kapazitäten (häufig durch den Intelligenzquotienten ausgedrückt), sondern auch in einzelnen Fähigkeiten (also zum Beispiel in den numerischen, sprachlichen, räumlichen oder logischen Begabungen).

- Weitgehend unabhängig von der Genese individueller Fähigkeitsunterschiede verläuft die kognitive Entwicklung in einer sachlogisch notwendigen, weitgehend invarianten Folge von Schritten (Stadien, Stufen), so daß die konkreten bereichsspezifischen Entwicklungspfade als theoretisch bisher nicht hinreichend verstandene Produkte aus einer allgemeinen Entwicklungslogik und bereichsspezifischen, individuell variablen Veränderungen aufzufassen sind.

– Hinzu kommen die kognitiven Bildungseinflüsse, die vom Erwerb des grundlegenden Weltwissens über vielfältige Erfahrungen bis zum Aufbau spezifischer Expertise reichen können. Wiederum sind die Zusammenhänge zwischen der kognitiven Entwicklung im Ganzen, den bereichsspezifischen Kompetenzveränderungen, der Rolle individueller Fähigkeitsunterschiede und dem Erwerb inhaltlicher Expertise bisher in keiner Weise geklärt.

In einem solchen komplexen System von Kompetenz- und Leistungsveränderungen während der Kindheit haben die Resultate der LOGIK-Studie zwar das argumentative Gewicht zugunsten bereichsspezifischer und differentieller Veränderungen gegenüber den Annahmen einer universellen und generellen Entwicklung verstärkt, doch bleibt die Erforschung dieser Heterogenität der kognitiven Entwicklung im Kindesalter auch weiterhin eine große wissenschaftliche Herausforderung.

(3) Die Rolle allgemeiner intellektueller Fähigkeiten wird bei der Entwicklung spezieller kognitiver Kompetenzen oft überschätzt.

Fragt man Laien, Lehrer und in der Forschung tätige Psychologen, wovon es abhängt, wie schnell die Sprachentwicklung verläuft, wie gut Lesen und Schreiben erlernt werden, wie leicht es fällt, mathematische Kompetenzen zu erwerben und wodurch schulische Leistungsprobleme verursacht werden, so erhält man fast immer die gleiche Antwort: Es sind die intellektuellen Unterschiede, die für die individuell differierenden Lernerfolge und Mißerfolge auf den verschiedensten Inhaltsgebieten verantwortlich gemacht werden. Nur für den Erwerb sportlicher, musischer oder handwerklicher Fertigkeiten werden häufig Spezialbegabungen unterstellt.

Diese Überzeugung von der dominierenden Wichtigkeit der Intelligenz für die meisten Lern- und Bildungsprozesse ist natürlich nicht völlig unbegründet. Betrachtet man die großen Unterschiede zwischen hochbegabten und lernschwachen Kindern, so kann man die Rolle intellektueller Fähigkeiten für den Erwerb und die Nutzung sehr verschiedener Kompetenzen unmittelbar erkennen. Das kommt auch in einem Standardsatz zum Ausdruck, der sich in den meisten psychologischen Lehrbüchern findet. Danach ist die Intelligenz das am besten geeignete individuelle Merkmal zur Vorhersage späterer schulischer und beruflicher Leistungen.

Und dennoch: Die LOGIK-Daten bestätigen nicht nur diese Annahme, sondern belegen auch die theoretische Vermutung, daß dies nur die halbe Wahrheit ist. Auch wir fanden zwar, daß ein beachtlicher Zusammenhang zwischen dem intellektuellen Niveau und der Qualität verschiedener Schulleistungen besteht, doch ergaben genauere Analysen, daß bereichsspezifische Entwicklungs- und Lernfortschritte (z.B. in Mathematik oder Rechtschreiben) stärker von den individuellen Voraussetzungen auf dem speziellen Gebiet als von den allgemeinen intellektuellen Fähigkeiten abhängen (vgl. Kap. V, insbesondere Abb. V.4). Im einzelnen ergab sich für sehr unterschiedliche Kompetenzbereiche das folgende übereinstimmende Ergebnismuster:

– Der Einfluß allgemeiner intellektueller Fähigkeiten auf den Erwerb spezieller Kompetenzen ist dann am größten, wenn ein neuer Leistungsbereich aufgebaut wird (z.B. zu Beginn des Lesen Lernens).

- Auch für den Aufbau neuer Kompetenzberciche lassen sich die individuellen Lern- und Leistungsunterschiede besser durch bereichsspezifische als durch allgemeine kognitive Fähigkeiten vorhersagen. So sind zum Beispiel numerische Fähigkeiten und Kenntnisse, die in der Vorschulzeit erfaßt wurden, im Vergleich zur allgemeinen Intelligenz besser geeignet, die Entwicklung mathematischer Kompetenzen während der Schulzeit vorherzusagen (Kap. V). Ähnliche Resultate fanden wir für Lesen und Rechtschreiben.
- Je weiter die Kompetenzentwicklung innerhalb eines bestimmten Wissens- und Könnensbereichs fortschreitet, um so bedeutsamer wird die vorausgehende Lerngeschichte für künftige Erfolge und Mißerfolge beim Erwerb und bei der Nutzung neuer inhaltsrelevanter Informationen.

- In Gebieten, bei denen die Lösung von Aufgaben nicht nur von der Qualität des Vorwissens, sondern auch von der intelligenten Nutzung aktueller Informationen abhängt, spielt die Intelligenz neben den Vorkenntnissen kontinuierlich eine beachtliche Rolle für die Entstehung von Leistungsunterschieden. Typisch hierfür sind die Leistungen bei mathematischen Textaufgaben.

Auch diese Befunde des LOGIK-Projekts erlauben nicht nur Folgerungen für die Weiterentwicklung theoretischer Erklärungsmodelle des menschlichen Lernens, sondern haben auch unmittelbare Konsequenzen für die Schule: Fachliches Vorwissen ist für den Erwerb anspruchsvoller Kompetenzen auf einem bestimmten Gebiet eine notwendige individuelle Bedingung. Fachliche Leistungsprobleme können weder durch ein allgemeines Intelligenztraining noch durch die Vermittlung genereller Strategien des Lernen Lernens überwunden werden, sondern bedürfen *auch* der Korrektur falscher oder fehlender Vorkenntnisse. Daß dabei der individuellen Lernmotivation eine zentrale Bedeutung zukommt, versteht sich von selbst.

(4) Die Qualität des Grundschulunterrichts ist sowohl für die allgemeine kognitive Entwicklung als auch für den Erwerb spezieller Kompetenzen von großer Bedeutung.

Dieser Thematik ist das Buch "Entwicklung im Grundschulalter" (Weinert & Helmke, 1997) fast vollständig gewidmet. An dieser Stelle soll deshalb nur auf die gesicherte Tatsache hingewiesen werden, daß in der Grundschule und durch deren Unterricht die für unsere Zeit *lebensnotwendigen* Kulturtechniken und die grundlegenden Wissensbestände vermittelt werden. Natürlich gibt es dabei zwischen verschiedenen Lehrern Unterschiede in der Unterrichtsqualität, die sich auf die durchschnittlichen Lernfortschritte einer Klasse, auf die Entwicklung motivationaler Lern- und Leistungseinstellungen, auf die Förderung aktiv-konstruktiver Arbeitshaltungen, auf die begabungsunabhängige Vermittlung basaler Kenntnisse und auf die begabungsspezifische Differenzierung weiterführender Kompetenzen auswirken. Dabei ist allerdings zu beachten, daß es nicht nur eine einzige Form guten Unterrichts gibt, sondern daß "guter Unterricht" auf verschiedene, aber nicht beliebige Weise verwirklicht werden kann.

(5) Erzielte Leistungen sind für die Entwicklung des Selbstvertrauens wichtiger als das Selbstvertrauen für die Leistungsentwicklung.

Jedermann weiß aus Erfahrung, daß es wechselseitige Aufschaukelungsvorgänge zwischen Leistungsfortschritten auf einem bestimmten Wissens- oder Tätigkeitsgebiet und einer Zunahme des dafür spezifischen Selbstvertrauens in die eigene Tüchtigkeit gibt; - komplementär dazu findet man natürlich auch Abschaukelungsprozesse zwischen wahrgenommenen Leistungsschwächen (sowohl bei Anwendung eines individuellen als auch eines sozialen Maßstabs) und einem reduzierten Selbstvertrauen. Unabhängig von dieser generellen Erfahrung gibt es seit Jahrzehnten einen heftigen wissenschaftlichen Streit um die berüchtigte Henne-Ei-Frage. Ist es die Leistung, die das persönliche Selbstvertrauen bewirkt, oder ist es nicht vielmehr das individuelle Selbstvertrauen, das zu einer Intensivierung der Lernanstrengung und damit einer verbesserten Leistung führt? Beide Auffassungen erscheinen gleichermaßen plausibel und können sich auch auf gewisse empirische Evidenzen stützen. Nach den Ergebnissen der LOGIK-Studie (vgl. Kap. VI, insbesondere Abb. VI.20) ist im ganzen betrachtet - und für manchen wahrscheinlich verwunderlich - der Einfluß der Leistung auf das Selbstbewußtsein gewichtiger als der umgekehrte "Entwicklungspfad".

Dieser Befund steht im Widerspruch zu manchen pädagogisch-psychologischen Fördermodellen, in denen die leistungsunabhängige Stärkung des Selbstvertrauens angestrebt wird, weil man hofft, daß dadurch der individuelle Lern- und Leistungsmotor von selbst in Gang gesetzt wird. Dies gilt allerdings nur in einem sehr eingeschränkten Maß. Ohne eine wahrnehmbare Verbesserung der eigenen Leistungen und Leistungsdefizite kommt es nicht zu einer stabilen Erhöhung des Selbstvertrauens. Dabei sollte nicht übersehen werden, daß jeder Mensch über eine größere Anzahl mehr oder minder unabhängiger Selbstkonzepte verfügt. Jemand kann zum Beispiel überzeugt sein, ein hervorragender Schwimmer, aber nur ein mäßiger Turner zu sein, kann sich beim Singen überhaupt nichts zutrauen, dafür aber um so mehr in der Mathematik. Eine Art von generellem Selbstvertrauen ist nur in wenigen Situationen von Bedeutung, in denen der einzelne nicht an spezielle Begabungen und Leistungen, sondern an die Wirkung allgemeiner geistiger Fähigkeiten und genereller körperlicher Attraktivitäten glaubt.

(6) Die Entwicklung von rosaroten Optimisten zu optimistischen Realisten.

Vorschulkinder und vor allem Schulneulinge sind fast grenzenlose Optimisten, wenn es darum geht, ihre körperlichen und geistigen Kräfte, ihre künftigen Leistungen und die zu erwartenden eigenen Erfolge einzuschätzen.

Wie die Ergebnisse der LOGIK-Studie zeigen, verringert sich diese völlig unrealistische Selbst-Wertschätzung von Beginn der zweiten Klasse an und macht allmählich einer realistischen Beurteilung der eigenen Leistungsmöglichkeiten Platz. Diese Erfahrung, die auch viele Eltern mit ihren Kindern machen, hat den öffentlichen Vorwurf provoziert, die Grundschule würde die kindliche Lernmotivation schädigen. Schuld an dieser Fehlentwicklung seien zu anspruchsvolle Unterrichtsziele, der soziale Vergleichsmaßstab bei der Leistungsbeurteilung und vor allem die in Form von Ziffern vergebenen Noten. Was läßt sich aufgrund der Befunde aus der kombinierten LOGIK-SCHOLASTIK-Studie zu diesen

Vorwürfen sagen? Bei der Beantwortung der Frage müssen wenigstens fünf Gesichtspunkte gleichzeitig beachtet werden:

- Zum ersten gibt es zwar einen generellen Trend zur Verringerung des Selbstvertrauens und zu einer Zunahme der Versagensängstlichkeit, doch sind die Veränderungen zwischen dem 2. und 6. Schuljahr keineswegs kontinuierlich und einheitlich (vgl. Kap. VI). Die in den Abbildungen VI.4 und VI.7 dargestellten Kurven lassen erhebliche Schwankungen erkennen.

- Zum zweiten ist aus den absoluten Meßwerten erkennbar, daß die Selbsteinschätzungen der Kinder während der gesamten Grundschulzeit überwiegend im positiven Bereich verbleiben.

- Drittens gibt es während der gesamten Grundschulzeit nur eine geringe Zahl von Kindern, die ihre Fähigkeiten als "schlecht" oder "sehr schlecht" beurteilt.

- Zum vierten kann die ziffernmäßige Notengebung, die in Bayern frühestens mit dem Halbjahreszeugnis der 2. Klasse beginnt, nicht ursächlich für den durchschnittlichen Rückgang des Selbstvertrauens in die eigenen Leistungsfähigkeiten sein, da die motivationalen Veränderungen bereits früher (nämlich zu Beginn des 2. Schuljahres) auftreten. Man müßte also von einer geistigen Vorwegnahme der Notengebung ausgehen, wollte man die übliche Kausalitätsannahme aufrechterhalten. Man weiß aber aus vielen Studien, daß Kinder mit oder ohne Noten im Verlauf der Schulzeit immer besser in der Lage sind, ihre eigenen Leistungen mit denen der anderen Kinder zu vergleichen und die Unterschiede relativ genau einzuschätzen. Man spricht in diesem Zusammenhang von einem allgemeinen Bedürfnis nach sozialen Vergleichen ("need for social comparison"). Ziffernoten können also diesen Prozeß nicht bewirken, sondern nur in seiner Wirksamkeit verstärken. Die für lernschwache Schüler besonders schmerzlichen Effekte solcher permanenter sozialer Vergleiche können nur dadurch gemindert werden, daß Lehrer von Anfang an zwei Maßstäbe zur Leistungsbewertung verwenden: Einen sozialen Maßstab, der üblicherweise von Lehrern, Eltern, aber auch Kindern automatisch bevorzugt wird (jemand ist besser, gleich gut oder schlechter als andere!), und einen individuellen Maßstab (jeder einzelne ist im Vergleich zu seinen eigenen früheren Leistungen gleich geblieben, hat sich verbessert oder verschlechtert). Auf soziale Maßstäbe in den Schulen generell verzichten zu sollen, erscheint in unserer Gesellschaft realitätsfremd; individuelle Maßstäbe im Klassenzimmer nicht nutzen zu wollen, beeinträchtigt die Lernmotivation der wenig erfolgreichen Schüler nachhaltig.

- Schließlich ist fünftens zu bedenken, daß der Übergang von einem unrealistischen Optimisten zu einem optimistischen Realisten für die langfristige Lern- und Leistungsmotivation große Vorteile bietet. Wir wissen aus zahlreichen Untersuchungen, daß eine drastische Überschätzung der eigenen Fähigkeit in der Regel dazu führt, daß sich jemand immer wieder irreale Ziele setzt, bei deren Erreichung trotz persönlicher Anstrengung versagt, dadurch ständig enttäuscht und auf lange Sicht gesehen demotiviert wird. Ein optimistischer Realismus führt demgegenüber häufig dazu, daß Kinder sich Ziele setzen, die etwas höher liegen als daß sie mit Gewißheit erreicht werden können. Die Chancen für gute Leistungen sind bei entsprechender Anstrengung also relativ groß, so daß Erfolgserlebnisse bei subjektiv als schwierig erlebten Aufgaben zur vermehrten Erfahrung eigener Tüchtigkeit führen, wodurch langfristig ein positives Selbstvertrauen und eine hohe Lernmotivation aufgebaut werden.

(7) Die Entwicklungs- und Leistungsunterschiede zwischen Jungen und Mädchen sind im Durchschnitt geringer als von vielen behauptet wird.

Im Zusammenhang mit der freiwilligen Einführung reiner Mädchenklassen im mathematisch-naturwissenschaftlichen Unterricht ist erneut ein heftiger Streit über Geschlechtsunterschiede in den kognitiven Fähigkeiten, in Bildungsprozessen und Schulleistungen ausgebrochen. Als Belege widersprüchlicher pädagogischer Überzeugungen wird dabei häufig auf ausgewählte psychologische Untersuchungsergebnisse zurückgegriffen. Welchen Beitrag können die Ergebnisse der LOGIK-Studie auf dem Hintergrund des aktuellen internationalen Forschungsstands zur Klärung der aufgeworfenen Fragen leisten?

Überblickt man die einschlägigen Ergebnisse, über die in diesem Buch und an anderer Stelle berichtet wird (vgl. Weinert & Schneider, in Druck; Weinert & Helmke, 1997), so zeigen sich nirgends bedeutsame Kompetenzunterschiede zwischen Jungen und Mädchen. Das gilt für die intellektuellen Fähigkeiten, für die Denkentwicklung, für Gedächtnisleistungen, für den Erwerb des Lesens und des Schreibens (wobei die Mädchen bei einigen Aufgaben vorübergehende Leistungsvorteile aufweisen) sowie für die Stabilität der individuellen Persönlichkeitsprofile. Kompliziert ist das Ergebnismuster lediglich für die Entwicklung mathematischer Kompetenzen. Die Leistungsunterschiede zugunsten der Jungen sind insgesamt gesehen nicht sehr ausgeprägt. Sie sind in der Vorschulzeit erstaunlicherweise größer und nehmen im Verlauf der Grundschule ab, – und doch verringert sich just in dieser Zeit das durchschnittliche Selbstvertrauen der Mädchen in ihre mathematischen Kompetenzen. Es ist zur Zeit ungeklärt, worauf dieses geschlechtsspezifische Entwicklungsmuster zurückzuführen ist. Keine Frage, daß pädagogisch gehandelt werden muß! Ob zur Erreichung der erwünschten Effekte bei gleichzeitiger Vermeidung unerwünschter Nebeneffekte die Sensibilisierung der Lehrkräfte für das Problem ausreicht, oder ob spezielle Mädchenklassen eingerichtet werden sollten, ist wissenschaftlich gesehen bis heute eine absolut offene Frage und gerade deshalb ein bevorzugter Gegenstand vieler öffentlicher Grundsatzdiskussionen.

(8) Die Entwicklung der moralischen Urteilskompetenz und der moralischen Handlungsmotivation.

Die Entwicklungspsychologie wird seit Jahrzehnten von einer aufklärerisch-rational orientierten Moraltheorie dominiert (Piaget, 1954; Kohlberg, 1969; 1976; 1981). Diese Theorie enthält zwei Kernannahmen: (a) Je fortgeschrittener die kognitive Entwicklung ist, um so tiefer ist das Verständnis für soziale Normen, moralische Imperative und persönliche Intentionen; (b) je tiefer das moralische Verständnis ist, desto handlungsorientierter wird es. "Die kognitive Definiton einer Situation als einer moralischen, determiniert in direkter Weise die moralischen Emotionen, die durch die Situation ausgelöst werden" (Kohlberg 1969, S. 393).

Die empirischen Ergebnisse der LOGIK-Studie stellen diese Auffassung in Frage (Kap. VII). Durch die kombinierte Untersuchung der Entwicklungspfade des moralischen Urteils und der moralischen Motivation hat sich nämlich gezeigt,

- daß schon sehr kleine Kinder (im Alter von 4 bis 5 Jahren) überraschend gut verstehen, daß moralische Regeln universelle Gültigkeit und innere Verbindlichkeit besitzen; - unabhängig von sozialen Autoritäten oder persönlichen Bedürfnissen.

- Diese kognitive Einsicht bewirkt aber nicht automatisch moralische Handlungsmotivationen. Im Gegenteil: Kinder übertreten die erkannten und anerkannten moralischen Regeln ohne Schuldgefühle, wenn die Regeln im Widerspruch zu ihren aktuellen Bedürfnissen stehen und wenn sie keine sozialen Sanktionen befürchten müssen.

- Kleinen Kindern fehlt also trotz kognitiver Einsichten eine korrespondierende moralische Motivation. Aufgrund dieses Ergebnismusters vermutet Nunner-Winkler (Kap. VII) einen zweistufigen Lernprozeß als Basis der Moralentwicklung. Danach erwerben Kinder schon relativ früh ein grundlegendes Wissen über einfache moralische Regeln und verstehen auch deren autoritäts- und strafunabhängige Gültigkeit. Im Vergleich dazu benötigt der zweite Lernvorgang sehr viel mehr Zeit, denn der notwendige Erwerb motivationaler Tendenzen und Präferenzen erfordert den Aufbau von wirksamen Handlungsabsichten, von persönlichen und zugleich moralischen Zielsetzungen, von willentlichen Widerständen und einer Abschirmung gegenüber Versuchungen zur Moralübertretung und er erfordert schließlich ein integratives System von motivationalen Tendenzen und moralischen Handlungskompetenzen. Man kann diese Entwicklung als komplexen Sozialisationvorgang auffassen, bei dem Lernen durch Nachahmung und Vorbildwirkung, durch Erfolg und Mißerfolg sowie durch den Erwerb kognitiver und handlungsleitender Kompetenzen zusammenwirken.

Keine Frage, daß sich aus diesen Befunden, wenn sie denn von künftigen Untersuchungen bestätigt werden, wichtige Konsequenzen für die moralische Erziehung ergeben. Die langgehegte Erwartung, daß sich im Zuge der kognitiven Entwicklung und durch sie begleitende rationale Diskurse nicht nur die moralische Urteilsfähigkeit, sondern auch das moralische Handeln verbessert, muß zugunsten einer Kombination von kognitiver und sozialisatorischer Beeinflussung revidiert werden.

(9) Auch in Verhaltensänderungen kann sich die Beständigkeit eines psychischen Merkmals zeigen: Das Beispiel Schüchternheit.

Asendorpf (Kap. VIII) hat in seinem Beitrag die Schüchternheit als einen inneren Konflikt bezeichnet, bei dem das Bedürfnis nach sozialer Annäherung (mit anderen zusammen sein, zusammen spielen, reden, gemeinsam etwas erleben) und die innere Hemmung, diesem Wunsch nachzugeben, im Widerstreit stehen. Das soziale Verhalten wirkt deshalb bei schüchteren Kindern oft ungeschickt und verklemmt. Eltern reden ihren schüchternen Kindern häufig gut zu; die Kinder selbst nehmen sich vor, locker auf andere zu und offen mit ihnen umzugehen, - doch wirken sie bei der Verwirklichung dieser Vornahme seltsam blockiert, geben nach ersten Versuchen ihre Bemühungen um soziale Kontakte auf und ziehen sich – innerlich enttäuscht oder beschämt – wieder in sich zurück. Ursachen für dieses zielverfehlende Handeln scheinen zwei Arten von Ängsten zu sein: Die Angst vor dem Unbekannten und die Angst vor sozialer Bewertung (der eigenen Attraktivität, der Leistung oder der Moral).

Verfolgt man die Entwicklung der Schüchternheit gegenüber dem sozial Unbekannten zwischen dem 3. und 12. Lebensjahr, so zeigt sich ein psychologisch interessantes Phänomen: Kinder, die zu Beginn des Kindergartenbesuchs ein sehr schüchternes Verhalten zeigen, verringern im 2. und 3. Kindergartenjahr ihre Schüchternheit; zu Beginn der Grundschule verstärkt sich aber das schüchterne Verhalten wieder, um in den folgenden Schuljahren stetig abzunehmen. Schüchternheit vor unbekannten sozialen Situationen ist also ein relativ stabiles Persönlichkeitsmerkmal, hängt aber in seiner Verhaltenswirksamkeit von der Vertrautheit mit den sozialen Partnern ab.

Im Unterschied zu dieser Variante der Schüchternheit nimmt die andere Form schüchternen Verhaltens trotz zunehmender Vertrautheit nicht ab. Dabei scheint es sich um eine starke Ausprägung der Bewertungsangst zu handeln, die mit der Furcht vor sozialer Ablehnung durch Gleichaltrige oder Erwachsene verbunden ist. Ob diese Angst vor sozialem Mißerfolg mit schlechten Erfahrungen zusammenhängt oder mit der geistigen Vorwegnahme persönlich noch gar nicht gemachter negativer Erfahrungen, ist bisher ungeklärt.

Die erzieherische Nutzanwendung dieser Befunde liegt auf der Hand. Kinder für schüchternes Verhalten zu tadeln oder gar zu bestrafen, ihnen gute Ratschläge zu geben oder sie bewußt undurchschaubaren sozialen Situationen auszusetzen, muß notwendigerweise zum Gegenteil der erwünschten Erziehungseffekte führen. Asendorpf ist in seinem Beitrag (Kap. VIII) ausführlich auf zu erwartende Entwicklungssprozesse schüchterner Kinder und auf erzieherische Hilfen eingegangen, so daß an dieser Stelle auf entsprechende Hinweise verzichtet werden kann.

(10) Im Verlauf der kindlichen Entwicklung verändern sich nicht nur einzelne kognitive, persönliche und soziale Merkmale, sondern auch das Persönlichkeitsprofil im ganzen.

Betrachtet man die psychische Entwicklung im Kindesalter, so lassen sich dabei verschiedene Perspektiven wählen: Man kann die Veränderung einzelner Kompetenz- oder Verhaltensmerkmale studieren, man kann Veränderungen der individuellen Unterschiede zwischen verschiedenen Kindern analysieren, man kann aber auch Veränderungen der Merkmalsprofile einzelner Kinder untersuchen. Die zuletzt genannte Perspektive fristet in der heutigen Entwicklungspsychologie allerdings nur ein Schattendasein.

Das ist erstaunlich und problematisch zugleich, denn schon aus der Alltagserfahrung weiß man, daß ein sich entwickelndes Kind nicht nur aus der Summe einzelner Merkmalsentwicklungen verstanden werden kann, sondern daß es seine Individualität gerade durch ein spezifischer Merkmalsprofil mit bestimmten Stärken und Schwächen, persönlichen Auffälligkeiten und Unauffälligkeiten gewinnt. Um diese personorientierte Perspektive wissenschaftlich einnehmen zu können, ist eine aufwendige Methodik erforderlich, die in der LOGIK-Studie angewandt wurde (vgl. dazu van Aken & Asendorpf, in Druck). Dabei hat man Eltern und Kindergärtnerinnen 54 Merkmale vorgelegt und sie mußten auf einer Skala mit neun Punkten angeben, ob das einzelne Merkmal für das individuelle Kind mehr oder weniger charakteristisch ist.

Für die LOGIK-Kinder ergaben sich nicht nur große Unterschiede innerhalb der persönlichen Profile, sondern auch erhebliche Differenzen in der langfristigen Stabilität dieser Persönlichkeitsmuster. Analysiert man die Bedingungen solcher Stabilitätsunterschiede, so findet man, daß sich die Persönlichkeitsprofile um so weniger verändern, je aktiver und erfolgreicher ein Kind mit seiner Umwelt umgeht, je intelligenter es ist, je stabiler seine soziale Kompetenz ist, je größer seine emotionale Festigkeit erscheint und je mehr das Persönlichkeitsprofil eines Kindes den Erwartungen seiner sozialen Bezugspersonen ("ideales Kind") entspricht. Interessanterweise findet sich ein ähnliches Bedingungsmuster auch beim Studium der langfristigen Stabilität des persönlichen Selbstbewußtseins.

Rückblick und Ausblick: Was können wir aus der LOGIK-Studie lernen – und was nicht?

Wissenschaftlicher Fortschritt – so lehrt uns eine über 100jährige Geschichte des Faches – entsteht in der Psychologie nicht durch einzelne große Entdeckungen oder Erfindungen, sondern durch das Finden und Verknüpfen einzelner empirischer Mosaiksteine zu einem theoretischen Muster. Auch umfangreiche Untersuchungen können deshalb nur einen kleinen Beitrag zum besseren Verständnis menschlichen Handelns und Erlebens leisten. Das gilt selbstverständlich auch für die LOGIK-Studie. Wie ist unter dieser Einschränkung (1) ihr wissenschaftlicher Wert und (2) ihr praktischer Nutzen einzuschätzen?

(1) Wissenschaftlicher Ertrag der LOGIK-Studie.

Ein großer Teil dessen, was man als wissenschaftliche Erträge der LOGIK-Studie ansehen kann, ist in diesem Buch bereits an vielen Stellen dokumentiert und diskutiert worden. Da Forscher den Wert ihrer Arbeiten nicht selbst beurteilen sollten, geht es in diesem Schlußkapitel vorwiegend darum, einige allgemeine Erfahrungen mit der LOGIK-Studie offenzulegen und kritisch zu fragen, was man forschungsstrategisch daraus lernen kann.

Grundlagenforschung ist ein kompliziertes, schwer durchschaubares und inhomogenes Geschehen, das durch theoretische Traditionen, aktuell verfügbare Methoden, persönliche Interessen und neue Ideen der beteiligten Wissenschaftler gesteuert wird, – aber nicht geplant werden kann. Forschung muß auch künftig in ihrer geistigen Spontaneität erhalten bleiben, weil in all den Ländern und für all jene Forschungsfragen, bei denen man den in der Vergangenheit grundlegenden wissenschaftlichen Fortschritt planen wollte, schnell eine weitgehende Sterilität des Forschens zu beobachten war. (Das gilt natürlich nicht für die Lösung angewandter Probleme, bei der verfügbare grundlagentheoretische Erkenntnisse bereits vorhanden sind.)

Natürlich ergeben sich bei einer so unsystematischen Grundlagenforschung notwendigerweise Erkenntnislücken und Ergebniswidersprüche. Dies wiederum beeinträchtigt die Theorieentwicklung und erschwert die praktische Nutzung der Ergebnisse. Für die Entwicklungspsychologie der vergangenen Jahrzehnte gewinnt man den Eindruck, daß die Untersuchungsbefunde immer reichhaltiger und ergiebiger wurden, je umschriebener die Fragestellungen, je spezifischer die theoretischen Annahmen und je präziser die Methoden waren. Nur hat dieses Vorgehen trotz der vielen Detailerfolge gezeigt, daß aus der Summierung vieler kleiner, empirisch gewonnener Kenntnisse langfristig keine großen theoretischen Erkenntnisse resultieren.

Auf diesem wissenschaftlichen Hintergrund haben die Erfahrungen mit dem LOGIK-Projekt gezeigt, daß breit angelegte und methodisch vielfältig konzipierte Studien große Vorteile haben. Auch wenn es dem traditionellen Wissenschaftsbetrieb widerspricht, erscheint es notwendig, die Vielzahl und Vielfalt kleiner, oft isolierter Forschungsprojekte durch Forschungsprogramme zu ergänzen, in denen viele Einzelprojekte eingebettet sind. Auf diese Weise werden psychologisch interessante Verbindungen zwischen verschiedenen Entwicklungsbereichen und zugleich die Kombination unterschiedlicher methodischer Ansätze möglich. Das hat schon Cronbach (1957) vor 40 Jahren gefordert, ohne daß sich in der Zwischenzeit an der Forschungspraxis viel verändert hätte.

Die Ergebnisse der LOGIK-Studie lehren jedenfalls, daß die generellen, differentiellen und domänspezifischen Regelhaftigkeiten der menschlichen Entwicklung zu vielfältig sind, um sie entweder durch ein einziges theoretisches Paradigma (zum Beispiel des kumulativen Lernens, einer strukturgenetischen Entfaltungslogik, der Informationsverarbeitung, der modularen Wissensorganisation) oder durch eine Anhäufung großer Mengen empirischer Einzelbefunde zu entschlüsseln. Weitere Forschung ist auf diesem Gebiet dringend erforderlich, – noch notwendiger ist aber ihre systematische Einbettung in theoriegeleitete Forschungsprogramme.

(2) Praktische Nutzungsmöglichkeiten von Ergebnissen der LOGIK-Studie.

In den einzelnen Kapiteln des vorliegenden Buches und in der Zusammenstellung wichtiger Befunde der LOGIK-Studie im vorausgehenden Abschnitt ist bereits auf die praktische Nutzung einzelner Ergebnisse eingegangen worden. Es genügt deshalb an dieser Stelle, einige allgemeine Schlußfolgerungen zu ziehen:

- Viele Resultate der LOGIK-Studie haben ihren wissenschaftlichen Wert, ohne daß sie direkten praktischen Nutzen abwerfen. Das gilt zum Beispiel für viele Details der Denk- und Gedächtnisentwicklung. In diesem Bereich lassen sich aus den Einzelbefunden keine speziellen praxisrelevanten Hinweise ableiten, sondern es läßt sich nur eine generelle Schlußfolgerung ziehen: Das menschliche Gehirn ist kein Muskel, der sich trainieren läßt, sondern die biologische Grundlage von vielfältig organisierten Denk-, Lern- und Gedächtnisvorgängen. Es gibt deshalb keine psychologische Möglichkeit einer generellen Schulung des menschlichen Geistes, sondern nur die gezielte Unterstützung aktiver individueller Bildungsvorgänge. Dazu gehören stets (in unterschiedlicher Gewichtung) der Erwerb intelligenten Wissens, die flexible Nutzung dieses Wissens zur Lösung neuer Denkprobleme, die gezielte Vermittlung reflexiv zugänglicher Lern- und Denkstrategien sowie die Weckung korrespondierender Interessen und motivationaler Einstellungen.

- Im Vergleich dazu erlauben andere Ergebnisse des LOGIK-Projekts direktere pädagogische Anwendungen. Dies gilt für die Entwicklungsförderung mathematischer Kompetenzen (innerhalb der fließenden Grenzen individueller Begabungen) ebenso wie für die moralische Bildung. Dabei kommt es ganz und gar auf das Ziel an, aus moralischen Einsichten moralische Absichten und Handlungen zu machen. Die einschlägigen Befunde der LOGIK-Studie zeigen, daß dafür unterschiedliche, zum Teil schwierige Lernprozesse notwendig sind, die pädagogisch unterstützt werden müssen.

- Es ist eine verbreitete, aber falsche Hoffnung, daß entwicklungspsychologische Erkenntnisse den Unterricht und die Erziehung von Kindern leichter machen würden, – sie können nur dazu beitragen, pädagogische Bemühungen erfolgreicher zu gestalten. Das wichtigste verallgemeinerbare Ergebnis der LOGIK-Untersuchung ist nämlich die Bedeutung der bereichsspezifischen individuellen Voraussetzungen sowohl für das kurzzeitige Lernen als auch für die langfristige Entwicklung auf dem jeweiligen Gebiet. Zwar gibt es theoretische Einsichten in allgemeine Entwicklungssequenzen und in generelle Lerngesetze, doch hängt die konkrete praktische Nutzung dieser psychologischen Regularien weitgehend von deren Anpassung an die spezifische individuelle Entwicklungssituation ab.

Diese für manche vielleicht überraschende Erkenntnis aus der LOGIK-Studie führt mit einer gewissen Plausibilität zu der abschließenden Frage, welche Rolle eigentlich die wissenschaftliche Psychologie für die pädagogische Praxis überhaupt spielen kann. Negativ ausgedrückt können Erziehung und Unterricht niemals technologische Anwendungen psychologischer Theorien sein. Die allgemeine Regel, daß eine erfolgreiche Entwicklungsförderung von der Anpassung und Passung der pädagogischen Maßnahmen an eine Vielzahl von individuellen Entwicklungsständen abhängt, schließt die direkte Nutzung psychologischer Gesetzmäßigkeiten aus. Was die Wissenschaft zu bieten hat, könnte man als praktisch relevantes Orientierungswissen und als professionell verfügbare Expertise bezeichnen. Die Einsicht der Erzieher in entwicklungspsychologische Regelhaftigkeiten, in lernpsychologische Gesetzmäßigkeiten und in die Eigendynamik verschiedener Entwicklungsdomänen ist die eine Voraussetzung; die Nutzung der professionell verfügbaren Instrumente und Kompetenzen zur diagnostischen Erfassung von individuellen Entwicklungsständen und Fehlentwicklungstendenzen sowie von Risikowahrscheinlichkeiten und evaluierten Beeinflussungsoptionen ist die zweite Bedingung, um Erziehung und Unterricht zu verbessern; – ohne den pädagogischen Bemühungen die lebendige, spontane und mitmenschlich erlebbare Verbindlichkeit zu nehmen. Das mag manchem wenig erscheinen, ist aufs Ganze betrachtet aber doch sehr viel. Daß die Wissenschaft vieles, was sie prinzipiell könnte, gegenwärtig noch nicht kann, ist eine große Herausforderung für die künftige Forschung; daß Eltern und Lehrer vieles nicht wissen, was man bereits weiß, ist ein gravierendes Problem und bleibt eine wichtige Aufgabe für den notwendigen Dialog zwischen Wissenschaft und Öffentlichkeit!

Allgemeines Literaturverzeichnis

Ariés, Ph. (1975). *Geschichte der Kindheit*. München: Carl Hanser Verlag.

Bandura, A. (1997). *Self-Efficacy: The Exercise of Control*. New York, NY: Freeman.

Bjorklund, D.F. (Hrsg.) (1995). *Children's thinking: Developmental function and individual differences*. Pacific Grove, CA.: Brooks Cole.

Case, R., Kurland, D.M. & Goldberg, J. (1982). Operational efficiency and the growth of short-term memory span. *Journal of Experimental Child Psychology, 33*, 386-404.

Cronbach, L.J. (1957). The two disciplines of scientific psychology. *American Psychologist, 12*, 671-684.

Damon, W. (Hrsg.) (1998). *Handbook of child psychology* (4 Bände). New York, NY: Wiley.

Daneman, M. & Blennerhassett, A. (1984). How to assess the listening comprehension skills of prereaders. *Journal of Educational Psychology, 76*, 1372-1381.

Gardner, H. (1983). *Frames of mind: The theory of multiple intelligences*. New York, NY: Basic Books.

Ifrah, G. (1989). *Universalgeschichte der Zahlen*. Frankfurt: Campus Verlag.

Keller, M. & Edelstein, W. (1993). Die Entwicklung eines moralischen Selbst von der Kindheit zur Adoleszenz. In W. Edelstein, G. Nunner-Winkler & G. Noam (Hrsg.), *Moral und Person* (S. 307-334). Frankfurt/M.: Suhrkamp.

Kohlberg, L. (1969). Stage and Sequence: The cognitive-developmental approach to sozialization. In D.A. Goslin (Hrsg.), *Handbook of Socialization Theory and Research* (S. 347-480). Chicago, PA: Rand McNally.

Kohlberg, L. (1974). Stufe und Sequenz: Sozialisation unter dem Aspekt der kognitiven Entwicklung. In L. Kohlberg (Hrsg.), *Zur kognitiven Entwicklung des Kindes*. Frankfurt: Suhrkamp.

Kohlberg, L. (1976). Moral stages and moralization: The cognitive-developmental approach. In T. Lickona (Hrsg.), *Moral development and behavior: Theory, research and social issues* (S. 31-53). New York, NY: Holt, Rinehart & Winston.

Kohlberg, L. (1981). *Essays on moral development: Vol. 1. The philosophy of moral development. Moral stages and the idea of justice*. San Francisco, CA: Harper & Row.

Kuhn, D. & Siegler, R.S. (Hrsg.) (1998). Cognition, perception, and language. In W. Damon (Hrsg.), *Handbook of child psychology (Bd. 2)*. New York, NY: Wiley.

Montada, L. (1993). Moralische Gefühle. In W. Edelstein, G. Nunner-Winkler & G. Noam (Hrsg.), *Moral und Person* (S. 259-277). Frankfurt/M.: Suhrkamp.

Mussen, P.H., Conger, J.J., Kagan, J. & Huston, A.C. (1993). Lehrbuch der Kinderpsychologie (Bd. 1+2). Stuttgart: Klett-Cotta.

Nicholls, J.G. & Maehr, M.L. (Hrsg.) (1984). *Advances in motivation and achievement: Vol. 3. The development of achievement motivation*. Greenwich, Connecticut: Jai Press Inc.

Nucci, L. & Lee, J. (1993). Moral und personale Autonomie. In W. Edelstein, G. Nunner-Winkler & G. Noam (Hrsg.), *Moral und Person* (S. 69-103). Frankfurt/M.: Suhrkamp.

Oerter, R. & Montada, L. (Hrsg.) (1995). *Entwicklung: Ein Lehrbuch*. Weinheim: Psychologie Verlags Union.

Piaget, J. (1954). *Das moralische Urteil beim Kinde*. Zürich: Rascher.

Piaget, J. (1972). *Psychologie der Intelligenz* (5. Aufl.) Olten: Walter Verlag.

Sternberg, R.J. (1985). *Beyond IQ: A triarchic theory of human intelligence*. New York, NY: Cambridge University Press.

Turiel, E. (1983). *The development of social knowledge. Morality and convention*. Cambridge, MA: Cambridge University Press.

Vygotsky, L.S. (1929). The problem of the cultural development of the child. *Pedagogical Seminary and Journal of Genetic Psychology, 36*, 415-434.

Weinert, F.E. & Geppert, U. (Hrsg.) (1996). *Genetisch orientierte Lebensspannenstudie zur differentiellen Entwicklung (GOLD). Report Nr. 1: Planung der Studie*. München: Max-Planck-Institut für psychologische Forschung.

Weinert, F.E. & Geppert, U. (Hrsg.) (1996). *Genetisch orientierte Lebensspannenstudie zur differentiellen Entwicklung (GOLD). Report Nr. 2: Erste Ergebnisse der Studie*. München: Max-Planck-Institut für psychologische Forschung.

Wimmer, H. & Perner, J. (1983). Beliefs about beliefs. Representation and constraining function of wrong beliefs in young children's understanding of deception. *Cognition, 13*, 103-128.

Zimbardo, P.G. (1994). *Nicht so schüchtern*. München: MVG-Verlag.

Ausgewählte Veröffentlichungen zum LOGIK-Projekt

1. Gesamtdarstellungen

Weinert, F.E. (1991). Die Entwicklung kognitiver, motivationaler und sozialer Kompetenzen zwischen dem 4. und 8. Lebensjahr. In D. Frey (Hrsg.), *Bericht über den 37. Kongreß der Deutschen Gesellschaft für Psychologie in Kiel 1990* (Bd. 2, S. 650-653). Göttingen: Verlag für Psychologie.

Weinert, F.E. & Helmke, A. (Hrsg.) (1997). *Entwicklung im Grundschulalter*. Weinheim: Psychologie Verlags Union.

Weinert, F.E. & Schneider, W. (1986). *First report on the Munich Longitudinal Study on the Genesis of Individual Competencies (LOGIC)*. München: Max-Planck-Institut für psychologische Forschung.

Weinert, F.E. & Schneider, W. (Hrsg.) (1989). *The Munich Longitudinal Study on the Genesis of Individual Competencies (LOGIC). Report No. 6: Psychological development in the preschool years: Longitudinal results of waves one to three*. München: Max-Planck-Institut für psychologische Forschung.

Weinert, F.E. & Schneider, W. (Hrsg.) (in Druck). *Individual development from 3 to 12: Findings of a longitudinal study*. New York, NY: Cambridge University Press.

2. Einzeldarstellungen

Asendorpf, J.B. (1989). Individual, differential, and aggregate stability of social competence. In B.H. Schneider, G. Attili, J. Nadel & R. Weissberg (Hrsg.), *Social competence in developmental perspective* (S. 71-86). Dordrecht, Netherlands: Kluwer.

Asendorpf, J.B. (1989). *Soziale Gehemmtheit und ihre Entwicklung*. Berlin: Springer.

Asendorpf, J.B. (1990). Beyond social withdrawal: Shyness, unsociability, and peer avoidance. *Human Development, 33*, 250-259.

Asendorpf, J.B. (1990). Development of inhibition during childhood: Evidence for situational specificity and a two-factor model. *Developmental Psychology, 26*, 721-730.

Asendorpf, J.B. (1990). Soziale Bedingungen früher Persönlichkeitsformung. *Unterrichtswissenschaft, 3*, 249-258.

Asendorpf, J.B. (1990). The expression of shyness and embarrassment. In W.R. Crozier (Hrsg.), *Shyness and embarrassment: Perspectives from social psychology* (S. 87-118). Cambridge, MA: Cambridge University Press.

Asendorpf, J.B. (1991). Development of inhibited children's coping with unfamiliarity. *Child Development, 62*, 1460-1474.
Asendorpf, J.B. (1992). A Brunswikean approach to trait continuity: Application to shyness. *Journal of Personality, 60*, 53-77.
Asendorpf, J.B. (1992). Beyond stability: Predicting interindividual differences in intraindividual change. *European Journal of Personality, 6*, 103-117.
Asendorpf, J.B. (1992). Continuity and stability of personality traits and personality patterns. In J.B. Asendorpf & J. Valsiner (Hrsg.), *Stability and change in development: A study of methodological reasoning* (S. 116-142). Newbury Park, CA: Sage.
Asendorpf, J.B. (1993). Abnormal shyness in children. *Journal of Child Psychology & Psychiatry & Allied Disciplines, 34*, 1069-1081.
Asendorpf, J.B. (1993). Beyond temperament: A two-factorial coping model of the development of inhibition during childhood. In K.H. Rubin & J.B. Asendorpf (Hrsg.), *Social withdrawal, inhibition and shyness in childhood* (S. 265-289). Hillsdale, NJ: Erlbaum.
Asendorpf, J.B. (1993). Social inhibition: A general developmental perspective. In H.C. Traue & J.W. Pennebaker (Hrsg.), *Emotion, inhibition, and health* (S. 80-99). Seattle, WA: Hogrefe & Huber.
Asendorpf, J.B. (1994a). The malleability of behavioral inhibition: A study of individual developmental functions. *Developmental Psychology, 30*, 912-919.
Asendorpf, J.B. (1994b). Zwei Formen von Schüchternheit. *Grundschule, 4*, 20-22.
Asendorpf, J.B. (in Druck). Social-personality development. In F.E. Weinert & W. Schneider (Hrsg.), *Individual development from 3 to 12. Findings of a longitudinal study*. New York, NY: Cambridge University Press.
Asendorpf, J.B. & Meier, G. (1993). Personality effects on children's speech in everyday life: Sociability-mediated exposure and shyness-mediated reactivity to social situations. *Journal of Personality and Social Psychology, 64*, 1072-1083.
Asendorpf, J.B. & Nunner-Winkler, G. (1992). Children's moral motive strength and temperamental inhibition reduce their immoral behavior in real moral conflicts. *Child Development, 63*, 1223-1235.
Asendorpf, J.B. & van Aken, M.A.G. (1991). Correlates of the temporal consistency of personality patterns in childhood. *Journal of Personality, 59*, 689-703.
Asendorpf, J.B. & van Aken, M.A.G. (1994). Traits and relationship status: Stranger versus peer group inhibition and test intelligence versus peer group competence as early predictors of later self-esteem. *Child Development, 65*, 1786-1798.
Asendorpf, J.B. & Weinert, F.E. (1990). Stability of patterns and patterns of stability in personality development. In D. Magnusson & L.R. Bergman (Hrsg.), *Data quality in longitudinal research* (S. 181-197). Cambridge, UK: Cambridge University Press.
Bullock, M. (1991). *Scientific reasoning in elementary school: Developmental and individual differences* (Talk presented at Symposium on Scientific Thinking, SRCD, Seattle, USA). München: Max-Planck-Institut für psychologische Forschung. Paper 12/1991.
Bullock, M. (1992). *Are grade schoolers really so bad at testing hypotheses? A replication*. München: Max-Planck-Institut für psychologische Forschung. Paper 2/1992.
Bullock, M. (1992). *Die Entwicklung des Experimentierens*. München: Max-Planck-Institut für psychologische Forschung. Paper 12/1992.
Bullock, M. (1993). *Scientific thinking: Are school children really so bad?* München: Max-Planck-Institut für psychologische Forschung. Paper 8/1993.
Bullock, M. & Ziegler, A. (1997). Entwicklung der Intelligenz und des Denkens: Ergebnisse aus dem SCHOLASTIK-Projekt. In F.E. Weinert & A. Helmke (Hrsg.), *Entwicklung im Grundschulalter* (S. 27-35). Weinheim: Psychologie Verlags Union.
Bullock, M. & Ziegler, A. (in Druck). Scientific reasoning: Development and individual differen-

ces. In F.E. Weinert & W. Schneider (Hrsg.), *Individual development from 3 to 12. Findings of a longitudinal study*. New York, NY: Cambridge University Press.

Helmke, A. (1991). Entwicklung des Fähigkeitsselbstbildes vom Kindergarten bis zur dritten Klasse. In R. Pekrun & H. Fend (Hrsg.), *Schule und Persönlichkeitsentwicklung. Ein Resumee der Längsschnittforschung* (S. 83-99). Stuttgart: Enke.

Helmke, A. (1992). *Selbstvertrauen und schulische Leistungen*. Göttingen: Hogrefe.

Helmke, A. (1993). Die Entwicklung der Lernfreude vom Kindergarten bis zur 5. Klassenstufe. *Zeitschrift für Pädagogische Psychologie, 7*, 77-86.

Helmke, A. (1997). Das Stereotyp des schlechten Schülers: Ergebnisse aus dem SCHOLASTIK-Projekt. In F.E. Weinert & A. Helmke (Hrsg.), *Entwicklung im Grundschulalter* (S. 269-279). Weinheim: Psychologie Verlags Union.

Helmke, A. (1997). Educational research on classroom instruction and its effects: Short-comings, dead ends, and future perspective. In W. Bünder & K.H. Rebel (Hrsg.), *Teacher education – Theoretical requirements and professional reality*. Kiel: IPN-Materialienreihe.

Helmke, A. (1997). Entwicklung lern- und leistungsbezogener Motive und Einstellungen: Ergebnisse aus dem SCHOLASTIK-Projekt. In F.E. Weinert & A. Helmke (Hrsg.), *Entwicklung im Grundschulalter* (S. 59-76). Weinheim: Psychologie Verlags Union.

Helmke, A. (1997). Individuelle Bedingungsfaktoren der Schulleistung: Ergebnisse aus dem SCHOLASTIK-Projekt. In F.E. Weinert & A. Helmke (Hrsg.), *Entwicklung im Grundschulalter* (S. 203-216). Weinheim: Psychologie Verlags Union.

Helmke, A. (1997). Sackgassen und Perspektiven der empirischen Forschung zu den Wirkungen des Unterrichts. *Pädagogisches Handeln*, 1, 57-70.

Helmke, A. (in Druck). From optimism to realism? Development of children's academic self-concept from kindergarten to Grade 6. In F.E. Weinert & W. Schneider (Hrsg.), *Individual development from 3 to 12: Findings of the Munich Longitudinal Study*. New York, NY: Cambridge University Press.

Helmke, A. (in Druck). Selbstkonzeptförderung. *Psychologie in Erziehung und Unterricht*.

Helmke, A. & Mückusch, C. (1994). Handlungs- und Lageorientierung bei Grundschülern. *Zeitschrift für Pädagogische Psychologie, 8*, 63-72.

Helmke, A. & Renkl, A. (1992). Das Münchner Aufmerksamkeitsinventar (MAI): Ein Instrument zur systematischen Verhaltensbeobachtung der Schüleraufmerksamkeit im Unterricht. *Diagnostica, 38*, 130-141.

Helmke, A. & Renkl, A. (1993). The Munich Attention Inventory (MAI): An instrument for the systematic observation of students' attentional behavior during instruction. *The German Journal of Psychology, 17*, 48-49.

Helmke, A. & Renkl, A. (1993). Unaufmerksamkeit in Grundschulklassen: Problem der Klasse oder des Lehrers? *Zeitschrift für Entwicklungspsychologie und Pädagogische Psychologie, 25*, 185-205.

Helmke, A. & Rheinberg, F. (1996). Anstrengungsvermeidung – Morphologie eines Konstruktes. In C. Spiel, U. Kastner-Koller & P. Deimann (Hrsg.), *Entwicklung und Sozialisation*. (S. 207-224). Münster: Waxmann.

Helmke, A. & van Aken, M.A.G. (1995). The causal ordering of academic achievement and self concept of ability during elementary school: A longitudinal study. *Journal of Educational Psychology, 87*, 624-637.

Helmke, A. & van Aken, M.A.G. (in Druck). Academic achievement and self-concept of achievement during elementary school: A multiwave analysis of causal predominance. *Journal of Educational Psychology*.

Helmke, A. & Weinert, F.E. (1997). Unterrichtsqualität und Leistungsentwicklung: Ergebnisse aus dem SCHOLASTIK-Projekt. In F.E. Weinert & A. Helmke (Hrsg.), *Entwicklung im Grundschulalter* (S. 241-251). Weinheim: Psychologie Verlags Union.

Helmke, A. & Weinert, F.E. (in Druck). Schooling and the development of achievement differences. In F.E. Weinert & W. Schneider (Hrsg.), *Individual development from 3 to 12: Findings of a longitudinal study*. New York, NY: Cambridge University Press.

Knopf, M. (1995). Eine Längsschnittstudie zur Entwicklung interindividueller und intraindividueller Gedächtnisunterschiede im Kindesalter. In H.-P. Langfeldt & R. Lutz (Hrsg.), *Sein, Sollen und Handeln. Beiträge zur Pädagogischen Psychologie und ihren Grundlagen* (S. 75-89). Göttingen: Hogrefe.

Knopf, M. (in Druck). The development of memory for texts. In F.E. Weinert & W. Schneider (Hrsg.), *Individual development from 3 to 12: Findings of a longitudinal study*. New York, NY: Cambridge University Press.

Langeheine, R., Stern, E. & van de Pol, F. (1994). State mastery learning: Dynamic models for longitudinal data. *Applied Psychological Measurement, 18*, 277-291.

Meier, G. (1993). *Persönlichkeit und soziales Verhalten von Kindern im Alltag*. Hamburg: Kovac.

Näslund, J.C. (1990). The interrelationship among preschool predictors of reading acquisition for German children. *Reading and Writing: An Interdisciplinary Journal, 2*, 327-360.

Näslund, J.C. (1993). Predicting reading: Acquisition in high and low IQ groups. In R.M. Joshi & C.K. Leong (Hrsg.), *Reading disabilities: Diagnosis and component processes* (S. 279-293). Dordrecht: Kluwer.

Näslund, J.C. & Schneider, W. (1991). Longitudinal effects of verbal ability, memory capacity, phonological awareness, and decoding speed on reading comprehension. *European Journal of the Psychology of Education, 6*, 375-392.

Näslund, J.C. & Schneider, W. (1993). Emerging literacy from kindergarten to second grade: Evidence from the Munich longitudinal study on the genesis of individual competencies. In H. Grimm & H. Skowronek (Hrsg.), *Language acquisition problems and reading disorders: Aspects of diagnosis and intervention* (S. 295-318). Berlin: de Gruyter.

Nunner-Winkler, G. (1989). Wissen und Wollen. Ein Beitrag zur frühkindlichen Moralentwicklung. In A. Honneth, Th. McCarthy, C. Offe & A. Wellmer (Hrsg.), *Zwischenbetrachtungen. Im Prozeß der Aufklärung* (S. 574-600). Frankfurt/M.: Suhrkamp.

- Englische Fassung: (1992). Knowing and wanting. On moral development in early childhood. In A. Honneth, T. McCarthy, C. Offe & A. Wellmer (Hrsg.), *Cultural-political interventions in the unfinished project of enlightenment* (S. 219-243). Cambridge, MA: MIT Press.

Nunner-Winkler, G. (1990). Zur frühkindlichen Moralentwicklung. In H. Dettenborn & G. Prillwitz (Hrsg.), *Psychologie und moralisches Handeln. Tagungsbericht* (S. 41-44). Berlin: Humboldt-Universität.

Nunner-Winkler, G. (1992). Die Genese moralischer Motivation. *Friedrich Jahresheft 1992 (No. X: Verantwortung*, S. 10-13). Velber: Erhard Friedrich.

Nunner-Winkler, G. (1992). Frühe moralische Weisheit? Zur Kritik an der Theorie von den zwei Moralen. In W. Herzog & E. Violi (Hrsg.), *Beschreiblich weiblich. Aspekte feministischer Wissenschaft und Wissenschaftskritik* (S. 71-90). Zürich: Rüegger.

Nunner-Winkler. G. (1992). Vom Selbst zum Miteinander. Soziales Lernen im Kindesalter. *Welt des Kindes, 4*, 11-15.

Nunner-Winkler, G. (1992). Zur frühkindlichen Moralentwicklung. In W. Althof & F. Oser (Hrsg.), *Moralische Selbstbestimmung. Modelle der Entwicklung und Erziehung im Wertebereich* (S. 193-196). Stuttgart: Klett Cotta.

Nunner-Winkler, G. (1992). Zur moralischen Sozialisation. *Kölner Zeitschrift für Soziologie und Sozialpsychologie, 44*, 252-272.

- gekürzte Fassung (1993) in: *Forum für interdisziplinäre Forschung, 11*, 105-120.
- Nachdruck der überarbeiteten Fassung (1993) in: H. Huber (Hrsg.), *Sittliche Bildung. Ethik in Erziehung und Unterricht* (S. 105-127). Asendorf: MUT-Verlag.

Nunner-Winkler, G. (1993). Die Entwicklung moralischer Motivation. In W. Edelstein, G. Nunner-Winkler & G. Noam (Hrsg.), *Moral und Person* (S. 278-303). Frankfurt/M.: Suhrkamp.
- Englische Fassung (1993) in: G. Noam & T. Wren (Hrsg.), *The moral self* (S. 269-291). Cambridge, MA: MIT Press.
- gekürzte Fassung (1994) in: *Moral Education Forum, 19*, 8-20.

Nunner-Winkler, G. (1996). Moralisches Wissen - moralische Motivation - moralisches Handeln. Entwicklungen in der Kindheit. In M.S. Honig, H.R. Leu & U. Nissen (Hrsg.), *Kinder und Kindheit. Soziokulturelle Muster, sozialisationstheoretische Perspektiven* (S. 129-173). München: Juventa.

Nunner-Winkler. G. (1996). Moralische Entwicklung und die These von den Zwei Moralen. In W. Stark, T. Fitzner, K. Giebeler & C. Schubert (Hrsg.), *Moralisches Lernen in Schule, Betrieb und Gesellschaft*. Internationaler Kongreß der Ev. Akademie Bad Boll (S. 53-62). Bad Boll: Evangelische Akademie, Protokolldienst 7/96.

Nunner-Winkler, G. (in Druck). *Sozialisationsbedingungen moralischer Motivation.* In H.R. Leu, Deutsches Jugendinstitut (Hrsg.).

Nunner-Winkler, G. (in Druck). The development of moral understanding and moral motivation. In F.E. Weinert & W. Schneider (Hrsg.), *Individual development from 3 to 12. Findings of a longitudinal study*. New York, NY: Cambridge University Press.

Nunner-Winkler, G. (in Druck). The development of moral understanding and moral motivation. *International Journal of Educational Research.*

Nunner-Winkler, G. (in Druck). Zum frühkindlichen Moralverständnis. In L. Krappmann (Hrsg.), *Expertise für den 10. Kinder- und Jugendbericht des Deutschen Bundestags 1997.*

Nunner-Winkler, G. & Sodian, B. (1988). Children's understanding of moral emotions. *Child Development, 59*, 1323-1338.

Renkl, A. & Helmke, A. (1992). Discriminant effects of performance-oriented and structure-oriented tasks in elementary math instruction. *Contemporary Educational Psychology, 17*, 47-55.

Renkl, A. & Helmke, A. (1993). Prinzip und Nutzen der Generalisierungstheorie am Beispiel einer längsschnittlichen Analyse des Aufmerksamkeitsverhaltens von Grundschülern. *Empirische Pädagogik, 7*, 63-85.

Renkl, A., Helmke, A. & Schrader, F.-W. (1997). Schulleistung und Fähigkeitsselbstbild - Universelle Beziehungen oder kontextspezifische Zusammenhänge? Ergebnisse aus dem SCHOLASTIK-Projekt. In F.E. Weinert & A. Helmke (Hrsg.), *Entwicklung im Grundschulalter* (S. 373-383). Weinheim: Psychologie Verlags Union.

Renkl, A. & Stern, E. (1994). Die Bedeutung von kognitiven Eingangsvoraussetzungen und Lernaufgaben für das Lösen von einfachen und komplexen Textaufgaben. *Zeitschrift für Pädagogische Psychologie, 8*, 27-39.

Rubin, K.H. & Asendorpf, J.B. (Hrsg.) (1993). *Social withdrawal, inhibition and shyness in childhood.* Hillsdale, NJ: Erlbaum.

Schneider, W. (1989). Frühe Vorhersage von Lese-/Rechtschreibleistungen: Der Ansatz des Münchner Längsschnittprojekts (LOGIK). In H. Balhorn & H. Brügelmann (Hrsg.), *Jeder spricht anders – Normen und Vielfalt in Sprache und Schrift* (S. 190-193). Konstanz: Faude.

Schneider, W. (1989). Problems of longitudinal studies with young children: Practical, conceptual, and methodological issues. In M. Brambring, F. Lösel & H. Skowronek (Hrsg.), *Children at risk: Assessment, longitudinal research, and intervention* (S. 313-335). New York: De Gruyter.

Schneider, W. (1993). The longitudinal study of motor development: Methodological issues. In A.F. Kalverboer, B. Hopkins & R. Geuze (Hrsg.), *Motor development in early and later childhood: Longitudinal approaches* (S. 318-342). Cambridge: Cambridge University Press.

Schneider, W. (1994). Geschlechtsunterschiede beim Schriftspracherwerb: Befunde aus den

Münchner Längsschnittstudien LOGIK und SCHOLASTIK. In S. Richter & H. Brügelmann (Hrsg.), *Mädchen lernen a n d e r s lernen Jungen. Geschlechtsspezifische Unterschiede beim Schriftspracherwerb* (S. 71-82). Bottighofen, CH: Libelle.

Schneider, W. (1997). Erwerb des Lesens und des Rechtschreibens. Ergebnisse aus dem SCHOLASTIK-Projekt. In F.E. Weinert & A. Helmke (Hrsg.), *Entwicklung im Grundschulalter* (S. 113-130). Weinheim: Psychologie Verlags Union.

Schneider, W. & Näslund, J.C. (1992). Cognitive prerequisites of reading and spelling: A longitudinal approach. In A. Demetriou, M. Shayer & A. Efklides (Hrsg.), *Neo-Piagetian theories of cognitive development* (S. 256-274). London: Routledge.

Schneider, W. & Näslund, J.C. (1993). The impact of early metalinguistic competencies and memory capacity on reading and spelling in elementary school: Results of the Munich longitudinal study on the genesis of individual competencies. *European Journal of Psychology of Education, 8*(3), 273-287.

Schneider, W. & Näslund, J.C. (in Druck). The impact of early phonological processing skills on reading and spelling in school: Evidence for the Munich Longitudinal Study. In F.E. Weinert & W. Schneider (Hrsg.), *Individual development from 3 to 12: Findings of a longitudinal study*. New York, NY: Cambridge University Press.

Schneider, W., Perner, J., Bullock, M., Stefanek, J. & Ziegler, A. (in Druck). The development of intelligence and thinking. In F.E. Weinert & W. Schneider (Hrsg.), *Individual development from 3 to 12: Findings of a longitudinal study*. New York, NY: Cambridge University Press.

Schneider, W. & Sodian, B. (1990). Gedächtnisentwicklung im Vorschulalter: "Theoriewandel" im kindlichen Verständnis des Lernens und Erinnerns? In M. Knopf & W. Schneider (Hrsg.), *Entwicklung. Allgemeine Verläufe – Individuelle Unterschiede – Pädagogische Konsequenzen. Festschrift zum 60. Geburtstag von Franz Emanuel Weinert* (S. 45-64). Göttingen: Hogrefe.

Schneider, W. & Sodian, B. (1991). A longitudinal study of young children's memory behavior and performance in a sort-recall task. *Journal of Experimental Child Psychology, 51*, 14-29.

Schneider, W. & Sodian, B. (1997). Memory strategy development: Lessons from longitudinal research. *Developmental Review, 17*, 442-461.

Schneider, W., Stefanek, J. & Dotzler, H. (1997). Erwerb des Lesens und des Rechtschreibens: Ergebnisse aus dem SCHOLASTIK-Projekt. In F.E. Weinert & A. Helmke (Hrsg.), *Entwicklung im Grundschulalter* (S.113-129). Weinheim: Psychologie Verlags Union.

Schneider, W. & Weinert, F.E. (1989). Universal trends and individual differences in memory development. In A. de Ribeaupierre (Hrsg.), *Transition mechanisms in child development: The longitudinal perspective* (S. 68-106). Cambridge, MA: Cambridge University Press.

Schneider, W. & Weinert, F.E. (1995). Memory development during early and middle childhood: Findings of the Munich Longitudinal Study (LOGIC). In F.E. Weinert & W. Schneider (Hrsg.), *Memory performance and competencies. Issues in growth and development* (S. 263-279). Mahwah, NJ: Erlbaum.

Schrader, F.-W., Helmke, A. & Dotzler, H. (1997). Zielkonflikte in der Grundschule: Ergebnisse aus dem SCHOLASTIK-Projekt. In F.E. Weinert & A. Helmke (Hrsg.), *Entwicklung im Grundschulalter* (S. 299-316). Weinheim: Psychologie Verlags Union.

Sodian, B. & Schneider, W. (in Druck). Memory strategy development – Gradual increase, sudden insight or roller coaster? In F.E. Weinert & W. Schneider (Hrsg.), *Individual development from 3 to 12. Findings of a longitudinal study*. New York, NY: Cambridge University Press.

Stern, E. (1993). What makes certain arithmetic word problems involving the comparison of sets so hard for children? *Journal of Educational Psychology, 85*, 7-23.

Stern, E. (1994). Die Bewältigung neuer Anforderungen: Eine allgemeine oder eine inhaltsspezifische Intelligenzleistung? In D. Bartussek & M. Amelang (Hrsg.), *Fortschritte der differentiellen Psychologie und psychologischen Diagnostik* (S. 333-344). Göttingen: Hogrefe.

Stern, E. (1995). Keiner wie der andere? Zum Umgang mit Leistungsunterschieden im Grundschulalter. *Grundschulmagazin, 11*, 37-40.

Stern, E. (1997). Erwerb mathematischer Kompetenzen: Ergebnisse aus dem SCHOLASTIK-Projekt. In F.E. Weinert & A. Helmke (Hrsg.), *Entwicklung im Grundschulalter* (S. 157-170). Weinheim: Psychologie Verlags Union.

Stern, E. (in Druck). Early Training: Who, What, When, Why, and How? In: M. Beishuizen, H.v. Luit, E.v. Lieshout (Hrsg.). *Mathematics in different contexts*. Doetinchem/Rapallo: Graviant Publishing Company.

Stern, E. (in Druck). Development of mathematical competencies. In F.E. Weinert & W. Schneider (Hrsg.), *Individual development from 3 to 12: Findings of a longitudinal study*. New York, NY: Cambridge University Press.

Stern, E. & Mevarech, Z. (1996). Understanding of successive divisions in different contexts. *Journal of Experimental Child Psychology, 1*, 153-172.

Stern, E., Weinert, F.E. & Schneider, W. (1994). Jenseits des Intelligenzquotienten - die Entwicklung von Fähigkeitsunterschieden in der Kindheit. In Max-Planck-Gesellschaft, *Jahrbuch 1994* (S. 614-617). Göttingen: Vandenhoeck & Ruprecht.

van Aken, M.A.G. & Asendorpf, J.B. (1997). Support by parents, classmates, friends, and siblings in preadolescence: Covariation and compensation across relationships. *Journal of Social and Personal Relationships, 14*, 79-93.

van Aken, M.A.G. & Asendorpf, J.B. (in Druck). A person-centered approach to development: The temporal consistency of personality and self-concept. In F.E. Weinert & W. Schneider (Hrsg.), *Individual development from 3 to 12: Findings of a longitudinal study*. New York, NY: Cambridge University Press.

van Aken, M.A.G., Asendorpf, J.B. & Wilpers, S. (1996). Das soziale Unterstützungsnetzwerk von Kindern. *Psychologie in Erziehung und Unterricht, 43*, 114-126.

van Aken, M.A.G., Helmke, A. & Schneider, W. (1997). Selbstkonzept und Leistung - Dynamik ihres Zusammenspiels: Ergebnisse aus dem SCHOLASTIK-Projekt. In F.E. Weinert & A. Helmke (Hrsg.), *Entwicklung im Grundschulalter* (S. 341-350). Weinheim: Psychologie Verlags Union.

Weber, A. (1992). *Aggressivität, soziale Gehemmtheit und Erinnerung: Behaltensunterschiede für persönlichkeitsbezogene Ereignisse*. München: Max-Planck-Institut für psychologische Forschung. Paper 5/1992.

Weber, A. (1993). *Autobiographische Erinnerung und Persönlichkeit*. Frankfurt/M.: Lang.

Weber, A. (1993). *Die Teilnahme an einer psychologischen Untersuchung. Zum autobiographischen Gedächtnis von Kindern*. München: Max-Planck-Institut für psychologische Forschung. Paper 11/1993.

Weber, A. & Strube, G. (in Druck). Memory for events experienced and events observed. In F.E. Weinert & W. Schneider (Hrsg.), *Individual development from 3 to 12: Findings of a longitudinal study*. New York, NY: Cambridge University Press.

Weinert, F.E. (1995). Die Entwicklung des menschlichen Gedächtnisses im Kindesalter: Differentialpsychologische Perspektive. In D. Dörner & E. van der Meer (Hrsg.), *Das Gedächtnis* (S. 415-432). Göttingen: Hogrefe.

Weinert, F.E. (1995). Kognitive Entwicklung im Kindesalter: Universelle Veränderungen oder individueller Kompetenzerwerb? In K. Pawlik (Hrsg.), *Bericht über den 39. Kongreß der Deutschen Gesellschaft für Psychologie in Hamburg 1994* (S. 742-747). Göttingen: Verlag für Psychologie.

Weinert, F.E. (in Druck). Universal, differential and individual aspects of child development from 3 to 12. What can we learn from a comprehensive longitudinal study? In F.E. Weinert & W. Schneider (Hrsg.), *Individual development from 3 to 12. Findings of a longitudinal study*. New York, NY: Cambridge University Press.

Weinert, F.E. & Helmke, A. (1993). Wie bereichsspezifisch verläuft die kognitive Entwicklung? In R. Duit & W. Gräber (Hrsg.), *Kognitive Entwicklung und Lernen der Naturwissenschaften*. Tagungsband zum 20. IPN-Symposium aus Anlaß des 60. Geburtstages von Prof. Dr. Heinrich Stork (S. 27-45). Kiel: Institut für die Pädagogik der Naturwissenschaften (IPN).

Weinert, F.E. & Helmke, A. (1995). Interclassroom differences in instructional quality and interindividual differences in cognitive development. *Educational Psychologist, 30*, 15-20.

Weinert, F.E. & Helmke, A. (1995). Learning from wise mother nature or big brother instructor: The wrong choice as seen from an educational perspective. *Educational Psychologist, 30*, 135-142.

Weinert, F.E. & Helmke, A. (1996). Der gute Lehrer: Person, Funktion oder Fiktion? In A. Leschinsky (Hrsg.), *Die Institutionalisierung von Lehren und Lernen. Beiträge zu einer Theorie der Schule* (S. 223-233). Weinheim: Beltz-Verlag.

Weinert, F.E. & Helmke, A. (in Druck). The neglected role of individual differences in theoretical models of cognitive development. *Learning and Instruction*, (Special Issue).

Weinert, F.E., Helmke, A. & Schneider, W. (1989). Individual differences in learning performance and in school achievement: Plausible parallels and unexplained discrepancies. In H. Mandl, E. de Corte, N. Bennett & H.F. Friedrich (Hrsg.), *Learning and instruction* (S. 461-479). Oxford: Pergamon Press.

Weinert, F.E. & Lingelbach, H. (1995). Teaching expertise: Theoretical conceptualizations, empirical findings, and some consequences for teacher training. In R. Hoz & M. Silberstein (Hrsg.), *Partnerships of schools and institutions of higher education in teacher development* (S. 293-302). Beer-Sheva, Israel: Ben Gurion University of the Negev Press.

Weinert, F.E. & Schneider, W. (1993). Cognitive, social, and emotional development. In D. Magnusson & P. Casaer (Hrsg.), *Longitudinal research on individual development: Present status and future perspectives* (S. 75-94). Cambridge: Cambridge University Press.

Weinert, F.E., Schneider, W., Asendorpf, J.B., Bullock, M., Helmke, A., Knopf, M., Nunner-Winkler, G., Stern, E., Strube, G. & Weber, A. (1991). Intra- und interindividuelle Unterschiede in der psychischen Entwicklung von Kindern. In Max-Planck-Gesellschaft, *Jahrbuch 1991* (S. 518-522). Göttingen: Vandenhoeck & Ruprecht.

Weinert, F.E., Schneider, W., Stefanek, J. & Weber, A. (in Druck). Introduction and overview. In F.E. Weinert & W. Schneider, (Hrsg.). *Individual development from 3 to 12: Findings of a longitudinal study*. New York, NY: Cambridge University Press.

Weinert, F.E. & Stefanek, J. (1997). Entwicklung vor, während und nach der Grundschulzeit: Ergebnisse aus dem SCHOLASTIK-Projekt. In F.E. Weinert & A. Helmke (Hrsg.), *Entwicklung im Grundschulalter* (S. 423-451). Weinheim: Psychologie Verlags Union.

Wimmer, H., Landerl, K. & Schneider, W. (1994). The role of rhyme awareness in learning to read regular orthography. *British Journal of Developmental Psychology, 12*, 469-484.

3. Berichte über die LOGIK-Studie

Weinert, F.E. & Schneider, W. (1986). *First report on the Munich Longitudinal Study on the Genesis of Individual Competencies (LOGIC)*. München: Max-Planck-Institut für psychologische Forschung.

Weinert, F.E. & Schneider, W. (Hrsg.) (1987). *The Munich Longitudinal Study on the Genesis of Individual Competencies (LOGIC). Report No. 2: Documentation of assessment procedures used in waves one to three*. München: Max-Planck-Institut für psychologische Forschung.

Weinert, F.E. & Schneider, W. (Hrsg.) (1987). *The Munich Longitudinal Study on the Genesis of Individual Competencies (LOGIC). Report No. 3: Results of wave one*. München: Max-Planck-Institut für psychologische Forschung.

Weinert, F.E. & Schneider, W. (Hrsg.) (1988). *The Munich Longitudinal Study on the Genesis of Individual Competencies (LOGIC). Report No. 4: Results of wave two*. München: Max-Planck-Institut für psychologische Forschung.
Weinert, F.E. & Schneider, W. (Hrsg.) (1989). *The Munich Longitudinal Study on the Genesis of Individual Competencies (LOGIC). Report No. 5: Results of wave three*. München: Max-Planck-Institut für psychologische Forschung.
Weinert, F.E. & Schneider, W. (Hrsg.) (1989). *The Munich Longitudinal Study on the Genesis of Individual Competencies (LOGIC). Report No. 6: Psychological development in the preschool years: Longitudinal results of waves one to three*. München: Max-Planck-Institut für psychologische Forschung.
Weinert, F.E. & Schneider, W. (Hrsg.) (1991). *The Munich Longitudinal Study on the Genesis of Individual Competencies (LOGIC). Report No. 7: Assessment procedures and results of wave four*. München: Max-Planck-Institut für psychologische Forschung.
Weinert, F.E. & Schneider, W. (Hrsg.) (1992). *The Munich Longitudinal Study on the Genesis of Individual Competencies (LOGIC). Report No. 8: Assessment procedures and results of wave five*. München: Max-Planck-Institut für psychologische Forschung.
Weinert, F.E. & Schneider, W. (Hrsg.) (1993). *The Munich Longitudinal Study on the Genesis of Individual Competencies (LOGIC). Report No. 9: Assessment procedures and results of wave six*. München: Max-Planck-Institut für psychologische Forschung.
Weinert, F.E. & Schneider, W. (Hrsg.) (1993). *The Munich Longitudinal Study on the Genesis of Individual Competencies (LOGIC). Report No. 10: Assessment procedures and results of wave seven*. München: Max-Planck-Institut für psychologische Forschung.
Weinert, F.E. & Schneider, W. (Hrsg.) (1994). *The Munich Longitudinal Study on the Genesis of Individual Competencies (LOGIC). Report No. 11: Assessment procedures and results of wave eight*. München: Max-Planck-Institut für psychologische Forschung.
Weinert, F.E. & Schneider, W. (Hrsg.) (1995). *The Munich Longitudinal Study on the Genesis of Individual Competencies (LOGIC). Report No. 12: Assessment procedures and results of wave nine*. München: Max-Planck-Institut für psychologische Forschung.

Sachregister

Kurzbiographie der Autoren

Jens B. Asendorpf
Jahrgang 1950, studierte Mathematik, Informatik und Psychologie in Kiel, Berlin, Marburg, Gießen und an der Yale University, USA. Von 1982 bis 1994 war er wissenschaftlicher Mitarbeiter am Max-Planck-Institut für psychologische Forschung in München und dort für den sozial-emotionalen Bereich der LOGIK-Studie zuständig. Seit 1994 ist er Professor für Persönlichkeitspsychologie an der Humboldt-Universität zu Berlin und beschäftigt sich dort weiterhin mit Persönlichkeitsentwicklung, nun allerdings bei Erwachsenen.

Merry Bullock
Jahrgang 1950, promovierte 1979 an der University of Pennsylvania, USA. Von 1979 bis 1984 war sie Assistenzprofessorin an der University of British Columbia (Kanada), von 1985 bis 1987 Gastprofessorin und von 1988 bis 1993 wissenschaftliche Mitarbeiterin am Max-Planck-Institut für psychologische Forschung in München. Nach ihrer Rückkehr in die USA arbeitete sie 1994 bei der National Science Foundation in Washington, DC als Direktorin des Programmes "Kognition & Wahrnehmung" und 1995-1997 bei der American Psychological Association. Seit 1997 lebt sie in Estland. Sie hat eine Gastprofessur an der Universität Tartu wahrgenommen und ist z. Zt. wissenschaftspolitische Beraterin der estnischen Akademie der Wissenschaften. Ihr Forschungsschwerpunkt liegt im Bereich der kognitiven Entwicklung. Im Mittelpunkt ihrer wissenschaftspolitischen Tätigkeit steht z. Zt. die Förderung der internationalen Zusammenarbeit in der Psychologie und anderen Wissenschaftsdisziplinen und die Förderung der Kommunikation der Wissenschaft mit der Öffentlichkeit. Sie gehört mehreren wissenschaftlichen Gesellschaften an und ist stellvertretende Generalsekretärin der International Union of Psychological Science und Vorsitzende des internationalen Komitees der Society for Research in Child Development.

Andreas Helmke
Jahrgang 1945, studierte Rechtswissenschaften und Psychologie. Nach der Promotion (1982) an der Universität Konstanz verbrachte er 10 Jahre als wissenschaftlicher Mitarbeiter und Leiter mehrerer Forschungsprojekte am Max-Planck-Institut für psychologische Forschung in München. Nach der Habilitation an der Universität München (1991) wurde er als Professor für Entwicklungspsychologie an die Universität Landau/Pfalz berufen. Daneben ist er Honorarprofessor an der Universität Innsbruck. Seine Lehr- und Forschungsschwerpunkte sind: Pädagogische Psychologie (insbesondere Lehr-Lern-Forschung), Entwicklungspsychologie (insbesondere im Schulalter) und kulturvergleichende Studien – Ausschnitte aus den Projekten LOGIK und SCHOLASTIK werden zur Zeit in Vietnam repliziert.

Monika Knopf
Jahrgang 1950, studierte Psychologie in Mannheim. Nach der Promotion an der Universität Heidelberg, der Forschungstätigkeit am Max-Planck-Institut für psychologische Forschung in München sowie der Habilitation (ebenfalls an der Universität Heidelberg) wurde

sie als Professorin für Entwicklungspsychologie an die Universität Frankfurt am Main berufen. In der Forschung beschäftigt sich Frau Knopf mit der Entwicklung geistiger Fähigkeiten im Verlauf des Lebens. Dabei steht die Betrachtung des Gedächtnisses im Zentrum des Interesses, wobei neben Studien zur Analyse der lebenslangen Entwicklung des Gedächtnisses auch Trainingsuntersuchungen durchgeführt werden, die die Leistungsfähigkeit des Gedächtnisses optimieren sollen.

Gertrud Nunner-Winkler
Jahrgang 1941, hat Soziologie an den Universitäten München, Hull (UK), FU Berlin (Dipl. Soz. 1965) und an der University of Chicago studiert, 1970 mit einer bildungssoziologischen Arbeit an der FU Berlin promoviert, und sich 1979 an der Universität Bielefeld habilitiert. Von 1971-1981 hat sie am Max-Planck-Institut zur Erforschung der Lebensbedingungen der technisch-wissenschaftlichen Welt, Starnberg, in der Abteilung von J. Habermas zusammen mit R. Döbert zu Identitätsbildung, zur Entwicklung des moralischen Bewußtseins und zu Adoleszenzkrisenverläufen geforscht. Seit 1981 arbeitet sie am MPI für psychologische Forschung über Identitätsprobleme, die Entwicklung moralischer Motivation, die These geschlechtsspezifischer Ethiken und über den Wandel in den Moralvorstellungen. Seit 1991 ist sie Privatdozentin an der LMU München.

Wolfgang Schneider
Jahrgang 1950, studierte Psychologie, Philosophie und Theologie an den Universitäten Wuppertal und Heidelberg. Nach der Promotion (1979) an der Universität Heidelberg war er dort zunächst am Psychologischen Institut als wissenschaftlicher Angestellter beschäftigt und wechselte 1982 nach einem Auslandsaufenthalt an der Stanford University (Kalifornien) als wissenschaftlicher Mitarbeiter an das Max-Planck-Institut für psychologische Forschung in München, wo er annähernd 10 Jahre hauptsächlich als Koordinator des LOGIK-Projekts arbeitete. Seit 1991 ist er Inhaber des Lehrstuhls für Pädagogische Psychologie am Institut für Psychologie der Universität Würzburg. Seine Lehr- und Forschungsschwerpunkte sind in der Pädagogischen Psychologie (insbesondere Lese-Rechtschreibforschung) und der Entwicklungspsychologie (kognitive Entwicklung bei Kindern) angesiedelt.

Beate Sodian
Jahrgang 1956, war von 1982 bis 1985 Stipendiatin am Max-Planck-Institut für psychologische Forschung in München (Promotion 1985 an der Universität Heidelberg), danach wissenschaftliche Assistentin an der Universität München (Habilitation 1992) und ist seit 1994 Professorin für Entwicklungspsychologie an der Universität Würzburg. Ihre Lehr- und Forschungsschwerpunkte liegen im Bereich der kognitiven Entwicklung in Kindheit und Jugendalter mit Forschungsprojekten zur Entwicklung des wissenschaftlichen Denkens vom Grundschul- bis zum Erwachsenenalter und zu den Anfängen des sozialen Verstehens in der frühen Kindheit.

Jan Stefanek
Jahrgang 1958, studierte Deutsche Philologie, Psychologie, Logik und Wissenschaftstheorie in München. 1992 M.A. in Kommunikationswissenschaften. 1992 bis 1993 war er wissenschaftlicher Mitarbeiter im DFG-Projekt "Gedächtnisentwicklung im höheren Erwachsenenalter". Seit 1993 ist er am Max-Planck-Institut für psychologische Forschung in

München beschäftigt, und zwar bis 1996 als Stipendiat und seit 1997 als wissenschaftlicher Mitarbeiter zur Koordinierung der Nachfolgeuntersuchung des LOGIK-Projekts.

Elsbeth Stern
Jahrgang 1957, studierte Psychologie in Marburg und Hamburg, wo sie 1986 promovierte. Von 1987-1994 arbeitete sie am Max-Planck-Institut für psychologische Forschung in München. Dort beschäftigte sie sich vorwiegend mit der Entwicklung des mathematischen Denkens und der Anwendung von Wissen auf neue Inhaltsgebiete. Im Anschluß an ihre Tätigkeit am Max-Planck-Institut war sie Professorin für Pädagogische Psychologie an der Universität Leipzig und ist zur Zeit am Max-Planck-Institut für Bildungsforschung in Berlin beschäftigt.

Angelika Weber
Jahrgang 1959, studierte nach ihrer Ausbildung zur Erzieherin Psychologie in München. Von 1987 bis 1990 war sie Stipendiatin (Promotion 1992) und von 1990 bis 1998 wissenschaftliche Mitarbeiterin am Max-Planck-Institut für psychologische Forschung in München. Seit 1998 ist sie Professorin für Psychologie an der Fachhochschule Würzburg-Schweinfurt-Aschaffenburg. Ihre Lehr- und Forschungsschwerpunkte liegen in der Entwicklungspsychologie (insbesondere kognitive Entwicklung und Gedächtnis).

Franz Emanuel Weinert
Jahrgang 1930, studierte und promovierte nach Ausbildung und mehrjähriger Tätigkeit als Lehrer Psychologie an der Universität Erlangen. Im Anschluß an die Habilitation in Bonn war er von 1967 bis 1981 als Professor für Psychologie an der Universität Heidelberg tätig. Seit 1981 arbeitet er als Direktor am Max-Planck-Institut für psychologische Forschung in München und ist zugleich Honorarprofessor an den Universitäten Heidelberg und München. Forschungsschwerpunkte sind die kognitive Entwicklung und deren Zusammenhang mit Lern-Lehr-Prozessen während der Lebensspanne sowie die Genese individueller Intelligenz-, Motivations- und Persönlichkeitsunterschiede.

Wie Kinder "Denken lernen" und Wissen erwerben

Die neuesten Erkenntnisse einer Längsschnittstudie, übersichtlich und lehrbuchhaft aufbereitet von namhaften Fachvertretern aus Wissenschaft und Praxis.

Wie verläuft die Entwicklung des Denkens und des Wissens, der Lern- und Leistungsmotivation im Grundschulalter? Wie wirken sich Entwicklungsunterschiede in der Vorschulzeit darauf aus? Welche Rolle spielt dabei die Unterrichtsqualität in den Grundschulklassen? Welche entwicklungspsychologischen Wirkungen haben schulische Erfolge und Mißerfolge?

Antworten auf diese und andere Fragen erlaubt die vierjährige Münchner Grundschulstudie in Verbindung mit einer neunjährigen Längsschnittuntersuchung an Kindern zwischen dem 3. und 12. Lebensjahr. Schulrelevante Ergebnisse werden auf dem Hintergrund des jeweiligen Forschungsstandes präsentiert und im Hinblick auf wissenschaftliche wie praktische Schlußfolgerungen kommentiert.

Franz E. Weinert/Andreas Helmke (Hrsg.)
Entwicklung im Grundschulalter
1997. 597 Seiten. Gebunden.
ISBN 3-621-27352-2